10권

한국 근대사 산책

한국 근대사 산책 10

초판 1쇄 찍음 2008년 8월 18일 • 초판 7쇄 펴냄 2020년 1월 9일 • 지은이 강준만 • 펴낸이 강준우 • 편집 박상문, 김소현, 박효주, 김환표 • 디자인 최진영, 홍성권 • 마케팅 이태준 • 관리 최수향 • 펴낸곳 인물과사상사 • 출판등록 제17-204호 1998년 3월 11일 • 주소 서울시 마포구 양화로 7길 4(서교동) 삼양E&R빌딩 2층 • 전화 02-325-6364 • 팩스 02-474-1413 • 우편 (134-600) • www.inmul.co.kr • insa@inmul.co.kr • ISBN 978-89-5906-075-7 04900 [978-89-5906-070-2(세트)] • 값 13,000원 • 이 저작물의 내용을 쓰고자 할 때는 저작자와 인물과사상사의 허락을 받아야 합니다. 파손된 책은 바꾸어 드립니다.

한국 근대사 산책

10권

창씨개명에서 8·15 해방까지

강준만 지음

인물과 사상사

차례

제1장

창씨개명과 신문폐간

01

창씨개명, "족보도 이제는 휴지"

제2차 세계대전의 발발

1939년 8월 23일 소련 모스크바에서는 세계를 깜짝 놀라게 할 밀약이 이루어졌다. 독일 외상 요아힘 리벤트로프(Joachim von Ribbentrop, 1983~1946)와 소련 인민위원회 의장 겸 외무인민위원 뱌체슬라프 몰로토프(Vyacheslav Mikhailovich Molotov, 1890~1986)가 '상호불가침, 한쪽이 제3국의 공격을 받을 시 제3국 원조금지, 상호분쟁의 평화적 해결' 등에 합의한, '독일-소련 상호불가침조약'을 체결한 것이다. 유성운은 "이로써 독일은 영국, 프랑스 등을 상대로 벌일 전쟁에 앞서 든든하게 뒷문을 단속할 수 있었고 소련은 호시탐탐 노리던 폴란드로의 영토 확장을 성사시킬 수 있었다"며 다음과 같이 말했다.

"이는 서방국가의 허를 찌른 사건이었다. 애초 영국과 프랑스는 소련으로 하여금 독일을 견제하게 할 계획이었다. 독·소 양국은 정치적 · 사상적으로 서로를 용납하기 어려운 상황이었다. 소련의 사회주의자들은 공개적으로 나치즘을 비롯한 파시스트 체제를 척결대상으로 선언했고 히틀러 역시 집권 후 대대적인 공산주의자 탄압정책을 펼치면서 양국의 관계는 험악할 대로 험악해져 있었다. 그러나 독 · 소 불가침조약이 체결되면서 이 계획은 수포로 돌아갔다."[1]

그로부터 1주일 후인 1939년 9월 1일 오전 4시 45분, 히틀러(Adolf Hitler, 1889~1945) 군대의 폴란드 침공으로 제2차 세계대전이 시작되었다. 그러나 실제로는 1939년 2월 10일 일본군이 대만으로부터 출격하여 하이난 섬(海南島, 해남도) 침략을 개시한 날이 제2차 세계대전의 시작이다. 2월 12일 장제스(蔣介石, 장개석, 1887~1975)는 "봉천(지금의 선양)은 만주사변의 발단이었고 해남도는 태평양전쟁(제2차 세계대전)의 발단일 것"이라고 말했다.[2]

히틀러가 폴란드를 침공하자 영국과 프랑스는 곧 독일에 대해 선전포고를 했으며, 그로부터 3시간 뒤 미국 대통령 프랭클린 루스벨트(Franklin Delano Roosevelt, 1882~1945)는 이른바 '노변정담(爐邊情談)'으로 유명한 라디오 방송 연설을 통해 연합국에 대한 무기 판매를 금지시킨 중립유지법의 개정을 강력하게 촉구했다. 중립유지법 개정안은 그해 11월 4일 의회를 통과했다. 이후에도 중요한 일이 있을 때마다 루스벨트의 노변정담은 여론을 움직이는 힘으로 작용했는데, 1940년 말엔 징집령을 발동할 수 있는 군사력 증강법안이, 1941년 3월엔 무기를 살 돈이 없는 영국에 무기를 무상으로 대주는 무기대여법이 통과된다.[3]

"족보도 이제는 휴지"

독일 파시즘과 일본 파시즘은 '시대의 재앙'의 선두가 되겠다는 듯 앞서거니 뒤서거니 하면서 못된 짓만 골라서 했다.

1939년 10월 조선에는 '국민징용령'이 내려졌다. 이어 일제는 1939년 11월 10일 이른바 창씨개명(創氏改名)을 법령화했으며, 12월에는 '창씨개명령'을 공포했다. 조선 이름을 버리고 새로 일본식 이름을 가지라는 강제조치였다.

창씨개명 이전의 총독부 정책은 조선인의 이름과 일본인의 이름 사이에 '차이'를 두고 그것을 유지하는 것이었다.[4] 1911년 10월 공포된 조선총독부령 124호 '조선인의 성명개칭에 관한 건'은 조선인들이 일본인으로 혼동하기 쉬운 이름으로 바꾸는 것을 금지했다. 당시는 같은 관리라 할지라도 일본인과 조선인은 급료와 여비, 수당 등에서 차별이 있었다. 총독부는 "일본인과 조선인을 구별하기 위해 이름으로 차이를 알 수 있게 하지 않으면 안 된다"는 입장을 견지했다. 식민지 지배질서를 유지하기 위해 지배자와 피지배자를 차별하는 근거로서 이름의 '차이화'를 도모했던 셈이다.[5]

그랬던 일제가 이제 일본인과 같은 이름을 갖는 걸 장려하는 조치로 선회한 것이다. 윤치호(1865~1945)는 1940년 1월 4일자 일기에서 "창씨개명할 것인가, 아니면 조선인 고유의 이름을 고수할 것인가 하는 문제 때문에 조선인들, 특히 지체 높은 양반층이 골머리를 앓고 있다"며 다음과 같이 썼다.

"난 조선의 모든 걸 일본화하도록 강요하는 이 열병이 꽤나 부질없고 어리석은 처사라고 생각한다. 다양성이야말로 삶을 풍요롭게 하는 양념 같은 것이다. 일본이 열망하는 대제국은 당연히 다민족으로 구

창씨개명을 위해 경성부청 호적과 앞에 줄을 선 사람들. 1940년 2월부터 시작된 창씨개명은 접수 이틀 만에 87건을 넘었고, 그 가운데는 문인 이광수도 끼어 있었다.

성되어야만 한다. 다민족 구성원들에게 모든 점에서 똑같아지라고 강요하는 건 불가능하고 어리석은 정책이랄 수밖에 없다."[6)]

그러나 총독부 기관지들은 창씨개명 홍보를 한답시고 조선인들의 상처에 소금을 뿌리겠다는 자세로 나섰다.

『경성일보』 1940년 1월 31일자 사설은 "창씨개명하는 조선인들의 수가 나날이 늘고 있다. 신질서의 실현이 가시화되기 위해서는 마땅히 이렇게 되어야만 한다. 편견을 가지고 이 운동을 방해하려는 자들은 당국에 의해 철퇴를 맞게 될 것이다. 이자들은 민족주의와 정치적 동기로-조선독립, 즉 반일주의로-인해 창씨개명을 반대하고 있다"

고 했다.[7]

『경성일보』 1940년 2월 6일자는 「족보도 이제는 휴지」라는 제목의 기사를 통해 다음과 같은 조롱을 퍼붓기도 했다.

"일족을 망라해 선조로부터 계통적으로 편찬하는 '족보'는 자자손손 남기는 귀중한 것이지만, 조선민사령을 개정해 씨(氏)를 창정하게 되면 이 '족보'도 당연히 휴지가 되므로 지금 청주 시중에 두꺼운 '족보' 1관을 1엔에 파는 사람이 나오고 있다."[8]

『매일신보』엔 「전 조선인 중 8~9할이 창씨, 경북 안동군이 가장 모범!」이라는 기사가 실렸다. 이를 보고 한용운은 "안동은 유림의 양반들이 사는 고장인데 이럴 수가 있을까? 어떻게 학문을 닦았기에 그럴까. 유학이 결코 의지박약한 것이 아닌데 글을 옳게 배우지 못한 까닭으로 그런 꼴이 되었으니 그만 못한 우민(愚民)이야 말해서 뭣할까?" 라고 개탄했다.[9]

이광수 · 주요한 · 윤치호의 창씨개명

일제는 1940년 2월 11일부터 창씨개명 접수를 받기 시작했으며 8월 11일까지 창씨를 완료하도록 요구했다. 접수 이틀 만에 87건이 접수되었는데, 그 가운데 이광수(1892~1950)가 포함되어 있었다. 비난이 빗발쳤다. 윤치호는 1940년 6월 3일자 일기에 이렇게 적고 있다. "정오쯤 이광수를 방문했다. 그는 출타 중이었다. 굉장히 똑똑한 그의 부인과 한담을 나누었다. 그녀의 말로는, 자기 남편이 창씨개명한 후 1,000통 이상의 편지를 받았는데, 하나같이 욕설을 퍼붓거나 가만 놔두지 않겠다고 협박하는 내용이었다고 한다. 요즘에도 하루 평균 5통의 편지가 온다고 한다."[10]

이광수의 창씨개명을 비난한 이른바 '문인 투서 사건' 도 일어났다. 춘원을 비난한 투서를 받은 허영숙이 경기도 경찰부에 이를 고발함으로써 일어난 사건이다. 결국 광화문 우편국 관내에 사는 정지용, 최영수, 계용묵, 정비석 4명이 혐의를 받아 각각 1주일에서 1개월에 이르기까지 구류되어 문초를 당했다.[11]

주요한(1900~1979)은 창씨개명을 했을 뿐만 아니라 창씨명도 유별났다. 마쓰무라 고이치(松村紘一)였다. 이름에 해당하는 '紘一' 은 일본의 건국이념인 '팔굉일우(八紘一宇)' 에서 따온 듯한데 실제로 그는 『삼천리』 1941년 1월호에 「팔굉일우」라는 시까지 쓰게 된다.[12]

주요한과는 정반대로 창씨명의 유별성으로 저항을 시도한 이들도 있었다. 개성 송도중학교 교사 이영철은 훈민정음을 들이대 '가나다(加那多)' 로 창씨를 하는 바람에 옥고까지 치렀다고 한다.[13] '태분창위(太糞倉衛, 이노쿠소구라에)' 로 이름을 지었다가 일본 경찰에게 곤욕을 치른 사람도 있었다. 그 뜻이 "개 같은 놈 똥이나 먹어라" 였기 때문이라나.[14]

창씨개명은 정말 똥 같은 짓이었다. 연희전문과 이화여전의 학생들이 연전 교장 윤치호가 이름을 '이동치호(伊東致昊, 이토 지카우)' 로 창씨개명한 걸 가리켜서 "이 똥 치워" 라는 발음으로 조롱한 것도 바로 그런 심경을 표현한 것이었으리라.[15]

윤치호의 다양성 예찬도 일제의 강압 앞에선 어쩔 수 없었던가 보다. 윤치호는 그런 심경을 1940년 3월 18일자 일기에서 표현한 건 아니었을까? 그는 "몇 년 전 홍병선(1888~1967) 군이 세계일주를 마치고 돌아와 강연을 통해, 서양을 둘러보니 사람은 악해야 잘산다는 엄연한 사실을 깨닫게 되었노라고 말했다. 그는 이 적나라한 언급으로 구설수에 올랐다"며 다음과 같이 썼다.

"사실 영국, 프랑스, 미국은 남아도는 전리품을 앞에 두고 희희낙락하는 강도들이다. 이와는 반대로 독일과 이탈리아 등은 전리품을 찾아 헤매는 굶주린 강도들이다. 눈에 불을 켜고 달려드는 강도보다는, 이미 훔칠 만큼 훔쳐내 만족해하고 있는 강도와 함께 사는 게 좀 더 안전하긴 할 것이다."[16]

윤치호는 1940년 5월 1일자 일기에선 자신이 오전 11시 미나미(南次郎, 1874~1955) 총독을 면담해 "전 내선일체를 완성하는 수단으로 조선인들의 창씨개명을 찬성하는 사람입니다. 그런데 이 정책을 반대하는 사람들이 개진하는 세 가지 이유를 총독 각하께 말씀드리고 싶습니다"라고 말했다면서 그 세 가지 이유를 써 놓았다.

"①창씨개명을 반대하는 이들은 도쿄에서 창씨개명을 반대하고 있다는 이유를 듭니다. 전 이것이 합당한 이유는 될 수 없다고 생각합니다. 총독부가 도쿄에 있는 특정 인사들의 의견을 추종해서 조선의 세부정책을 입안해 실행하지는 않을 거라는 사실 때문이죠. ②창씨개명을 반대하는 이들은 조선에 거주하고 있는 일본인들이 창씨개명을 반대한다는 이유를 듭니다. 창씨개명으로 일본인과 조선인의 구별이 사라지게 될까봐 그렇다는 겁니다. 다시 말해서 조선인 모두가 일본식 이름을 갖게 되면 자기들의 우월감이 사라지게 될까봐 우려하는 일본인들이 있다는 겁니다. 전 특정 부류의 일본인들이 가지고 있는 이 우월감을 타파하기 위해 전력을 기울이고 있는 총독 각하께 우리 조선인들이 고마움을 느껴야 한다고 생각합니다. ③창씨개명을 반대하는 조선인들은, 지난 수백 년 동안 조선인 이름을 간직해온 우리 조선인들이 지금처럼 김씨, 이씨 등으로 살면서 충량한 일본 신민이 되지 말라는 법이 어디 있느냐고 말합니다. 전 이 주장에 꽤 설득력이 있다고 생각합니다. 조선인들이 충분한 시간을 갖고 이 문제를 결정할 수 있게 마감시한을 오는 8월 11일로부터 8~10개월 정도 늦추면 어떨까 싶습니다."[17]

일제의 창씨개명 탄압

'창씨개명 상업주의'도 나타났다. 1940년 8월 초 일본 도쿄에 있는 '일본성명학관'은 신문에 창씨개명을 부추기는 광고를 냈다. 2월 11일부터 8월 11일까지 시행키로 한 창씨개명의 마감시한이 임박한 시점이었다. 광고는 "좋은 창씨는 자손까지도 혜택을 입게 된다"고 독자들을 꾀면서 1인당 선명료(選名料) 1원 50전은 "아모 데도 업는 특별할인"이라고 주장했다.[18]

조선에 거주하는 일본인들이 종교수양단체를 표방하여 만든 녹기연맹(綠旗聯盟)도 맹활약을 했다. 1940년 1월 중순에 '씨 창설 상담소'를 개설하여 8월 10일까지 8개월 동안 총 923건 총인원 3,386명, 수속에 관한 상담까지 포함하면 총 5,050명에 이르는 상담이 이루어졌다. 총독부, 경성부, 재판소에서조차 뭔가 문제가 생기면 "녹기연맹에 가라"고 할 정도였다. 상담과 더불어 『누구나 알 수 있는 씨의 해설』, 『씨 창설의 참정신과 그 수속』이라는 책자까지 발간해 팔아먹었다. 특히 전자의 경우 1940년 2월부터 3월까지 1개월 사이에 19판을 찍을 정도로 많이 팔려나갔다.[19]

녹기연맹은 월간 『녹기』를 발행하며 '녹(綠)의 생활운동'을 제창하기도 했다. "일본국 고유의 국체정신에 기초하여 동양 및 서양의 문화를 종합하고 금후 아시아와 세계를 지도함에 만족해야 할 일본인의 생활을 창조하고자 하는 신생활 원리"를 설파하기 위함이었다.[20] 녹기연맹은 『녹기』의 자매지로 여성을 대상으로 하는 『신여성』(개벽사의 『신여성』은 1934년에 폐간)도 발간했다. 징병제가 공포된 직후인 1942년 8월이었는데, 징병제 실시에 따라 병사의 어머니, 아내가 될 조선 여성들의 정신무장을 위하여 발간키로 했다나.[21]

일제는 엄청난 홍보 공세를 퍼부은 뒤 창씨를 하지 않은 사람들에게는 불이익을 주었다. 자녀의 입학과 진학을 막는 건 물론이고 총독부 관계기관에선 직원 채용시 자격을 박탈했다. 식량과 물자 보급대상에서 제외했는가 하면, 멀쩡하게 일하는 사람을 파면하기도 했고, 비국민 또는 불령선인으로 몰아 사찰과 미행을 하고, 노무징용 우선 대상자로 분류했다. 또 학교에서는 창씨하지 않은 국민학생의 머리에 먹으로 X자를 해서 돌려보냈는가 하면, 제멋대로 창씨를 해서 불러놓고는 학생이 대답하지 않자 구타하는 사례도 있었다.[22]

법정기간 동안 창씨한 호수는 322만 693호로 전체(400만 8,925호)의 80.3퍼센트로 나타났다. 그러나 "새로운 씨를 제출하지 않을 때에는 호주의 성을 씨로 한다"는 조항에 따라 원래의 성을 씨로 삼았기 때문에 결과적으로는 100퍼센트 창씨가 됐다.[23]

창씨개명을 계기로 기존 신분제에 대한 동요도 일어났다. 최명희의 『혼불』엔 이런 이야기가 나온다. "양반 양반 허지 마시겨. 대대손손 영화 누린 양반이면 멋 헌다냐. 인자는 너나없이 창씨 다 해부리고, 왜놈들 시상이 된 지가 벌써 몇 십 년인디. 무신 다 떨어진 양반이여? 천지가 다 개명을 허는 판에."[24]

1940년 조선대박람회

마치 예정된 수순이었다는 듯(실제로 그랬을지도 모르지만), 일제는 창씨개명 법적 기간이 완료된 직후인 1940년 9월 1일부터 10월 23일까지 53일간 조선대박람회를 개최했다. 창씨개명의 보람을 만끽하게 해주겠다는 배려였을까, 아니면 조선인의 푼돈이라도 우려먹겠다는 속셈이었을까?

윤치호는 1940년 9월 1일자 일기에 "70만 원이나 되는 거금을 들여 이런 행사를 벌이는 게 과연 현명한 건지 의문이 들지 않을 수 없다. 이름하야 '자발적인 서울관광'이 그렇지 않아도 가난에 찌들어 있는 전 조선인의 호주머니로부터 푼돈을 모조리 우려낼 것"이라고 썼다.[25]

윤치호의 우려는 현실이 되었다. 그의 10월 4일자 일기에 따르면, "서울이 조선박람회를 구경하려고 전국 각지에서 올라온 관람객들로 북새통을 이루고 있다. 전국 각지에서 올라온 기차의 모든 노선의 전차가 밤낮으로 초만원을 이루어, 객차 안에는 발 디딜 틈조차 없는 실정"이었다."[26]

조선대박람회의 총 입장객 수는 130여만 명에 이르렀다. 입장객 수가 가장 많았던 9월 22일의 일요일에 대해 『경성일보』 9월 23일자는 「8만여 인 세기의 대합창, 참으로 살인적인 쇄도, 약진 일본의 감격 최고조에, 조선박람회의 의의 더욱 더 빛나다」라는 제목을 달아 이 날의 입장 광경을 대대적으로 보도했다. 복권 이벤트도 벌였다. 1등에 대지 165평방미터(약 50평)짜리 문화주택(2채)을 비롯하여 모두 3만 점의 경품을 제공해 사행심을 조장했다. 폐막일인 10월 23일에는 독일에서 온 '히틀러 유겐트(독일청년단)' 단원 6명이 단복을 입고 박람회장을 방문하기도 했다.[27]

일제강점기에 열린 조선박람회의 풍경. 일제는 창씨개명의 법적 기간 완료 직후인 1940년 9월 무려 53일에 걸쳐 대박람회를 개최했다. 총 입장객 수가 130만 명을 넘어설 정도로 박람회는 대성황이었다.

조선대박람회가 개막된 9월 1일부터는 동시에 경성 부민의 전시생활 체제가 시행되었다. 신물이 날 정도로 지겹게 조선인들의 일상적 삶에 일일이 간섭하는 일제의 정신병적 증세가 느껴진다. 윤치호는 담담하게 9월 2일자 일기에 "어제부터 새로운 일상생활 프로그램이 반포되었다. 모든 사람들은 아침 6시에 일어나야 한다. 7시나 7시 20분에는 황거요배(皇居遙拜)를 해야 하고, 정오에는 용맹했던 전몰장병들에게 묵도(默禱)해야 한다"고 썼다.[28)]

'내선결혼'과 '일본인 처'

동화주의정책하에 장려되었던, 한국인과 일본인이 결혼하는 이른바

'내선결혼(內鮮結婚)'의 실적은 어떠했던가? 미미했다. 사실혼은 더 많았겠지만, 공식 기록은 1926년 50건~60건에 머물렀으며, 1935년에도 250건에 지나지 않았다. 1930년대 후반에 좀 늘기 시작해, 1938년부터 1943년까지 5년간 5,458건, 연평균 1,000여 건을 기록했다.[29)]

일본 정부가 정책으로 내선결혼을 내세웠지만 일본인들 사이에선 조선인과 결혼하는 일본인을 경멸하는 풍조가 만연했다. 조선의 경우엔 독립운동가들이 나서서 노골적인 비난을 퍼부었다. 예컨대, 신채호(1880~1936)는 1916년에 쓴 소설 『꿈하늘』에서 "적국 일본의 놈, 년들에게 시집가거나 장가들면, 지옥에서 불길로 그 반신(半身)을 끊는다"고 겁을 준 바 있다.[30)]

1938년부터 1943년까지 탄생된 5,458쌍의 조선인-일본인 커플 중 조선인 남편과 일본인 아내로 이뤄진 커플이 3,964쌍으로 73퍼센트였다. 해방 후에도 대부분의 일본인 처는 한국에 남았는데, 1975년의 조사에 따르면 이들 956명의 경제상태 중에서 극빈(極貧)과 하(下)가 73퍼센트였다. 그들이 꼭 한국에 남고 싶어 남은 건 아니었다. 일본인 남성으로 조선 여성과 결혼한 경우는 아내를 동반하는 귀국이 인정되었지만, 여성의 경우는 조선인 남편의 동반은 불가능했기 때문에, 일본으로 돌아간다면 남편, 자식과 헤어져야만 했기 때문이다.

대부분의 사람들에게서 잊힌 존재인 '일본인 처'에 대해, 게이와학원대 교수 가노 미키요(加納實紀代)는 그것이 결코 과거의 문제로 그치는 것이 아니라고 말했다. 그는 이들이 겪은 비극의 배후에 있었던 것은, 한·일 양국 가부장제의 묵계였다며 이렇게 말했다.

"일본인에 대해 민족적 약자인 조선인 남성도 가부장제하에서는 젠더적으로 강자다. 그들에게 강자의 여자를 배급함으로써 남성으로서의 자존심을 부추겨 대등성을 연출한다는 균형을 취한 것이 아니었을까."[31]

'짚신신기운동'과 '몸뻬입기운동'

1940년대 들어 물자난은 역사를 수십 년 회귀할 정도로 극심해졌다. 1937년 중일전쟁 이후 고무 품귀현상이 나타나더니, 1938년 이른 봄부터 고무신 원료가 고갈돼 고무신을 사는 게 어려워졌다. 1938년 7월 15일 경상북도 학무과는 학생들에게 고무신 대신 나막신이나 짚신을 신고 등교하라고 지시했다. 총독부는 1938년 11월부터 고무신을 포함해 고무로 만든 23종 물품의 제조를 금한다는 지시를 내렸다. 이제 고무신은 특권층의 전유물이 되었다.[32]

총독부는 1940년 말부터는 짚신을 장려하면서 각급 학교에 '전교생 짚신신기운동'을 벌이라고 지시했다.[33] 1943년부터 여름철에는 전국의 국민학교 학생들이 맨발로 학교에 다녀야 했다.[34] 일부 지역에선 게다를 신었다. 1941년 충북 증평국민학교에 입학한 유종호의 회고다.

"게다에는 두 종류가 있었다. 일인들이 즐겨 신고 다니던 굽이 높고 엄지발가락과 둘째 발가락 사이에 끈을 끼워 신던 것과 발등 위에 일자 끈이 걸리게 되어 있는 샌들식이 있었다. 앞엣것이 값도 비싸고 조금 고급이라서 우리들 대부분은 뒤엣것을 신고 다녔다. 전쟁 말기에는 모조리 게다 일색이었다."[35]

1939년 학생들의 교복 색은 '국방색'으로 통일되었다. 황갈색 혹은 다갈색으로 군복과 같은 색으로 한 것이다.[36] 조선총독부는 1940년

1940년 조선총독부의 국민복령 공포 이후 여성들의 복장으로 몸뻬가 보급되기 시작했다. 몸뻬 착용에 반발하는 여성에게는 쌀 배급, 노력 동원, 징용에서 불이익을 주는 방식으로 치사한 보복을 가했다.

'국민복령'을 공포하고 국민복의 기본 만듦새를 제정했다. 복장의 표준화는 "국민들의 사상이 황도정신으로 모아지고 생활습관을 정례화하여 총력 체제를 구축한다"는 이유에서였다. 이런 배경에서 여성의 복장으로 표준복과 몸뻬가 등장했다. 직장 여성들에게는 표준복, 가정의 여성들에게는 몸뻬를 입게 했던 것이다.

이이화는 "표준복은 남성들의 국민복과 비슷하게 만들었으나 몸뻬는 사뭇 달랐다. 몸뻬는 여성의 하의로 바지와 비슷했다. 가랑이 너비를 활동하기 편리하게 만들고 허리에 닿는 윗부분에는 고무줄을 넣어 허리띠를 대신케 했다. 가랑이 끝에도 조이거나 고무줄을 넣어 깡똥하게 만들었다"며 다음과 같이 말했다.

"그러니 가랑이가 터진 여성 속옷인 가래바지나 남자의 양복바지와 비슷했다. 몸뻬는 거의 검정색으로 통일케 했다. 다만 저고리는 당시 유행하던 흰색의 것을 허용했다. 여성들이 강요한다고 이런 옷을 입을 리가 없었다. 더욱이 몸뻬를 입으면 시아버지나 어른들 앞에서 가랑이를 벌리고 다닌다고 하여 더 입기를 꺼렸다. 여성들은 가랑이를 벌리지 않아야 한다는 의식의 잔재가 남아 있었던 것이다. 중세 서양 여자들도 말을 탈 때 두 발을 모아 말 위에 올라갔다. 하지만 남성들에게 국민복을 입지 않으면 '비국민'이라는 딱지를 붙였듯이 여성들도 몸뻬를 입지 않으면 출입이 자유롭지 않았다. 아무튼 여성들은 차츰 몸뻬 차림으로 공장에도 다녔고 솔방울을 따러 다녔으며 모내기에도 동원되었다. 몸뻬 입기에 관성이 붙자 일하는 데에 편리하고 보온효과도 있음을 알게 되었다. 그리하여 농촌 여성들에게도 보급되기 시작했다."[37]

몸뻬는 여성의 '국민복'인 셈이었다. 원래 일본의 홋카이도와 동북지방의 촌부들이 작업복으로 입던 몸뻬는 1940년 5월 가정 부인들이 방공훈련을 받으면서 입기 시작했다. 조선 여성들이 몸뻬 착용에 강력 반발하자, 일제는 강요하는 동시에 치사한 보복을 가했다. 몸뻬를 거부하는 여성들에게 공무원, 경찰, 동반장 등을 동원해 쌀 배급, 노력 동원, 징용에 불이익을 주었으며, 일부 지역에서는 몸뻬를 입지 않으면 기차도 태워주지 않았다.[38] 그렇다고 일방적으로 당하기만 할 조선 여성은 아니었다. 몸뻬로 사치를 하는 '저항(?)'이 등장했다. 오색찬란한 몸뻬가 나타난 것이다. 일제는 그것마저 자제하라고 압박을 넣기도 했다.[39)]

2007년 2월 일본인 하세가와 리사(長谷川理左)는 성균관대 의상학 석사학위 논문 「근대 전기 한·일 여성 속옷의 변천에 관한 연구」에서 "일본이 태평양전쟁을 수행하면서 전통 옷 대신 개량 겉옷을 강제했다"며 "그 결과 여성의 팬티나 속옷조차 제국주의로부터 자유롭지 못했던 측면이 있다"고 밝혔다. 일제가 활동하기에 편한 양장을 여성들에게 강제하면서 치마 안에 단속곳과 속바지, 속속곳 등을 겹쳐 입던 속옷 문화도 없어지게 됐다는 것이다. 하세가와는 "한국과 일본 모두 여성들의 속옷까지 일본 제국주의에서 자유롭지 않은 걸 확인하게 돼 씁쓸하다"면서도 "일본에 견줘 당시 한국의 '신여성'들은 자발적으로 문화를 받아들인 측면도 강해 '한국 여성의 힘'을 느낄 수 있었다"고 말했다. 서양 속옷이 어떤 배경에서 도입됐든 그에 대한 적응에서는 한국이 일본보다 훨씬 빨랐다는 것이다. 하세가와는 그 이유로 일본이 전통적으로 치마형 속옷을 입은 반면 한국은 바지형 속옷을 입었던 점을 들었다. 브래지어도 한국의 전통 속옷에는 일본과 달리 가슴을 가리기 위한 띠(치맛말기)가 있었기 때문에 좀더 쉽게 수용될 수 있었다는 것이다. 실제로 재봉 교과서에 브래지어가 처음 등장한 시기는 한국(1937년)이 일본(1943년)보다 6년이나 빨랐다고 한다.[40)]

윤동주의 「팔복」

창씨개명이 정신의 통제라면 몸뻬는 몸의 통제라 할 수 있겠다. 일제

1930년대 평양 숭실중학교 재학 시절의 윤동주. 뒷줄 오른쪽이 윤동주, 그 옆이 문익환이다.

는 1940년 8월 『조선일보』, 『동아일보』를 폐간함으로써 세상 돌아가는 것에 대한 앎마저 통제하겠다고 나섰다. 일제강점기 내내 언제 안 그런 적이 있었겠는가마는 1940년대의 문을 연 첫 해는 그런 통제의 광기로 인해 더욱 어두워졌다. 시인 윤동주(1917~1945)는 1940년 12월에 쓴 시 「팔복(八福)」에서 그 심정을 이렇게 노래했다.

"슬퍼하는 자는 복이 있나니/ 슬퍼하는 자는 복이 있나니/ 슬퍼하는 자는 복이 있나니/ 슬퍼하는 자는 복이 있나니/ 슬퍼하는 자는 복이 있나니/ 슬퍼하는 자는 복이 있나니/ 슬퍼하는 자는 복이 있나니/

슬퍼하는 자는 복이 있나니/ 저희가 영원히 슬플 것이오"

신약성서 마태복음 5장에 있는 예수의 '팔복'에 관한 교훈을 패러디한 시라고나 할까. 송우혜는 "이 시는 윤동주의 당시의 의식 전반, 즉 그의 심리상태는 물론 그의 '절망'을 피가 뚝뚝 떨어지듯이 선연하게 드러내고 있는 점에서 크게 주목된다"며 다음과 같이 말했다.

"「팔복」은, 한민족이란 거대한 민족공동체가 겪고 있는 처참한 고난의 현장에서, 그런 고난에 대해 침묵하고 묵인하고 있는 신에게 저항한 시였다. 그가 '팔복'이라 하고 '슬퍼하는 자는 복이 있나니'라는 구절을 여덟 번을 똑같이 되풀이함으로써 나타내고자 했던 바가 무엇이었던가! 그가 보기에는 신이 복 받을 사람으로 분류했던 여덟 가지 유형의 사람들-심령이 가난한 자, 애통해하는 자, 온유한 자, 의에 주리고 목마른 자, 긍휼히 여기는 자, 마음이 청결한 자, 화평케 하는 자, 의를 위하여 핍박을 받은 자-바로 이런 사람들이라 해도, 그들이 한민족으로 태어난 이상은 그런 구분이 모두 헛된 것이었다. ……그러나 우리는 여기에서 하나의 커다란 '역설'을 본다. 그가 신의 약속을 믿을 수 없음에 그토록 절망한다는 것은, 곧 그가 그토록이나 그 약속을 믿고 싶어 하고, 그 약속이 이루어지기를 간구하고 있음을 드러내는 것에 다름 아니기 때문이다."[41]

슬퍼하는 자는 복이 있나니, 저희가 영원히 슬프지는 않을 것이로다. 윤동주의 간구가 헛되지 않았기에 일제에 의해 이름을 빼앗기는 희대의 모욕을 당했던 그의 조국과 민족은 영원히 슬픈 상태에 처하게 되진 않았다. 그러나 오늘날 윤동주의 그런 고뇌가 잊히고 있다는 것은 슬픈 일이 아닐 수 없다.

02

『동아일보』 『조선일보』의 폐간

생존을 위한 충성

"어떻게 하면 독자를 더 많이 획득할 수 있을 것인가. 그것은 기교(奇矯)한 곡필(曲筆)을 농(弄)하는 것이나, 이 경우 행정처분에 회부되거나 차압되어 경영을 할 수 없으므로 행정처분에 회부되지 않는 범위 내에서 가능한 나쁜 기사를 게재하여 독자의 환심을 사려고 노력하는 것이 목하 언문(諺文, 한글) 신문의 현상이다."[42]

1936년 11월 총독부의 검열관이 내뱉은 말이다. 1931년에서 1939년까지 『조선일보』가 압수처분당한 총 횟수는 60회로 한 해 평균 6.7회다. 그러나 총독부 기관지 『매일신보』가 같은 기간에 압수처분당한 횟수(총 횟수 39회 및 한 해 평균 4.3회)와 크게 차이 나지 않는다. 1930년대 말에는 『매일신보』에서조차 수필과 대담기사 내용이 문제돼 책임자들이 면직당하는 필화 사건이 있었다.[43]

1940년대가 열리면서, 『조선일보』와 『동아일보』는 생존을 위해 일제에 더욱 가열하게 충성해야 할 필요를 느꼈던 것으로 보인다.

1940년 4월 『조선일보』는 일왕 생일을 맞아 이제껏 신민(臣民)이라고 하던 조선 백성을 신자(臣子)로 부르면서 "황공하옵게도 천황 폐하께옵서는 이날에 제 39회의 어(御, 단어의 뜻을 높이기 위한 접두어)탄신을 맞이하옵시사……신자(臣子)의 충심으로 흥아성업(興亞盛業)도 황위하에 일단은 진척을 보아 선린(善隣)의 새 지나 국민 정부가 환도의 경축을 하는 이때에 이 아름다운 탄신을 맞이한 것은 더욱 광휘 있고 경축에 불감할 바이다"라고 했다.

일왕 찬양을 위해 『소년조선일보』까지 나섰다. 이 신문 1940년 4월 28일자 기사는 "황후 폐하께옵서는 출전해서 다치고 온 부상병을 염려하옵시고 그들에게 황송하옵게도 신숙어원(新宿御苑)에서 기르옵신 화초씨를 내리셨습니다. 씨앗은 나팔꽃, 공작꽃 같은 것 외에 마흔 몇 가지이고 또 '달리아' 같은 구근(球根)도 십여 종이라 합니다. 어인자하심에 감격해서 삼도군사보호원 부총재(三島軍事保護院 副總裁)는 지난 십구일에 참내 씨앗과 구근을 배수하고 각 요양소에 광영을 분배하였다 합니다"고 했다.[44]

'돌아가는 윤전기를 붙들고 통곡'

그러나 전시 체제는 그런 과잉 충성마저도 불필요하게 만들었다. 두 신문은 제2차 세계대전의 발발과 함께 일본이 본격적인 전시 체제에 들어가면서 1940년 8월 10일에 폐간당하고 말았다. 두 신문은 8월 11일자 신문을 폐간호로 하여 각각 8면을 발행했는데, 지령은 『조선

폐간 뒤 『조선일보』 편집국의 모습. 1940년대 『조선일보』는 가열한 충성을 보였지만 결국 1940년 8월 11일자, 지령 6923호를 끝으로 폐간당하고 말았다.

일보』가 제6,923호, 『동아일보』가 제6,819호였으며, 폐간시 발행부수는 『조선일보』 6만 3,000부, 『동아일보』 5만 5,000부였다(1940년 2월 15일 조선총독부 경무국 도서과 조사). 근무 인원은 『조선일보』 912명, 『동아일보』 902명으로 총 1,814명이었다. 김을한은 "그때 기자들은 마지막 기사를 쓰며 울었으며, 사장 이하 많은 사람들이 폐간호를 인쇄하면서 돌아가는 윤전기를 붙들고 통곡하였다"며 다음과 같이 말했다.

"그런데 『동아일보』 『조선일보』 두 신문을 강제로 폐간시킨 대가로 총독부 당국에서는 동아일보사에는 50만 원을, 조선일보사에는 80만 원을 각각 지불하였다. 그것은 두 신문사의 윤전기 기타 시설을 인수하고 사원들의 퇴직금 등을 보상하는 뜻에서 준 것인데, 『조선일보』가 『동아일보』보다도 30만 원이나 더 받은 것은 고속도 윤전기를 새로 구입하고 여러 가지 시설에서 돈이 많이 든 것을 평가한 때문이었다."[45]

정진석은 총독부의 비밀문서 '언문 신문 통제안'을 근거로 총독부의 『조선일보』, 『동아일보』 폐간 이유가 ①반일 민족의식이 일어나지 못하도록 해야 한다 ②광고주와 구독자의 경제적 부담을 줄인다 ③지면의 획일화로 유사한 신문이 병존할 필요성을 상실했다 ④신문용 자재의 절약 4가지였다고 밝혔다.[46]

일제는 신문의 내용이 문제가 아니라 한국인 발행 신문의 '존재 자체'가 한국인의 민족의식에 영향을 준다고 보았기 때문에 『조선일보』, 『동아일보』를 폐간시켰다는 시각도 있다.[47]

더불어 『조선일보』와 『동아일보』가 폐간되기 직전까지 일제에 충성만 한 건 아니었다는 주장도 있다. 그런 주장의 근거로 거론되는 것 중의 하나가 1940년 8월 10일 일제 조선헌병대 사령부가 일본 육군성 차관에게 보내기 위해 작성한 비밀문건이다.

이 문건은 총독부 기관지인 '『매일신보』의 상황'에 대해 언급하면서 "『동아일보』 『조선일보』 등의 다른 언문 신문이 과거에 민족의식의 고취를 도모하여, 과격한 필치를 함부로 휘둘러, 여러 차례 발행정지 처분을 받은 바 있고, 현재의 사변(중일전쟁)에 대해서도 당국의 시책을 곡해하고 비방하는 경향이 아직도 고쳐지지 않고 있다"며 "(이에 비해서) 『매일신보』는 대체로 온건타당한 기사를 게재하여, 총독정치에 순응하고 반도(半島) 민중의 지도 임무를 계속하고 있다"고 분석했다.

정진석이 발굴한 이 문건에 대해 『조선일보』는 "최근 일부 언론운동단체와 안티조선단체들은 두 신문이 일제의 시책에 적극 협력하는 친일지로 전락했다고 주장해왔지만, 당시 언론기관 등을 사실상 감시하던 헌병대의 분석은 『조선일보』 『동아일보』가 항일민족정신을 고취하는 기사를 담고 있다고 분명히 기록하고 있다"고 주장했다.[48]

'동아 · 조선 폐간 이유' 논쟁

지금도 『동아일보』, 『조선일보』 두 신문은 "민족지들이 친일을 했다면 일제가 왜 폐간을 했겠느냐"고 항변하고 있다. 폐간일이 창씨개명 신청 마지막 날임을 들어 "일제는 조선인의 이름을 빼앗는 것과 함께 민족의식을 뿌리 뽑기 위해 『조선일보』와 『동아일보』를 폐간시킨 것이다"라는 말도 나온다.[49]

이에 『한겨레』는 『조선일보』를 지목해 "일제가 『조선일보』를 폐간한 주된 이유는 1938년 공포된 국가총동원법에 따른 물자절약 및 조선어 말살 차원에 있었다. 이는 폐간사에서 '동아 신질서 건설의 성업을 성취하는 데 만의 일이라도 협력하고자 숙야분려(夙夜奮勵)한 것은 사회 일반이 주지하는 사실' 이라고 밝힌 데서도 『조선일보』가 무슨 항일을 해서 폐간된 것이 아님을 알 수 있다. 『조선일보』는 폐간 보상금으로 『매일신보』와 총독부로부터 각각 20만 원과 80만 원을 받았다. 당시 일본군 전투기 한대가 10만 원이었음을 보면 적지 않은 돈임을 알 수 있다"고 반박했다.[50]

실제로 1938년 5월에 공포된 국가총동원법(일본 본국에서는 4월 1일)에 따라 일본에서도 1938년 가을부터 인구 10만 명 도시에 하나의 신문만 남긴다는 목표를 세우고 '1현 1지' 의 원칙 아래 통폐합을 추진한

皇紀二千六百年

朝鮮日報

夕刊

天皇陛下의 御威德

夙夜御政務御軍務에 御精勵

興亞維新達成에 奮躍·使命을 盡竭!

朝鮮總督 南次郎

1940년 1월 1일, 새해를 맞아 일왕부부 사진과 조선총독부 소식 등으로 지면을 가득 채운 『조선일보』. 제호 위로 보이는 일장기가 선명하다.

결과 1935년경 전국 1,200개 일간지를 1943년에는 55개사로 줄였다. 조선의 경우 일본인이 발행하는 일어 신문에도 1도 1사 원칙이 적용돼 1940년 1월부터 전국 각지의 일어 신문을 통폐합했으며 조선어 신문은 『매일신보』 하나만을 남겼다.[51]

이른바 '1도 1사제'의 결과 '일문 야당지'로 오랜 역사를 자랑하던 『조선신문』과 『조선시보』 등을 비롯한 여러 신문들이 폐간되었으며, 살아남은 일문 신문들은 『경성일보』, 『조선상공신문』, 『중선일보』(대전), 『전남신보』, 『전북일보』, 『부산일보』, 『대구일일신문』, 『평양매일신문』, 『압강일보』(신의주), 『황해일보』(해주), 『북선매일신문』(원산), 『청진일보』 등이었다.[52]

윤치호가 본 『조선』·『동아』의 폐간

『조선일보』, 『동아일보』의 폐간을 전후로 한 상황을 윤치호의 일기를 통해 살펴보자.

1939년 12월 중순 총독부는 『조선일보』와 『동아일보』에 일제의 건국기념일인 기원절이자 창씨개명 접수일인 2월 11일까지 폐간하라고 통고했다. 1940년 1월 15일 총독부 경무국장 미쓰바시(三橋孝一郎) 는 조선일보 사장 방응모(1884~1950 · 납북), 동아일보 사장 백관수(1889~?)와 고문 송진우(1889~1945)를 관저로 불러 다시 폐간 압력을 가했다. 그러자 송진우는 도쿄에 건너가 일본 중앙정계와 접촉했고, 1월 16일 새로 성립된 요나이 내각으로부터 두 신문의 존속에 긍정적인 답변을 얻어냈다.[53]

윤치호는 1940년 1월 25일자 일기에 그날 오전 유길준(1856~1914)의 아들인 유억겸(1895~1947)이 전화로 알려주었다며 총독부 경무국 보안과장이 백관수 동아일보사 사장에게 오는 2월 11일 이전에 신문 발행을 중단하라고 지시했단다. 그는 이런 비상조치를 발동한 까닭에 대해 아무런 설명도 하지 않았다"고 적었다. 또 "『동아일보』 인사들은 유 군을 통해서, 미나미 총독을 만나 신문폐간 결정을 철회해줄 것을 간청해달라고 내게 요청했다"며 다음과 같이 말했다.

"난 유 군에게, 이런 미묘한 문제를 교섭할 만큼 총독과 돈독한 사이는 아니라고 말했다. 다만 곤도 총독 비서관을 만나 총독에게 내가 진정한 내용을 전해달라 요청해보겠다고 약속했다. 낮 2시에 곤도 씨를 찾아가, 『동아일보』가 조선통치에 장애가 된다고 여겨지지 않는다면, 또 폐간이 총독부의 확정된 방침이 아니라면, 폐간 결정을 철회해 줄 것을 총독에게 간청해달라고 부탁했다."[54]

1940년 2월 17일자 일기는 "이훈구(1896~1961) 조선일보사 부사장 말로는, 조선일보사도 총독부 공보과로부터 이달 말에 신문 발행을 중단하라는 통고를 받았다고 한다. 그는 『동아일보』 『조선일보』 모두 폐간하는 것 외에는 다른 방도가 없다고 생각하고 있다"고 쓰고 있다.[55]

1940년 4월 21일자 일기는 "사촌동생 치영의 말로는, 1~2개월 전에 도쿄에 간 송진우 군이 다나카 척무차관을 만나 2월 11일까지 『동아일보』를 폐간하라는 총독부 경무국 보안과장의 명령을 철회해달라고 간청했다고 한다. 그 결과 『동아일보』는 당분간 폐간의 위기로부터 벗어날 수 있게 되었으나, 송 군은 감히 서울에 돌아올 수 없었다고 한다"며 다음과 같이 말했다.

"그러다가 1일~2일 전 그가 서울에 돌아와 곧바로 종로경찰서의 감시대상에 올랐다고 한다. 내 생각엔 송 군이 도쿄의 유력 인사들을 찾아가 도움을 청한 건 좀 어리석은 일이었다. 총독부 경무국은 그가 조선 내에 있는 당국자들을 제쳐두고 도쿄의 실력자들을 찾아가 자신의 불만을 직접 토로했다는 사실을 결코 잊지 않을 것이고, 용서하지도 않을 것이다. 경찰은 『동아일보』를 문 닫게 할 구실을 얼마든지 찾아낼 수 있다."[56]

실제로 총독부는 1940년 6월~7월경 『동아일보』에 대해 신문 파지를 통제가격 이상으로 팔아서 경제통제령을 위반했고, 신문사의 이익금을 개인 명의로 저축하고 이 중 일부를 보성전문학교에 대여해서 탈세와 배임을 저질렀고, 더 나아가 독립운동 자금을 전달하려 했다는 등의 이유를 들어 동아일보사 주요 간부들을 구속했다.[57]

송진우는 1940년 7월에도 일본에 가서 정계와 관계의 유력자들에게 총독부 정책의 부당성을 호소하고 폐간을 막아보려 했다. 총독부는

동아일보사 사옥 앞에서 기념촬영하는 사원들. 송진우의 거듭된 도쿄 방문도 총독부의 폐간 방침을 되돌릴 수는 없었다. 결국 『동아일보』도 1940년 8월 11일자를 끝으로 폐간했다.

7월 중순 일본에서 돌아오는 송진우를 부산에서 연행하였다가 8월 초순에 석방했다.[58)]

1940년 7월 22일 온건 요나이 내각이 무너지고 강경 고노에 내각이 들어섰다. 고노에는 중일전쟁을 일으키고 내선일체를 강요한 핵심 인물이었다. 바로 그날 『조선일보』, 『동아일보』 편집국은 '초상난 집' 분위기였다. 다시 『조선일보』, 『동아일보』에 폐간 압박이 가해지기 시작했다.[59)]

윤치호의 1940년 7월 31일자 일기는 "김종찬의 말로는, 1일~2일 전

2명의 조선인 청년이 자기를 찾아와 오는 8월 10일에 『동아일보』와 『조선일보』가 폐간된다고 말하더란다. 이 청년들은 방바닥을 땅땅 내리치면서 '아이고' '아이고' 하며 소리 내 울더란다. 조선이 병합되었을 때도 조선의 우매한 학생들은 방바닥을 두드리면서 '아이고' '아이고' 하며 소리 내 울었다. 방바닥을 두드리면서 통곡해봐야 뭘 할 수 있지?"라고 했다.[60]

1940년 8월 11일자 일기는 다음과 같다.

"어제 저녁 조선의 두 신문인 『동아일보』와 『조선일보』가 폐간호를 발행했다. 두 신문의 폐간으로 조선인들이 깊은 상처를 받을 게 틀림없다. 그러나 요즈음이 비상시국이다 보니, 당국의 입장에서도 이들 신문의 발행을 금지할 명분은 충분하다. ①용지 절약을 위해서 ②일본 신문의 보급을 촉진하기 위해서 ③조선인들에게서 민족주의에 대한 미련을 완전히 뿌리 뽑기 위해서."[61]

'용지 절약' 문제와 관련, 김상태에 따르면, "일제가 장기전에 들어서면서 중시하지 않을 수 없었던 문제가 신문 제작에 필요한 자재의 절약 문제였다. 일제는 1938년부터 신문 용지의 강제절감을 명령하고 신문사마다 공급을 할당하고 있었는데, 해마다 그 할당량을 불이지 않으면 안 되었다. 결국 일제는 고강도의 신문 용지 배급 통제가 이루어져야 한다는 판단 아래 조선어 신문들을 폐간시켜버렸다."[62]

'정동연맹'에서 '조선임전보국단'까지

폐간 이후 상황은 더욱 참담했다. 1940년 10월 17일 정동연맹이 해체되고 국민총력조선연맹이라는 더 강력하고 거대한 대국민 선전기구가 결성되었다. 김성수(1891~1955)는 동생 김연수(1896~1979)와 함께 이 단체의 이사 겸 참사를 맡았으며 총무부 기획위원으로 실무진에 참여하기도 했다. 방응모도 참사로 이 기관에 참여했다. 1941년 8월 24일에 일단의 친일인사들이 조선호텔에 모여 흥아보국단을 조직하자 김성수 형제는 36명의 친일인사와 함께 경기도 준비위원으로 참여했다. 조선 민중의 황국정신을 앙양하고 시국인식을 철저히 하며 근로보국을 실행해 황은에 보답한다는 것이 이 단체의 강령이었다.[63)]

언론인 및 언론사주들은 국민총력조선연맹과 흥아보국단 외에도 임전대책협의회(1941년 8월 창립), 임전보국단(1941년 10월 창립), 언론보국회(1941년 11월 창립), 사상보국연맹, 조선문인보국회 등을 통해 친일활동을 했다.[64)] 이 단체들은 서로 얽히고설켰다. 1941년 8월 25일 창립된 '임전대책협의회'는 임전(臨戰) 체제하에서 자발적으로 황민화운동을 실천하기 위해 조선 내 친일인사를 총망라하여 구성한 단체로 발족 1개월 후인 9월에는 윤치호 중심의 친일단체인 흥아보국단준비위원회와 통합, '조선임전보국단'으로 재출발하였다.[65)]

1937년 총독부 기관지 『매일신보』의 사장에 취임한 최린(1878~1958)은 1941년 8월에 결성된 임전대책협의회 위원을 거쳐 10월 이 단체가 윤치호 계열의 흥아보국단과 통합, 조선임전보국단으로 재탄생하면서 단장에 취임하였다.[66)] 바로 이 시기가 친일파가 양산되는 동시에 기존 친일파들의 일제에 대한 충성이 더욱 독해지는 시기이기도 했다.

『조광』의 활동

『조선일보』는 폐간 후 『조광』 등 월간 잡지와 단행본 출판사업을 계속했는데, 『조광』은 1944년 말 발행을 중단하기까지 일제를 찬양하였다. 『조광』은 창간 두 달 뒤인 1936년 신년호를 2만 부나 찍었으며, 1949년 3월까지 발행되었다.[67]

『조광』 1940년 3월호는 「일본제국과 천황에게-성은 속에 만복적 희열을 느끼며」라는 제하의 권두언을 내보냈고, 이어 7월호에서는 "만세일계의 황통을 이으옵신 세계무비의 깨끗하옵신 역사를 가진 우리 일본 황실의 번영이 이처럼 날로 점앙하는 것은 위로 성명(聖明)하옵신 천황 폐하를 모시옵고 아래로 국민이 일치단결 국운의 번영을 꾀한 때문일 것"이라고 했다. 이해 10월호에서는 일제의 조선통치 30년을 기념하면서 "지금부터 만 30년 전 일한 양국은 드디어 양국의 행복과 동양 영원의 병화를 위해 양국병합의 조약을 체결"했다고 주장했다.

『조광』 1941년 신년호는 "서기(瑞氣) 넘치는 신년을 맞이하여 천황 폐하, 황후 폐하의 성수무강하옵시기를 충심으로 비옵는 동시에 황태자 전하, 의궁 전하, 희궁 · 효궁 · 순궁 · 천궁 사내친왕 전하께옵서도 어건강하옵시기 삼가 비는 바입니다"라며 황실에 대한 충성을 표시했다. 이어 2월호 사설은 "내 손으로 지은 쌀을 내 마음대로 소비하고 처분할 수 있는 것이 구체제라면 내 손으로 지은 쌀, 내 자본으로 만든 물건을 모두 들어 나라에 바치고, 그 처분을 바라는 것이 신체제요, 총력운동이요, 또 신절(臣節)을 다하는 소이(所以)이기도 하다"며 에서는 '쌀을 갖다 바칠 것'을 독려하고 나섰다(『한겨레』는 "이 사설이 나갈 즈음 일제의 조선 곡물 수탈은 한층 도를 더한다. 1941년 쌀 수확량의 43.1퍼센트였던 일제의 수탈률은 1944년에 이르면 63.8퍼센트까지 올라간다. 먹을 것이 없는 조선의 민중은 말 그대로 초근목피(草根木皮)로 연명했다"고

지적했다).[68]

『조광』의 1942년 신년호 권두언인 「성수무강」은 "데라우치(寺內正毅, 1852~1919) 총독은 조선통치의 대본(大本)을 저하여 창업의 토대를 쌓은 위대한 공적을 남겼거니와 이래 만 30년간 현 미나미 총독에 이르기까지 7대 총독을 맞이하였는데 각각 그 시대 그 시대의 요구와 필요에 따라 혹은 제도개혁에 혹은 치안확립에 혹은 경제기구와 산업시설에 혹은 교육시설에 주력하는 등 모든 특색 있는 정책을 실시하여 그 결과는 오늘날과 같은 문화 조선 건설을 결실시켰다"며 "내선문제에 있어서는 그 통치의 근본정신이 서양류의 식민지정책과 그 범주를 달리하고 있는 것인데 특히 미나미 총독의 내선일체정책의 강화는 이 원리를 완전히 구현시켜서 민족융합의 이상적 경지로 맥진(驀進)하고 있다"고 했다.[69]

『매일신보』와 『경성일보』

이제 남은 유일한 국문 신문은 총독부 기관지인 『매일신보』뿐이었다.

일제는 『동아일보』와 『조선일보』의 폐간에 따른 불만에 대한 회유책의 일환으로 두 신문에서 일하던 기자들의 상당수를 『매일신보』에 입사시켰다. 백철, 정비석, 정현웅, 이관구, 우승규, 서승효, 김규택, 조풍연, 곽복산, 조경희, 노천명, 이홍식, 박종수, 홍종인 등이 그런 경우였다.[70] 『조선일보』 주필 서춘은 『매일신보』 주필이 되어 1944년 4월 5일 간암으로 죽을 때까지 그 자리를 지켰다.[71]

『매일신보』는 일제의 충실한 기관지 노릇을 하였지만 유일한 국문 신문이라는 이유 하나만으로 번영을 누렸다. 지사가 17개, 지국이 327

개나 되었고 발행 부수도 50만 부(1945년 6월 현재)에 이르렀다.[72)]

최준은 『매일신보』에 대해 "동보(同報)에 종사하던 기자들의 개인적 사상 여하는 별문제이겠으나 지상(紙上)에 나타나는 논조와 색채는 완전히 일제 침략주의 앞잡이였음은 놀랄 필요조차 없는 엄연한 사실이었다. 시국(時局)의 강박(强拍)과 무기력한 신문인들의 피동적인 안이한 처세행위는 지상(紙上)에 그 무엇을 가져왔던가 생각할 때에 일종의 오한(惡寒)을 느끼지 않을 수 없을 것이다"며 다음과 같이 주장했다.

"괴뢰적 허위보도는 민중을 완전히 우롱 기만하였고 민생을 도탄의 구덩이로 유인하면서도 오불관언(吾不關焉)의 그 태도야말로 한국 신문사상에 영원히 씻을 수 없는 커다란 죄악면(罪惡面)이었다. …… 1945년 8·15 해방 전날까지 6개년 동안 허무맹랑한 『매일신보』만이 단말마(斷末魔)의 일본 제국주의의 앞잡이로 도량(跳梁)하여 식민지 조선이 아니고는 찾아볼 수 없는 민론(民論) 없는 암흑세계를 연출하였다."[73)]

이때에 『매일신보』 기자였던 조용만(1909~1995)은 훗날 회고록에서 "그 당시의 『매일신문』 사원들은 그야말로 매신(賣身)해온 사람들이어서 어떻게 하루 신문지면을 만들어 채우면 그만이지 신문을 잘 만들어보겠다는 열의도 정성도 없었다"며 다음과 같이 말했다.

"그렇다고 독서를 하느냐 하면 그렇지도 않았다. 나는 우리나라 기자들이 잡지나 신간서적을 들고 다니는 것을 본 적이 없다. 신문사 안에서도 쓸 데 없는 잡담이나 했지 잡지 한 권 읽는 사람이 없었다. 그때 우리들은 일본의 식민지통치 아래 있어서 아무 희망이 없었다. 재주가 있고 열심히 일을 해도 지위가 높아지는 것도 아니고 그냥 그대로 일본 사람 아래서 심부름이나 하는 차별대우를 받을 뿐이었다. 이런 점에 자포자기하는 마음이 생겨 이렇게 무기력한 생활을 하는지도 몰랐다."[74)]

1943년 일어 해독자 22퍼센트

『경성일보』는 1938년부터 시작한 『소국민신문』을 비롯하여 『황민일보』, 『월간소국민』, 『연성화보』 등의 일간과 주간 및 월간의 간행물을 발행하였는데, 한글수업 금지와 일어상용 장려정책 때문에 『매일신보』처럼 번영을 구가하였다. 『경성일보』의 발행 부수는 1942년~1943년경에는 20만대에 오르게 되었다. 최준은 "시국의 변천과 더불어 민간 지식 계급층에서는 국문판 『매일신보』보다도 오히려 『경성일보』를 보는 경향과 풍조가 생겼다"며 "『경성일보』 독자를 상별(詳別)할 때 일인 4할에 대하여 한국 민간인 측이 6할을 차지한 기현상을 가져왔다"고 했다.[75)]

이미 『동아일보』, 『조선일보』 폐간 이전에도 일본에서 발행되는 일본어 신문을 구독하는 독자들도 많았다. 1929년에서 1939년의 10년 사이 500부 이상 국내에 보급된 일본 신문은 11종 10만 2,707부에서 17종 19만 5,767부로 두 배 정도 늘었으며, 한국인이 구독한 부수는 1929년 5,062부에서 1939년 3만 6,391부로 7배 이상 증가하였다. 『대판매일신문』 경성지국은 조선인 독자를 늘리기 위해 한국 문인 30명에게 원고를 청탁하여 싣기도 했다.[76)]

『아사히신문』은 1945년 3월 기준으로 '조선판' 신문을 12만 부 이상 판매했으며, 경성지국에 기자만 20여 명이나 파견했다.[77)] 1941년 충북 증평국민학교에 입학한 유종호는 "집에서는 『경성일보』와 『아

일제는 각급 학교, 심지어는 보통학교에서조차 조선말을 쓰지 못하게 하고, 조선말을 쓰면 점수를 깎거나 벌금을 내게 하거나 화장실 청소를 시켰다. 이런 강압적 정책의 영향으로 1943년 일어해독 가능자가 전 국민의 22퍼센트에 달했다.

사히신문』을 보았는데 『아사히』는 나이 먹은 일본인이 일본옷을 입고 배달하였다"고 회고했다.[78)]

그럴 만한 배경이 있었다. 일제는 국민학교에서조차 일어를 쓰지 않으면 벌금을 내게 하거나 변소소제를 시켰으며, 무의식중에라도 조선말을 쓰면 점수를 깎는 악독한 수법을 썼다. 그런 일련의 강압적인 일어보급운동으로 1938년엔 전 인구의 12.38퍼센트이던 일어 해독자가 1943년에는 22.15퍼센트로 급증했다.[79)] 1941년 11월부터는 문학잡지인 『문장』과 『인문평론』마저 일본어로 절반 이상 인쇄하지 않고서는 발행이 안 되었다.[80)]

'신문에서 보았는데……'의 기원

최서영은 "1920년에 신문이 다시 생겼다가 1940년에 없어진 후 1945년 해방될 때까지 20여 년에 걸친 언론계와 저널리즘을 총괄해보면 오늘의 우리나라 언론계가 갖고 있는 저널리즘의 모습이 바로 이때에 정형화(定形化)된 것이 아닌가 생각된다"며 다음 4가지를 지적했다.

"그것은 ①개화기 시절의 신문이 가졌던 계몽주의에 이윤 추구의 상업주의가 합쳐진 점 ②지면의 레이아웃과 표제 등 편집 체제가 일본 신문을 닮게 된 점 ③반어적(反語的) 해학과 촌평 등을 통해 권력을 꼬집는 가십, 칼럼 등이 유독 발달하게 된 점(『조선일보』의 자명종, 팔면봉, 『동아일보』의 휴지통, 횡설수설 등) ④직업적 저널리스트의 탄생과 한국적 기자 생리가 생기게 된 점 등 오늘의 우리나라 저널리즘을 구성하는 몇 개 요소들이 모두 이때 그 모습이 형성되었기 때문이다."[81]

일제치하의 신문은 문학만 지배한 게 아니었다. 신문은 정치운동의 본거지이기도 했다. 일제가 정치운동을 허용하지 않았기 때문이다. 송건호는 "다른 식민지 민족운동에서라면 응당 정치인으로서 정치활동을 할 인사들까지도 우리나라에서는 거의가 모두 민간언론기관에 모여들게 되었다"며 다음과 같이 말했다.

"우리 민족운동에 있어 언론이 상대적으로 비중이 컸고 또 영향력이 클 수밖에 없었던 이유는 여기에 있었다. 즉 나라 없는 민족의 유일한 대변 구실을 한 신문의 위력이 자치가 허용된 다른 많은 영국·미국·프랑스계의 식민지 신문보다 더욱 컸으리라는 것은 지극히 당연한 일이다. 지금도 시골이나 도시를 막론하고 '신문에서 보았는데……' 하며 사람들 앞에서 아는 체하는 사람을 흔히 보게 된다. 신문이라면 덮어놓고 믿는 경향, 신문에 기대하고 의지하려는 심리가 정치인, 일반 서민 할 것 없이 다른 나라에 비해 특히 우리나라에서 심하다는 것은 일제통치 아래의 이 사회의 오랜 전통에 속한다."[82]

일제치하에서 『동아일보』, 『조선일보』는 많은 고생을 했다. 어쩔 수 없이 일제에 충성하기도 했지만, 그게 어디 본심이었으랴. 공과(功過)를 있는 그대로 내보이면 그래도 '공'이 많았다는 데에 동의할 사람들이 많으리라. 오늘날 문제는 두 신문이 한사코 '과'는 가급적 은폐하려 들면서 '공'만 내세우려 든다는 점에 있다. 이것도 일제강점기의 유산인가?

03

충칭 임시정부와 광복군 창설

늘 단결은 외치건만

중국의 조선독립운동세력은 무엇을 하고 있었던가? 이들은 애국심을 불태우면서도 여전히 분열의 수렁에서 헤어나지 못한 채 자신의 이론만이 옳다고 고집하는 지식인 행세를 하고 있었다. 이런 분열은 중국에도 손해였기에 보다 못한 중국의 장제스는 1938년 11월 말에는 김구(1876~1949)를, 1939년 1월에는 김원봉(1898~1958?)을 초청하여 대동단결을 촉구하였다. 이에 양 파는 1939년 1월부터 교섭을 시작했다. 스스로도 분열에 질렸을 것이다. 3 · 1운동 20주년을 맞은 1939년에는 단결에의 호소가 흘러 넘쳤다.

임시정부(임정) 주최로 중국 국민당 충칭시당부 강당에서 열린 3 · 1운동 기념식에서는 "해외전선의 통일을 확인한다. 우리는 목전에 다가선 주요 임무를 위하여 관내 · 동북 · 연해주 · 미주 및 각 지역 조선

중일전쟁이 막바지로 치달을 무렵의 충칭시. 중국 정부는 일본의 공세를 피해 충칭으로 수도를 옮겼는데 이에 따라 임시정부도 1940년 9월에 충칭시로 자리를 옮긴다. 난징 대학살 2주 전의 일이었다.

인민 및 반일단체와 동포 전체의 통일단결을 적극 지지한다"는 등 5개항의 결의안이 채택되었다.[83]

이날 이후 우파협동전선과 좌파협동전선의 통합 노력이 구체화되기 시작했다. 1939년 8월 좌우파 민족주의 정당이 참가한 가운데 한국혁명운동통일7단체회의(우파 한국국민당, 재건한국독립당, 조선혁명당, 좌파 조선민족혁명당, 조선민족해방동맹, 조선혁명자동맹, 조선청년전위동맹)가 개최됐다. 9월에는 전국연합진선협회라는 협동전선이 탄생했다. 그러나 하루아침에 각자의 이해관계가 눈 녹듯이 사라질 리는 만무했고, 종국엔 갈등을 해소하지 못한 채 결렬되고 말았다.[84]

이 통합 시도에 주목했던 중국 국민당 정부 측은 통합 실패 요인으로 단결정신의 부족, 구심점 역할을 할 중심인물의 부재, 독립운동의 중심사상 결여, 각 세력 간의 심각한 시기와 반목 등을 지적했다. 한상도는 "완고하리만치 고집스런 개성과 자존심은 제각기 나를 중심으로 하는 협동과 통일회의를 요구하였다"며 "나를 중심으로 하는 사고에서 파생된 네 탓으로 돌리는 무책임함은 여타 협동전선운동의 실패요인으로도 작용했다"고 분석했다. 또 한상도는 김원봉에게 공산주의 사상의 포기 선언을 요구한 '우파의 경직성과 유연성의 결핍' 도 문제였다고 지적했다.[85]

다시 1940년 3 · 1운동 기념식에선 훨씬 강도 높게 단결을 결의하는 이벤트가 벌어졌다. 임시정부 주석단을 비롯한 참석자들은 6개 항의 결의를 '열렬하게' 통과시켰으며 중국 항전 지도자 및 전방 장병들에게 보내는 서신과 조선 무장부대 및 정치공작대원들에게 보내는 서신을 채택했다.

"전 민족 반일통일전선을 결성하고 공고히 하는 것은 현 단계 한국혁명의 유일한 전략 임무이다. 때문에 전 민족 각 계층, 각 당파의 통일을 완성하기 위하여 적극 노력한다. 해외 혁명집단의 통일단결이 전 민족 반일통일전선의 주요한 부분이며 우리 해외 혁명운동자에게 부여된 중요 임무이다. 그러므로 신속하게 중국 관내 · 동북 · 소련 연해주 · 북미 및 하와이 각지 교포 혁명집단의 통일단결을 위해 적극 노력한다."[86]

한국독립당 창당과 삼균주의

1940년 9월 대한민국 임시정부는 중국 서부 쓰촨성(四川省, 사천성) 에 위치한 충칭(重慶, 중경)에 자리를 잡았다. 임시정부는 상하이를 출발

1945년 5월의 한국독립당 창당 기념사진. 앞줄 왼쪽으로부터 두 번째가 이청천, 다섯 번째가 이시영, 여섯 번째가 김구, 여덟 번째가 조소앙이다.

한 1932년 5월 이후 8년 동안 정처 없는 떠돌이 생활을 해왔다. 크게 나누자면, 항저우(杭州, 항주)와 전장(鎭江, 진강), 그리고 난징(南京, 남경)을 중심으로 잠복활동하던 5년과 창사(長沙, 장사)와 광저우(廣州, 광주), 류저우(柳州, 류주), 치장(江, 기강)을 거쳐 충칭(중경)에 이르는 3년으로 양분된다. 김희곤은 "이 기간 동안 임시정부는 공습을 피해가며 이동하면서도 전시 체제를 준비하였다. 그 결과가 중경시대에 한국광복군 결성, 건국강령 선포, 좌우합작 달성으로 나타났다. 고난과 역경으로 점철된 날이었지만, 한 순간도 정부 역할을 망각한 일이 없는 길이었다"고 했다.[87]

임시정부가 충칭에 도착하기 직전에 임시정부를 구성하고 있던 우파세력이 하나로 통합하였다. 1940년 5월 9일 한국국민당(김구), 재건 한국독립당(조소앙), 조선혁명당(이청천)이 새롭게 한국독립당(속칭 재건한독당 또는 한독당)을 창당한 것이다. 이들은 "3 · 1운동의 생명을 계승한 민족운동의 중심적 대표당"임을 선언하고, 삼균주의(三均主義)를 근간으로 강령을 정했다.

이들이 지향한 '신민주국가'는 완전한 광복이라는 터전 위에 정치 · 경제 · 교육이 평등한 사회를 추구해 안으로는 균등생활을 확보하고, 밖으로는 세계일가(世界一家)를 구현한다고 밝혔다. 이를 위해 완전한 광복을 통한 대한민국의 건설, 보통선거제 실시를 통한 정치적 균등 실현, 토지와 대(大)생산기관의 국유화를 통한 경제적 균등 실현, 의무교육을 통한 교육적 균등 실현, 그리고 광복군 편성과 의무병역 실시 등을 당강(黨綱)으로 채택했다.[88)]

삼균주의는 조소앙(1887~1958)이 1920년대 말 이후부터 자신의 정치적 주장으로 내세우기 시작한 것이다. 쑨원(孫文, 1866~1925)의 삼민주의(三民主義) 영향을 받은 삼균주의는 이미 1935년 11월에 한국독립당의 분파로 생겨난 김구 계열 중심의 한국국민당의 강령에 그대로 수용되었다. 보통선거의 실시를 핵심으로 하는 정치적 균등, 토지와 대규모 산업의 국유화를 근간으로 하는 경제적 균등, 국비의무교육의 실시를 골자로 하는 교육의 균등을 도모하고, 나아가 침략전쟁과 식민주의에 대한 타파와 평등한 국제관계의 실현을 통해 민족과 민족, 국가와 국가의 균등을 도모하는 것이 삼균주의의 목표다.[89)]

그러나 조소앙은 한국독립당의 실세가 아니었다. 한국독립당의 주류는 보수적이었다. 염인호는 "한독당의 주요 인물들은 50세~70세의 고령에다 양반 출신의 가문 그리고 대한제국 관료 출신들이 많았다.

그들은 수십 년 동안 변절하지 않고 민족해방운동에 종사한 애국자들이었지만 성향은 양반과 상놈을 가릴 정도로 고루하였으며 권위주의적이었다”며 다음과 같이 말했다.

“한독당을 중심적으로 지원하고 있던 중국 국민당 측에서조차 한독당 인물들에 대해 ‘사상은 낡았고 민족해방운동이 갖는 국제적 의미를 이해하지 못하였으며 해방 후의 인민의 복지에 대해 거의 아무런 안도 갖고 있지 못하였다’ 고 평가할 정도로 사상이 고루하였다. 한독당원 가운데 삼균주의를 제창하였던 조소앙만은 현대 정치사조에 밝았으나 한독당을 장악하고 있던 김구, 이시영, 조완구, 박찬익, 엄항섭, 민필호 등 기호파에 의해 소외되기 일쑤였다. 한독당원들은 100여 명가량 되었는데 이들은 대개 전선에서 멀리 떨어진 중경(충칭)에 모여 살고 있었다.”[90]

한국광복군 창설

1940년 9월 17일 임시정부는 한국광복군을 창설함으로써 당(한국독립당)·정(임시정부)·군(한국광복군) 체제를 갖추었다. 9월 15일에 발표된 ‘한국광복군 선언문’ 은 광복군의 창군(創軍)이 “임정의 군사조직법에 의거하여” “우리의 전투력을 강화하며” “조국의 독립을 위한” 것이라고 밝히고, 대일(對日) 연합군의 자격으로 항전할 것을 천명했다. 이어 이틀 뒤인 9월 17일에는 충칭의 가릉빈관(嘉陵賓館)에서 광복군 창건식이 거행됐다. 이청천(1888~1957) 총사령과 이범석(1900~1972) 참모장이 이끄는 10개 처(處)와 2개 대(隊)로 총사령부를 조직하고, 그 밑에 3개 지대(支隊)를 두었다. 그러나 중국 측은 조선의용대가 있으

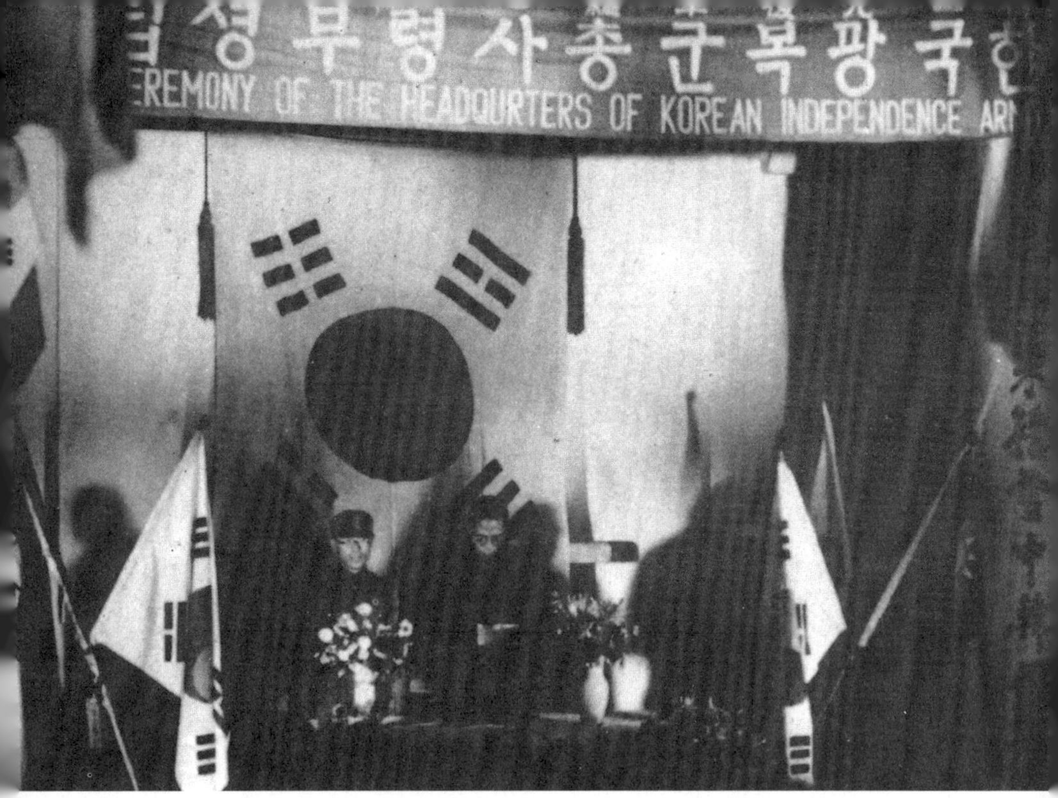

1940년 9월 17일, 충칭의 가릉빈관에서 광복군 창건식이 열렸다. 이청천 총사령과 이범석 참모장이 이끄는 10개 처와 2개 대로 총사령부를 조직하고 그 아래 3개 지대를 두었다. 이로써 임시정부는 당 · 정 · 군 체제를 갖추게 되었다.

니 따로 광복군을 조직할 필요가 없다며 광복군에 비협조적일 뿐만 아니라 여러 면에서 간섭하고 나섰다.[91)]

임시정부는 다음 해인 1941년 11월에 '대한민국 건국강령(建國綱領)'을 확립했다. 여기에도 삼균주의가 반영되었다. 김희곤은 "건국강령은 총강(總綱) · 복국(復國) · 건국(建國)의 3장 24개 항으로 구성됐다"며 다음과 같이 말했다.

"총강은 민족사를 통해 앞으로 나아갈 방향을 제시하고, 복국과 건국은 빼앗긴 국토와 주권을 회복하여 민족국가를 건설할 단계를 설정해 추진할 임무와 절차를 규정하였다. 여기에 제시된 민족국가는 개인이나 특정 계급의 독재를 철저하게 반대하는 신민주국이요, 정치 · 경제 · 교육에서 국민 모두가 균등한 권리를 가지는 균등사회를 목표로 삼았다. 결국 광복 이후에 세울 국가는 자본주의나 사회주의로 기우는 국가가 아니라, 한민족이 기반이자 한국민을 기본 단위로 삼는 전민적(全民的) 국가였다. 이는 한국독립당의 이념으로 표명된 것이기도 하고, 좌파세력의 대표인 조선민족혁명당의 강령과 흡사하여 합작 가능성을 열어둔 것이기도 했다."[92]

1941년을 지나면서 장제스의 종용과 정세 변화로 좌파세력도 임시정부로 집결하기 시작했다. 조선민족전선연맹을 구성하던 조선민족혁명당 · 조선청년전위동맹 · 조선민족해방동맹 · 조선혁명자연맹 등 4개 정당세력이 모두 충칭에 도착하였다. 1942년에 들어 정치적인 결속에 앞서 군대의 통합이 실현되었다. 5월에 조선의용대 본대 병력이 광복군으로 합류하여 신편 제1지대가 되고 김원봉이 광복군 부사령관 겸 1지대장으로 취임한 것이다. 이어서 정치적인 합류가 뒤따랐다.

김희곤은 "임시정부가 1942년에 달성해낸 좌우통합은 보기 드문 성공사례이고, 우리의 소원이자 숙원과제인 분단 문제 해결에 교시를 주는 것이기도 하다"며 "민족독립이라는 최고 목적을 달성하기 위해 좌우세력이 정치적으로는 자유를, 경제적으로는 평등의 요소를 적절하게 조화시키고 이념적인 격차를 줄여 열린 공간에 합류하면서 신의를 쌓아간 과정과 성과는 역사적 교훈이 된다"고 평가했다.[93]

'군비부족에 허덕인 광복군'

그런데 광복군을 유지하는 게 문제였다. 병사들은 속속 모여들었지만

훈련 중인 광복군. 병사들은 속속 모여들었지만 군대를 유지할 돈이 없었다. 1942년 4월, 결국 임시정부는 중국 측에 광복군 통수권을 내주었으나 우여곡절 끝에 1944년 8월 지휘권을 돌려받는다.

군대를 유지할 돈이 없었다. 1942년 작성된 임시정부의 내부보고서는 "미주 동포들이 보내주는 월 1,050달러의 지원금만으로는 300여 명으로 불어난 인원을 감당할 수 없다"고 밝히고 있다. 그간 줄곧 광복군에 대한 통수권을 요구해온 중국 측은 한편으로는 재정지원 등을 내걸고 다른 쪽에서는 병사모집을 하는 광복군 지휘관에게 통행증을 내주지 않는 방식으로 압박을 가해왔다. 결국 1942년 4월 임시정부는 광복군 통수권을 중국 측에 넘겨주고 말았다. 그러나 중국 측도 광복군을 제대로 유지할 형편이 못 되자, 1943년 2월 임시정부는 정식으로 군 지휘권을 돌려달라는 요구를 중국 측에 하기에 이르렀다.[94)]

앞서 살펴본 바와 같이 1942년 5월부터 이루어지기 시작한 좌우통합은 중국 측이 광복군 통수권을 가져간 게 큰 요인으로 작용했다. 좌우가 '신의를 쌓아간 과정과 성과'도 있었겠지만, 중국 측의 압박이 배경으로 작용했다는 뜻이다. 추헌수는 "통합을 주체적으로 수행하기에는 너무나 고질화된 좌우의 대립과 알력이 남아있었다"며 "이러한 난관들을 비교적 용이하게 극복할 수 있었던 점은 임시정부의 광복군이나 좌파의 조선의용대가 다 같이 중국의 지휘와 감독을 받게 됨으로써 통합을 요구하는 직접적인 명령에 복종하지 않을 수 없었던 상황에 있다"고 했다.[95)]

이후 이야기를 미리 하자면 이렇다. 우여곡절 끝에 임시정부는 1944년 8월 광복군 지휘권을 돌려받았다. 1944년 10월부터 미·영과 접촉을 시작해 미·영과 각각 합의서를 맺고, 인도 전선에 병사를 보내고 한반도에서 작전을 펴기 위해 훈련에 돌입했다. 미군의 군수지원이 뒤따르면서 광복군은 급속도로 달라졌다. 1945년 해방 직전 광복군 수는 841명이었다. 김구의 『백범일지』는 1945년 8월 9일을 이렇게 적고 있다.

"왜적이 항복한다고. 그 말을 듣고 훈련장에 와 보니 우리 광복군은 제 임무를 다하지 못하고 전쟁이 끝난 것을 실망하여 침울한 분위기에 잠겨 있었다. 미국 교관들은 질서를 잊으리 만큼 기뻐 날뛰었다. 광복군 수천 명을 수용할 막사 공사는 당장 이날부터 중지됐다. 수년간 갖은 애를 써서 참전준비한 것이 다 허사가 되었다. 우리가 이번 전쟁에서 한 일이 없기 때문에 장래 국제 간에 발언권이 박약하리라는 걱정이 앞섰다."[96]

해방 후 임시정부 요인들이 개인 자격으로 환국할 수밖에 없었듯이, 광복군 국내 지대도 미군정의 '사설 군사단체 해산령'에 의해 해체되는 상황에 직면하였다. 조국으로 돌아갈 길이 막혀버린 광복군은 1946년 5월 16일 중국 국공내전(國共內戰)의 혼란 속에서 해체를 선언할 수밖에 없었다.[97]

광복군은 남성 위주로 편성됐지만 여성 대원들도 있었다. 한시준의 논문「여성광복군과 그들의 활동」에 따르면 490여 명의 광복군 중 17명이 여성이었고 대부분 독립운동 지도자의 딸들이었다. 여성광복군은 병력모집과 대내외 선전활동 등을 담당했고 직접 총을 메고 전선에 나가기도 했다.[98]

2005년 7월, 광복군 제1지대 대원이었던 김득명(당시 82세)은 "가짜 광복군 많아. 그래서 나는 광복군이라 안 하우. 대한민국 이래서 되겠소?"라며 "지금 다 가짜판"이라며 혀를 끌끌 찼다. 그는 "진짜 광복군들도 반성해야 돼요. 그동안 저토록 가짜가 설치게 놔뒀으니……. 광복군인 게 창피스러워요"라고 말했다. 이와 관련, 조은성은 "학도병으로 중국 내 일본군에 징집됐다 탈출, 1945년 1월 광복군에 합류했던 장준하(1918~1975), 김준엽(1920~) 등은 몇 달의 광복군활동에 대한 포상을 부끄럽다며 거부했다. 가짜 광복군 논란을 보며 이들이 더욱 빛나 보이는 것은 왜일까."라고 했다.[99]

광복군인 게 창피스럽다니, 가슴 아픈 이야기다. 일제강점기의 가슴 아픈 이야기를 접할 때마다 일제에 대해 분노가 치미는 건 왜일까? 이는 옳지 못한 자세일까? 고민해볼 문제이다.

04

생체실험으로 수만 명을 죽인 731부대

'일본은 피부병, 공산당은 심장병'

중일전쟁은 어떻게 돌아가고 있었던가? 중국은 내분에 정신이 팔려 일본군에 제대로 대항하지 못하고 있었다. 1941년 1월 공산당세력의 급속한 성장에 위협을 느낀 장제스의 지시에 따라 국민당군은 공산당군을 급습했다. 마오쩌둥(毛澤東, 1893~1976)은 장제스에게 '불을 가지고 장난하는 사람은 조심해야 되며 사태가 이런 식으로 지속된다면 온 국민이 당신을 시궁창에 버릴 것'이라는 전문을 보냈다. 장제스는 이에 대응해 '일본은 피부병, 공산당은 심장병'이라고 맞받았다. 이후 중국 내 전쟁은 항일전쟁과 국공 간 교전이 병행되는 이중적 성격을 갖고 전개되었다.[100)]

장제스는 50만의 정예부대를 가지고 있었음에도 공산당과의 싸움에 대비해 일본군과의 전쟁에 대규모의 군대를 투입하지 않았다. 게

국민당을 이끌었던 장제스(왼쪽)와 공산당을 이끌었던 마오쩌둥(오른쪽). 이들은 일본군의 침략에 맞서 싸우는 한편, 중국대륙의 패권을 놓고 치열한 대결을 했다. 일본군과의 전쟁보다 공산당과의 싸움에 더 많은 신경을 썼던 장제스는 결국 공산당의 세력 확장에 밀리고 말았다.

다가 국민당군은 엄청난 부정부패로 안에서 썩어 문드러져가고 있었다. 국민당이 징집한 군인들은 심하게 학대당했으며 거의 150만에 해당하는 군인들이 자신의 부대에 도착하기도 전에 굶주림과 병으로 죽어갔다.[101]

반면 마오쩌둥은 중국 내 계급 간의 모순은 2차적이고 중국과 일본의 모순이 1차적이므로 전자는 후자에 종속적인 것이라고 하였다. 선전과정에서도 공산주의 색채를 버리고 구국(救國)을 강조하고 애국항일적 호소를 사용했다. 이런 선전술로 농촌 민심을 얻는 데 성공했다.[102]

중국 공산당 당원 수는 1937년의 4만 명에서 1945년에는 121만 명으로 늘어났다. 일본이 항복한 1945년 8월 공산당은 이미 19개 성에서 약 1억의 인구를 통치하고 있었고 정규군 100만과 민병 220만을 보유하게 된다.[103)]

이후 이야기를 미리 좀더 하자면, 전면적인 내전에 돌입한 끝에 마오쩌둥은 1949년 10월 1일 중화인민공화국의 수립을 정식으로 선포하게 되고, 장제스와 국민당군은 그해 12월 10일 50만의 잔존부대를 이끌고 대만으로 철수한다. 1921년 7월 상하이에서 불과 57명의 당원을 가지고 출발한 중국 공산당이 창당 28년이 되던 1949년에 전 중국을 지배하게 된 것이다.

한편 일제는 1938년에서 1943년까지 국민당 정부를 굴복시키기 위해 중국 항전의 중심지인 충칭에 수년간 지속적으로 폭격을 가했다. 그 와중인 1941년 6월 5일 폭격시 일반 민중이 터널로 피신했다가 통풍이 되지 않아 1,200여 명이 질식사하는 '6 · 5 터널 대참변'이 발생했다.

일본군은 공산당이 장악한 지역에서 가옥을 불태우고 사람들을 죽이고 재물을 약탈하여 생존조건을 철저하게 파괴하는 이른바 삼광(三光)작전을 실시했다. 1942년 5월 일본군 제110사단의 부대원 500여 명이 중국 북부지역의 베이탄 마을을 습격했는데, 이것이 바로 전형적인 삼광작전이었다. 일본군은 그들을 피하기 위해 만든 지하도에 독가스탄을 발사했다. 1,100여 명이 중독사하거나 총살을 당했다. 가옥은 불태워지고 양식과 재물은 약탈되었으며, 살아남은 부녀자들은 모두 강간을 당했다.[104)]

'악마의 소굴' 731부대

그러나 이런 끔찍한 참상도 일제가 저지른 생체실험과 세균전에 비하면 아무것도 아니었다. 1939년 일제 관동군 731부대(방역급수부대)는 중국과 몽고의 국경지대인 눠먼한 전투에서 최초로 세균무기를 사용했다. 후난의 창더 한 곳에서만 세균전으로 인한 중국인 사망자 수가 7,463명에 이르렀다.[105] 731부대는 그런 세균전을 위해 '마루타' 로 지칭하던 희생자들을 대상으로 생체실험을 했다. 마루타(丸木)는 '통나무' 란 뜻이다.[106]

왜 마루타라고 불렀을까? 훗날 한 731부대원은, "그들은 내게 통나무와 같았고, 통나무는 인간으로 간주되지 않았다. 그들은 스파이거나 음모자들이었다. 그들은 이미 죽은 목숨이었고 다시 한번 죽는 것이었다. 우리는 그저 사형을 집행했을 뿐이다"라고 회고했다.[107] 진짜 통나무는 인간성을 완전히 상실한 731부대원을 비롯한 일본 제국주의자들이라는 걸 말해주는 증언이라 하겠다.

731부대는 부대장인 이시이 시로(石井四郎, 1892~1959) 중장의 창안과 관리에 의해서 이루어져 일명 '이시이 부대' 라고 불렸다. 생체실험 요원은 2,600여 명이었다. 1933년 만주 하얼빈시 남방 20킬로미터 지점에 비밀연구소를 설립한 뒤 실험재료로 수천에서 수만에 이르는 사람을 죽여 '악마의 소굴' 로 불렸다. 희생자는 중국인, 소련인, 조선인, 몽고인 등이었다.[108] 이는 일왕 히로히토(迪宮裕仁, 1901~1989)의 허가를 받고 이루어진 일이었다.[109]

731부대는 천황의 칙령에 의해서 창설된 유일한 부대라는 강한 자부심을 갖고 있었다.[110] 그래서 무슨 짓인들 할 수 있었으리라. 일제는 세균무기를 개발하기 위해 마루타를 대상으로 31종류의 실험을 했

수만 명이 넘는 사람들을 실험도구로 활용해 악명을 떨쳤던 731부대 건물 유적. 당시 수천 명의 요원이 근무했으며 각종 실험을 수행할 수 있도록 넓은 지역에 걸쳐 많은 건물들이 세워져 있었다.

다. 고속원심분리기를 사용해 사람의 생피를 짜내는 착혈실험, 인간의 피와 말의 피를 서로 교환해보는 인마혈(人馬血) 교환실험, 진공 · 기아 · 화학가스 · 화력 · 냉동 등 극한상황에 따른 인체의 반응과 생존력을 알아보는 실험, 각종 세균을 주사로 주입하거나 만두에 섞어 먹이고 그 독성을 실험하는 세균감염실험 등이었다.[111]

마루타를 일부러 이질에 감염시키거나 파상풍균을 주입하는 경우도 있었다. 세균 마스크를 씌운 마루타와 안 씌운 마루타들을 별도의 말뚝에 세운 다음 청산가스를 뿌려대기도 했다. 영하 50도의 방에 마루타들이 죽을 때까지 방치하기도 했다. 마루타가 살아남는 길은 없었다. 전문가들은 총 희생자의 수가 수만 명이 넘을 것으로 보고 있다.[112] 어디 그뿐인가. 1940년부터 731부대는 중국 남부 민간인 마을 등에 탄저병 · 콜레라 · 페스트 등의 세균을 살포, 최소 25만 명이 목숨을 잃게 만들었다.[113]

일본과 미국의 추악한 거래

종전 후 731부대 관련자들은 어떤 처벌을 받았던가? 아무런 처벌도 받지 않았다. 아와야 겐타로는 『도쿄 재판론』에서 "실험 데이터 등 모든 정보를 미국에 넘겨주는 대가로 이시이 부대장 등 부대 간부들을 제소하지 않기로 맞바꾼 것으로 추정된다"고 했다.[114]

'추정'이라고 할 것도 없다. 증거문서만 없다 뿐이지, 명백한 사실이다. 미국의 맥아더(Douglas MacArthur, 1880~1964)는 731부대의 자료를 챙기는 대신 그 주범들에게 면죄부를 주었다. 미국 내의 연구소들은 인체실험을 할 수 없기 때문에 도저히 이런 자료들을 구할 수 없다는 걸 높이 평가해 모든 걸 비밀로 처리했다. 미국은 나중에 생체실험 주범들에게 미국의 화학전 요원들을 대상으로 한 강연요청까지 했다. 참으로 추악한 거래였다.[115]

2002년 8월 2일 시노즈카 요시오(당시 78세)라는 노인이 일본 도쿄 외신기자클럽에서 본인이 직접 가담했던 731부대의 잔학상을 폭로하고 희생자들에 대한 일본 정부의 보상을 요구하고 나섰다.

2002년 8월 14일 밤 10시 EBS는 광복절 특집으로 731부대 다큐멘터리 〈시사다큐 움직이는 세계-충격보고! 731부대의 진실〉편을 방영

731부대를 이끌며 인간을 대상으로 갖가지 잔혹한 실험을 했던 이시이 시로. 그는 종전 후 전범재판에 불려나갔지만 생체실험결과를 미국에 넘기는 조건으로 처벌을 면했다.

했다. 영국 BBC가 2002년 3월 방송한 화제작으로 이 부대원들의 생생한 증언과 함께 생체실험을 겪은 중국 현지 피해자들의 소송준비과정 등을 담았다. 이 다큐멘터리에서 가장 경악할 만한 부분은 나치의 유태인 학살에 비견될 가공할 전쟁범죄를 저지른 731부대 요인들이 나치와는 달리 아직도 일본 정계 및 보건 · 의료계에서 버젓이 핵심세력으로 남아있다는 점이다.

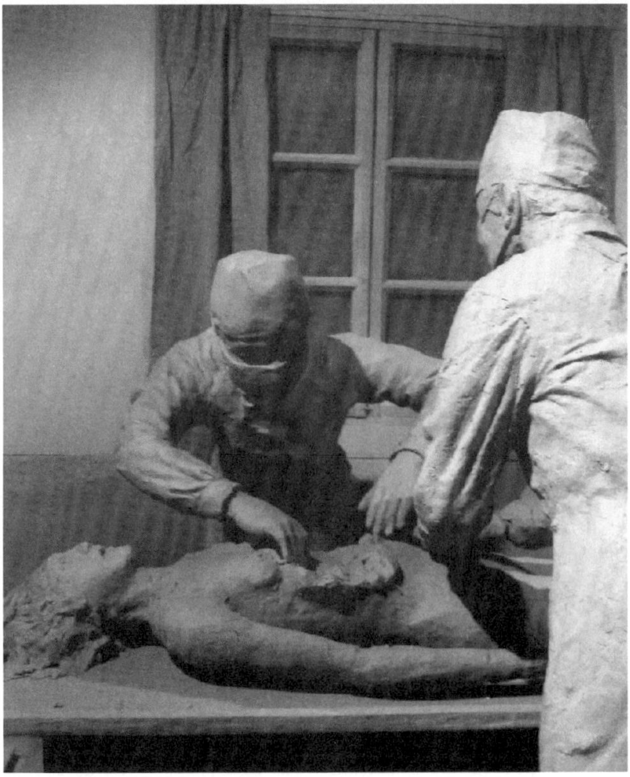

이시이 부대의 생체실험을 재연한 디오라마. 그들은 세균무기 개발을 위해 인간을 일종의 도구로 활용했다. 이시이 부대 막사 자리에 세워진 박물관에 가면 볼 수 있다.

고바야시 로쿠조(일본 국립 방역연구소 소장), 나카구로 히데토시(국방의학대학 총장), 나이토 료이치(녹십자 회장), 기타노 마사지(녹십자 대표이사), 가수가 추이치(트리오-켄우드 회장), 요시무라 히사토(교토 의학대학 총장), 야마나카 모토키(오사카대 의과대학 총장), 오카마토 코조(교토대 의과대학 학장), 다나카 히데오(오사카대 의과대학 학장) 등이 문제의 인물들이다. 특히 731부대의 책임자였던 이시이 시로는 일본이 미군에 항복하자 부대에 남아있던 포로들을 학살하고 실험용 쥐를 풀어 증거를 인멸했다고 한다. 그는 부대원들에게 비밀을 지키라는 명령을 내린 뒤 미국이 탐내던 실험 관련 데이터를 넘기는 조건으로 면책을 얻어냈다.

2001년 BBC 기자가 『일본 근대사』라는 베스트셀러를 낸 일본의 저명한 역사학자 후지오카 노부카스(도쿄대 역사학 교수)와 인터뷰했다. 그 내용은 일본 파시즘의 책임을 군부에게만 물을 수 없다는 생각을 갖게 만들기에 충분했다. 난징 대학살, 한국 종군 위안부, 731부대에 대한 진상을 묻는 기자의 질문에 대한 노부카스의 답변은 "난징 대학살은 없었다", "종군 위안부는 존재했지만 강제적으로 끌려와서 일한 건 아니다", "731부대에 대한 기록은 남아있는 게 없어 책에 언급하지 않았다" 등이었다.[116]

2002년 8월, 1940년~1942년 중일전쟁 당시 일본군이 731부대를 통해 세균전을 벌인 사실을 일본 법원이 처음으로 인정했다. 이는 '세균전은 확인할 수 없다'고 밝혀온 일본 정부의 주장을 정면으로 뒤엎은 것이다. 도쿄 지방재판소는 8월 27일 중국인 유족 등 180명이 중일전쟁 당시 731부대 등이 살포한 세균에 감염됐다며 18억 엔의 손해배상을 청구한 소송에서 이같이 밝혔다. 재판부는 그러나 "헤이그조약은 개인의 배상 청구권을 인정하지 않고 있으며 전후 일본에서 국가배상법이 시행되기 이전의 사항은 국가에 배상책임이 없다"고 판결, 소송은 기각됐다. 재판부에 따르면 731부대는 일본 육군본부의 지령에 따라 페스트균을 감염시킨 벼룩을 최소 3곳에서 공중 살포했다. 또 콜레라균을 우물에 뿌리고 음식물에 섞기도 했다. 재판부는 이와 함께 "중국 측의 조사에 따르면 페스트균의 전파로 피해지는 8곳으로 늘었으며 세균전 사상자 수도 약 1만 명에 이른다"고 밝혀 세균전으로 인한 다수의 사망자 발생을 증거로 인정했다.[117]

소록도에서의 생체실험

2004년 10월, 열린우리당 의원 유필우는 2004년 8월에 발간된 일본인 인권운동가인 다키오 에이지(瀧尾英二)가 쓴 『소록도 갱생원 강제수용환자의 피해사실과 그 책임소재』라는 책을 입수, 일제시대 전남 소록도에 수용돼 있던 한센병(나병) 환자들을 대상으로 생체실험이 자행되었다고 밝혔다. 이 책은 당시 수용된 생존자들의 증언을 인용, 생체실험대상이 된 환자 20여 명이 일본인 의사에게서 '경련주사'를 맞고 사망했다고 기록했다. 이들 환자는 특히 경련주사를 맞으면 머리에 경련을 일으키는 증상을 보이며 모두 24시간 안에 사망했으며, 사체는 해부용으로 쓰였다고 생존자들은 증언했다.

일제는 또 한센병을 박멸하겠다며 남성 환자와 임신부에 대해 강제적으로 거세 및 낙태 수술을 자행했으며, 헌병과 경찰을 병원 직원으로 고용해 무차별 폭력을 행사했다. 유필우는 "일본은 2001년 제정된 '한센병 보상특별법'에 따라 일본인 강제수용자들에 대해 보상하고 있지만 일제치하 소록도에 수용된 한국인들에 대해선 외면하고 있다"면서 "정부는 일본에 보상을 촉구하고 앞으로 국회에서 통과될 과거사기본법을 통해 진상규명이 이뤄져야 한다"고 말했다(일본 정부는 현재 자국의 강제수용자들에게 1인당 800만~1,400만 엔씩 보상하고 있다).[118]

여기서 잠시 소록도의 비극에 대해 알아보기로 하자. 일제는 1917년 한센병 환자들을 위한 소록도 요양소를 개원했다. 그러나 말이 좋아

요양소이지, 소록도 요양소에선 극심한 인권유린이 자행되었다. 일제는 나환자를 해당지역을 더럽히는 존재로 인식해 미화사업의 대상으로 간주했다. 『동아일보』 1939년 11월 20일자는 "진주경찰서는 부내의 미화를 더럽히는 환자를 일망타진하여 소록도로 보냈다"고 보도하고 있다.[119] 그런 식으로 만들어진 요양소에서 환자들이 인간 대접을 받았을 리 만무했다.

"너는 환자들에게 너무 무리한 짓을 했으니, 이 칼을 받아라!" 1942년 6월 20일 아침 8시 5분께 한센병 환자 이춘상(당시 27세)은 '보은 감사일' 행사에 참석하기 위해 승용차에서 내려 연단으로 향하던 소록도갱생원(현 국립소록도병원) 원장 수호 마사토(周防正季, 1885~1942)의 오른쪽 흉부를 칼로 찔렀다. 칼은 가슴에 깊이 13.5센티미터의 상처를 냈고, 원장은 곧 숨졌다.

마사토는 1933년 소록도갱생원장으로 부임한 뒤 환자들에게 벽돌 굽기 · 가마니 짜기 · 숯 굽기 등의 고된 노역을 시켰고, 1940년 8월 20일에는 환자들로부터 거둔 돈으로 자신의 모습을 본뜬 동상(높이 3.3미터)을 세워 원성을 샀다.[120] 이춘상은 "갱생원의 추한 모습을 폭로하고 환자에 대한 처우를 개선"하고자 원장을 살해하였다고 밝혔다.[121] 그는 1943년 2월 19일 사형을 당했다. 2005년 소록도 환자 유인석(당시 82세)은 "수호 원장이 매달 20일을 '보은 감사일'로 정해 환자 6000여 명을 자신의 동상 앞에 모아놓고 절을 시키곤 했다"며 "원장의 학정이 너무 심해 모두 그의 거사를 반기며 기뻐했다"고 회고했다.[122]

소록도 환자들의 사망률은 갈수록 높아졌다. 1942년 6.56퍼센트에서 1943년에는 7.15퍼센트, 1944년에는 7.61퍼센트로 증가했으며,

1945년에는 수용 환자 4,416명 중 931명이 사망해 무려 21퍼센트의 사망률을 나타냈다.[123)]

소록도에선 환자 신체작법, 행동규범을 뜻하는 '환자심득' 에 따라 환자들은 철저히 비환자와 구분되었다. 또 일정한 거리에 다른 방향으로 있되, 바람이 불어오는 쪽에 위치해서는 안 되는 존재로 길들여졌다. 그런 규칙을 어길 때는 처절한 체벌이 가해졌다. 1996년 서울대 교수 정근식은 한센병 역사를 연구하려고 소록도 요양소 노인 환자들을 인터뷰하다가 이상한 점을 발견했다. 처음 인터뷰할 때 노인은 2미터 정도 떨어져 정면을 바라보고 있었는데, 조금씩 뒤로 물러나더니 몸의 방향도 정근식에 대해 90도로 돌려 다른 쪽을 향했으며, 정근식이 다시 그 앞으로 가서 처음 자세를 취하면 어느새 그 노인은 또 물러나 몸을 다른 방향으로 틀었다는 것이다. 일제의 '환자심득' 이 일제 패망 50년이 지나도록 식민지 흔적이 되어 남아 있었던 것이다.[124)]

소록도에서의 생체실험을 포함하여 일제가 저지른 생체실험은 인간의 잔인성과 악독성이 어떤 극한에 이를 수 있는가를 보여준다. 오, 하느님! 당신이 손수 만드신 인간이 도대체 왜 이 모양이나이까!

제2장

태평양전쟁의 발발

01

일제의 하와이 진주만 폭격

독일 파시즘과 일본 파시즘의 상호 상승작용

1941년 초 일제는 미국, 영국, 중국 그리고 네덜란드령 동인도로 구성된 ABCD(America, Britain, China, Dutch) 연합에 의해 포위되었다. 절망감에 빠진 일본은 1941년 4월 13일 소련과 불가침조약을 체결했다. 이로써 러시아는 동부에 대해서는 안심하고 서구에 대처할 수 있었고, 일본은 러시아에 대해선 안심하고 태평양지역에 전념할 수 있었다. 조약 체결식에서 일본 외상 마쓰오카 요스케(松岡洋右, 1880~1946)는 축배를 들면서 "우리는 아시아인"이라고 했고, 스탈린(Iosif V. Stalin, 1879~1953)도 "우리 두 사람 모두 아시아인이지요"라고 맞장구를 쳤다.[1)]

만약 히틀러가 제2차 세계대전을 일으키기 직전의 1938년에서 멈추었더라면 그는 인류 역사에 어떻게 기록되었을까? 그랬다면 히틀

2차 대전 당시 일본을 이끌었던 도조 히데키. 패전 후 교수형에 처해졌다. 1941년 일본 정부가 미국과의 협상을 선택하려 하자 일본 강경파는 군부 지도자인 도조 히데키를 내세워 본격적인 전쟁의 길로 들어섰다.

러가 비스마르크 이래 독일 최고의 지도자로 추앙받았을 것이라고 생각하는 사람들도 적지 않다. 그러나 그건 어리석은 가정이다. 멈춰야 할 지점에서 멈추지 못하는 것이 바로 히틀러의 특성이었으며, 이는 일제의 군부 지도자들에게서도 똑같이 나타났다.[2]

1940년 히틀러의 연전연승에 흥분한 일제는 나치식 일국일당의 실현을 목표로 정당 등을 해산시켰고, 10월에 유일 정당인 대정익찬회를 발족시켰다. 또한 노동조합을 해산시키고 파업 등을 전면 금지시키는 동시에 전쟁협력을 목표로 하는 '대일본산업보국회'를 설립했다.[3] 독일 파시즘과 일본 파시즘의 상호 상승작용이었다고나 할까.

1941년 6월 22일 히틀러는 소련을 침공했다. 이때에 영국 수상 윈스턴 처칠(Winston L. S. Churchill, 1874~1965)은 훗날 국제정치학 교과서에 '세력균형'의 대표적 사례로 거론되는 유명한 말을 남겼다. 처칠은 그간 자신이 맹렬히 비난해온 스탈린과 동맹을 맺어야 한다고 주장하면서 "만약 히틀러가 지옥을 침공했다면 나는 의회에서 악마에 대해 적어도 호의적으로 말했을 것이다"고 했다.[4)]

독소전쟁이 발발하자 조선 민중의 불안이 점증하여 각종 유언비어나 일제에 대한 저항행위가 증대되기 시작했다. 이 전쟁이 대대적으로 보도되자 일제 선전에 대한 불신도 깊어갔다. 7월 7일을 기점으로 전국적인 동원령이 내려지자 불안은 더욱 증대되었다.[5)]

1941년 7월 일본군은 프랑스 식민지였던 베트남의 수도를 장악했으며, 이어 네덜란드가 지배하던 동인도제도를 정복하고자 했다. 암호를 입수하여 해독한 미국은 이에 대해 엄중히 경고했지만 일본은 듣지 않았다. 이에 미국은 7월 25일 미국 내의 모든 일본 자산을 동결하는 조치를 취했으며, 8월 2일 일본에 석유 수출을 금지했다. 일본 정부가 미국과 협상하려는 자세를 취하자, 일본 내 강경파가 들고 일어났다. 10월 도쿄의 호전파는 온건파 수상을 축출하고 군부 지도자인 도조 히데키(東條英機, 1884~1948)를 내세웠다. 전쟁의 길로 일로매진하겠다는 발악이었다.[6)]

"진주만을 기억하라!"

절망감으로 이성을 잃은 일제는 도박심리에 빠져 들었고, 이는 일제의 하와이 진주만 기습으로 나타났다. 1941년 12월 7일 일요일 아침 7시 55분, 일본은 하와이의 진주만에 정박하고 있던 미 제7함대와 군사시설을 기습적으로 공격했다. 태평양전쟁의 발발이다.[7)]

일본의 공격으로 불타는 진주만의 전함들. 1941년 12월 7일 일요일 아침 7시 55분, 일제는 하와이의 진주만에 정박하고 있던 미 제7함대와 군사시설에 기습적인 폭격을 퍼부었다. 태평양전쟁의 시작이었다.

미국은 이미 한 달 전인 11월 일본의 암호문을 입수함으로써 전쟁이 임박했다는 사실을 알고 있었다. 그러나 공격지점을 정확히 알 수 없었기 때문에 하와이의 진주만과 필리핀의 마닐라 기지에 경계 명령만을 내리고 있었다.[8)]

일본 해군의 항공모함 6척에서 발진한 비행기 350대는 기습 공격으로 미군에 큰 타격을 입혔다. 이때 일본 항공부대 총지휘관이 진주만 상공에서 "우리는 기습에 성공했다"고 전한 암호전문이 '도라 도라 도라' 다. 미국은 전함 8척 중 4척이 침몰했고, 3척이 큰 손상을 입었다. 비행기 570대 중 475대가 완전 파괴되었다. 미 해군과 육군 사

망자는 2,897명에 이르렀고, 시민 사망자도 68명이나 되었다.[9]

다음 날인 12월 8일 미국 상하 양원이 합동으로 개회한 가운데 미국 대통령 프랭클린 루스벨트가 연설을 했다. 의회에 선전포고를 요청하는 내용이었다. 당일 상원은 만장일치, 하원은 1표의 기권만으로 선전포고안을 통과시켰다. 미국은 이날을 '치욕의 날'로 선포하고 일본에 대하여 선전포고를 했다.[10]

진주만 기습 직전까지 미국 여론은 전쟁에 반대했지만, 이젠 사태가 역전되었다. "진주만을 기억하라!(Remember Pearl Harbor!)"는 구호가 미국인을 단결시켰다. 이는 오늘날까지도 미국인들이 반일감정의 상징으로 사용하고 있는 슬로건이다. 바로 이 슬로건의 파괴력이 훗날 미국의 '기습 유도설'이 나온 이유이기도 하다. 실제로 이를 규명하기 위한 청문회가 세 차례나 열렸지만, 미국이 과연 일본의 기습을 유도했는가는 지금도 미스터리로 남아있다.[11]

하와이 한인들의 피해

치욕은 이성을 멀게 하는가? 분노한 미국의 한 하원의원은 "나는 현재 미국, 알래스카, 하와이에 살고 있는 모든 일본인들을 붙잡아서 강제수용소에 처넣는 데 동의합니다. 그들을 박멸합시다"라고 외쳤다. 그의 외침은 다수의 정서였다. 1942년 루스벨트는 군대에 서부 해안(태평양 연안)에 살고 있던 남녀노소를 불문한 일본계 미국인들을 체포할 수 있는 권한을 주었다. 그들 가운데 4분의 3은 미국에서 태어난 미국 시민들이었는데도 말이다. 그들은 전쟁이 끝날 때까지 감옥과도 같은 강제수용소에서 3년 넘게 갇혀 지내야 했다.[12]

비록 수용소에 갇히진 않았지만, 한국인들도 큰 피해를 입었다. 하와이 한인들의 경우, 부동산의 매매 혹은 이전, 증권이나 자본의 거래를 할 수 없었으며, 한 달에 생활비로 200달러 이상을 은행에서 인출하지 못하는 등 갖가지 제약을 받아야 했다. 웨인 패터슨에 따르면, "일본을 적이라고 거침없이 말하는 것으로 잘 알려진 한인 1세대는 진주만 공격 후 형성된 보안조치에 자신들이 옭아매이게 될 줄은 거의 예상하지 못했다. 그들이 더욱 화가 난 것은 자신들이 보통 미국인들보다도 일본을 더 반대해왔고 여전히 반대하고 있는데도 적국인 일본인들과 같은 대우를 받은 탓이었다."[13]

'미국은 무어고 영국은 다 무어드냐'

일본의 진주만 기습 3일 후인 12월 11일 일본의 유럽 동맹국인 독일과 이탈리아도 미국과의 전쟁을 선포하고 나섰다. 소련 침공이 교착상태에 빠져 고민하던 히틀러도 절망감에 몸부림치다가 그야말로 '미친' 결정을 내린 셈이었다.[14]

태평양전쟁의 발발은 아시아전선과 유럽전선을 하나로 통합시켰으며, 이듬해 1월 1일에는 미국·영국·소련·중국·캐나다 등 26개국의 '연합국 선언'이 발표되면서 이른바 반(反)파시즘 연합전선이 형성되었다.[15]

이미 이성을 잃은 일제는 진주만 기습 이후 전쟁참가 열기를 고양시키고 여론을 조작하기 위하여 연일 대대적인 군중대회와 시가행진을 열었다.[16] 국민학교조차 전쟁선전기지로 변모했다. 당시 국민학교 2학년생이었던 최정호는 이렇게 회고했다.

막강한 해군력을 자랑하던 영국의 자존심 프린스 오브 웰스호. 그러나 진주만 기습 사흘 후 벌어진 일본과의 전투에서 격침당했다. 일제는 전 조선의 국민학교들마저 전쟁선전기지화해 매일 점심시간마다 전적을 방송으로 알려 박수와 환호를 보내게 했다.

“그날 점심시간에는 교실의 마이크 방송으로 일본의 잠수함대와 항공대가 하와이의 진주만에 있는 미국 태평항함대 기지를 쑥대밭으로 만들어버린 대전과를 거뒀다는 일본 군부의 ‘대본영’ 발표를 듣고 온 교실이 떠나가라고 박수치며 환호했다. 이 전투에서 희생된 5척의 잠수함에 타고 있던 9명의 승무원은 그날로 군신(軍神)으로 축성되었다. 한 척의 잠수함에 둘씩 타고 있으면 10명의 군신이 승천해야 될 터인데, 한 명은 2차대전에 일군(日軍) 포로 1호가 되었다는 사실은 전쟁이 끝날 때까지 숨겨지고 있었다. 진주만의 기습 공격 사흘 후, 일본은 태평양과 인도양을 지키는 영국의 무적전함이라던 ‘프린스 오브 웰스’ 호를 격침시켜, 점심시간에 마이크 방송과 박수 환호가 반복되었다."[17]

국민학교에서까지 그 지경이었으니, 학교 밖의 풍경이 어떠했을지는 상상하기 어렵지 않으리라. 『매일신보』 1941년 12월 13일자는 "'승리의 날'은 마침내 눈앞에 가까웠다. 미국은 무어고 영국은 다 무어드냐. 한번 정의를 위하여 '심판의 탄환'을 보내자!"고 선동하고 나섰다.

"그렇게도 방약무쌍한 태평양의 영미함대는 모조리 격멸의 비명을 올리고 있는 것이다. 각각으로 들어오는 우리 육해군의 전첩(戰捷) 뉴스는 명일의 승리를 약속하는 환희의 사절이 아닐 수 없다. 개전 제5일 설한풍이 내려치는 장안 가두에 백만 부민의 저 함성과 저 만세 소리는 축승(祝勝)의 깃발과 함께 자못 감격의 분류(噴流)를 이루고 있는 역사적 광경이다."[18]

'백인종에 대한 황인종의 인종전쟁'

"미국은 무어고 영국은 다 무어드냐"는 말이 시사하듯이, 일제는 이 전쟁을 '서양 대 동양', '백인종 대 황인종'의 대결로 몰아갔다. 이 대결구도는 일부 조선인들로부터도 호응을 얻었다. 윤치호는 1941년 12월 8일, 11일자 일기에 이렇게 썼다.

"구세대에 진실로 새로운 새벽이 도래했다. 이것은 백인종에 대한 황인종의 본래적인 의미의 인종전쟁이다. ……나는 일본이 앵글로색슨족의 인종적인 편견과 불공평과 거만함의 풍선에 구멍을 뚫을 뿐만 아니라 이 풍선을 완전히 터뜨리는 것에 성공해서 그들에게 수세기간 황색인종에게 복종과 굴욕을 강요한 너희들이 자신했던 과학과 발견,

발명을 갖고 지옥에 가라고 말할 수 있게 되길 원한다.”[19]

주요한은 1941년 12월 14일 조선임전보국단 주최 ‘미영(美英)타도 대강연회’에서 ‘루스벨트여 답하라’라는 제목으로 강연하면서 미국의 루스벨트 대통령과 영국의 처칠 총리를 ‘위대한 어릿광대’라고 지칭하고는 “반도의 2,400만은 혼연일체가 되어 대동아 성전(聖戰)의 용사되기를 맹세하고 있다”고 주장했다.[20]

윤치호의 인종주의적 한(恨)풀이는 1941년 12월 26일자 일기에서도 발견된다. “오늘 조간 신문이 기쁜 소식을 전했다. 최근 18일 동안 일본군의 맹공에 맞서 홍콩을 끈질기게 방어해왔던 영국군 사령관이 어제 오후 5시 50분에 끝내 항복했다는 것이었다. 이로써 동양에서 참기 힘든 인종적 편견과 고만(高慢)함을 지녀왔던 영국 제국주의의 최후 거점이 함락되었다. 난 이것이 영원하길 빈다. 일본은 동양에서 백인의 지배를 무너뜨렸다는 점에서 모든 유색인종의 찬사를 받을 자격이 충분하다.”[21]

임시정부와 이승만의 활동

한편 충칭의 대한민국 임시정부는 태평양전쟁 발발 소식을 듣고 곧바로 국무회의를 개최하여 “본 정부도 3,000만 인민을 동원하여 민주국 및 반(反)침략 진선(陣線)에 참가하여 공동분투할 것”을 결의했다. 12월 10일에는 주석 김구와 외무부장 조소앙의 명의로 발표한 ‘대일선전(對日宣戰) 성명서’를 통해 일본과의 합병조약 및 일체의 불평등조약이 무효임을 선언하는 동시에 “한반도와 중국 및 서태평양에서 ‘왜구(倭寇)’를 완전 구축(驅逐)하기 위하여 최후승리까지 혈전(血戰)한

다"고 선포했다.[22]

이어 김구는 1942년 충칭에서 열린 3 · 1절 기념대회에서 중국, 미국, 영국, 소련에 한국의 독립 보장 · 임시정부 승인 · 한국을 27번째 참전국으로 인정할 것 등을 요구했다. 중국 측이 맨 처음 반응을 보여 이를 지지했고, 공개적으로 미국과 영국에 그 승인을 요청했다. 또 앞서 본 바와 같이, 김구는 1942년 5월 김원봉의 조선의용대를 광복군 제1대로 편입시켰고, 10월에는 의정원에 김규식(1881~1950)과 김원봉의 민족혁명당 등 좌파정당 및 단체들을 참여시켰으며, 헌법도 개정하여 임시정부를 좌우연합의 '연합정부'로 개편키로 합의했다.[23]

한편, 미국 교포들은 1941년 재미한족연합위원회를 결성하여 독립운동을 재개하였는데, 임시정부는 주미외교위원부를 워싱턴에 설치하기로 하고, 이승만(1875~1965)을 위원장에 임명했다. 이승만은 1933년 『만주의 한국인』, 1941년 『일본 내막기』 등의 저서를 출간하는 등 외교활동 중심의 독립운동을 벌여왔다.[24] 1940년 미국 정부에 파악된 미국 내 한인의 총수는 8,562명(하와이 6,851명, 미본토 1,711명)이었다.[25]

태평양전쟁이 터지자 이승만은 미국의 정계 · 언론계 · 학계 및 종교계 인사들로 구성된 한미협회와 기독교인친한회(親韓會)의 지원을 받으며 미 국무부 · 군부 · 정보기관들과 접촉했다. 비록 실패로 돌아가긴 했지만, 1942년에는 3 · 1절을 맞이하여 백악관 바로 앞에 위치한 라파예트호텔에서 '한인자유대회(Korean Liberty Conference)'를 개최해 대한민국 임시정부의 승인을 요구하는 청원서를 미 대통령과 의회에 제출할 것 등을 결의했다.[26]

'자유주의자'를 자처하는 이주영은 『한국 근 · 현대사』 교과서들에

1942년 3 · 1절을 맞아 미국 워싱턴 백악관 바로 앞에 위치한 라파예트호텔에서 '한인자유대회'가 열렸다. 이 대회에서 참석자들은 대한민국 임시정부의 승인을 요구하는 청원서를 미 대통령과 의회에 제출할 것을 결의했다.

선 "독립을 위한 민족의 저항운동이 역사의 큰 흐름으로 부각되고 있을 뿐, 외교와 동맹을 통해 독립과 국가안보의 목표를 달성하려 했던 노력들은 빛을 보지 못하고 있다"며 다음과 같이 주장했다.

"이 관점에서 보면 최대의 피해자는 이승만이다. 1905년 테오도어 루스벨트(Theodore Roosevelt, 1858~1919) 대통령에게 한국인의 주권 수호 의지를 전달하기 위한 시도, 1919년 파리강화회의 참가 시도,

1922년 워싱턴 군축회의 참석 시도, 1933년 국제연맹에서의 일본 규탄, 1940년대 임시정부 승인 노력과 OSS(Office of Strategic Services: 미 전략 정보국)와 광복군의 연계 노력, 1945년의 샌프란시스코 유엔창립총회에서의 독립 확보 노력은 언급조차 되지 않고 있다."[27]

그러나 그건 꼭 무슨 이념적 편견 때문은 아닌 것 같다. 일제의 하와이 진주만 폭격이 잘 말해주듯이, 당시의 상황은 '외교와 동맹'을 위한 노력으로 풀 수 없는 전 지구적 전시 체제였다고 보는 인식이 미친 영향이 큰 것 같다.

02

일제의 싱가포르 점령과 남방 담론

대동아공영권 이데올로기

태평양전쟁의 발발과 함께 대동아공영권(大東亞共榮圈)의 이데올로기적 성격이 크게 강화되었다. 대동아공영권이란 단어가 처음 공식석상에 등장한 것은 1940년 8월 1일 마쓰오카 요스케 외상의 발언을 통해서였다. 그는 "황도(皇道)의 대정신에 따라 먼저 일본(한국 포함) · 만주 · 중국을 그 일환으로 하는 대동아공영권의 확립"을 통해 "공정한 세계평화의 수립에 공헌"한다고 발표하였다.[28]

그러나 그 속셈은 당시 독일의 전승으로 유럽에 '신질서'가 건설되면서 영국 · 프랑스 · 네덜란드 등의 식민지였던 동남아시아에 힘의 공백지대가 생기자 자원확보를 해보자는 것이었다. 대동아공영권은 구체적인 권역이 조금씩 바뀌는 가운데 1942년에는 몽골, 필리핀, 인도차이나, 태국, 버마, 싱가포르, 인도, 호주, 뉴질랜드, 남태평양제도

까지 포함했다.[29]

1942년 일본 방위청 산하 총력전연구소가 작성한 '대동아공영권 건설원안'에 따르면, "근세 구미제국은 물질문명의 여위(餘威)를 추구하여 동양을 호이(好餌, 좋은 먹이)로서 침범하여오고, 도의를 중시하는 동양은 '유럽화된 아시아'로 변질되고 있다. 그리하여 이에 대항하여 이를 배제하려면 오직 조국 일본만이 가능하다. ……20년 정도를 목표로 하여 동아의 각 국가 · 민족으로서 동아 신질서 건설의 세계사적 의의를 파악하여 동아일체의 공동의식 하에 동아를 구미의 질곡에서 해방하고 동양도의에 기초한 신질서를 건설할 공통의 신념을 확립시킬 것을 요한다."[30]

태평양전쟁 초기 일제는 대동아공영권이라는 환상에 한동안 도취되기에 충분할 만큼 승승장구했다. 진주만 공습 4시간 뒤에 일본군은 필리핀을 비롯한 곳곳에 공습을 시작했으며, 개전 후 보름도 못 되어 괌, 웨이크, 홍콩 등이 일본군의 수중에 떨어졌다.[31]

일본군의 싱가포르 점령

개전 2개월여 후인 1942년 2월 16일 일본군의 싱가포르 점령으로 일제 환상극은 최고조를 이루었다. 일왕 히로히토는 "우리 황군은 어쩌면 그리도 훈련이 잘 되어 있느냐"느니, "전과가 너무 빨리 올라간다"느니 하면서 중신들 앞에서 기쁨을 감추지 못했다.[32] 전 일본이 흥분의 도가니에 빠져들었다. 2월 18일부터 3일간에 걸쳐 제1차 전첩(戰捷) 기념행사를 열었던 바, 낮에는 기(旗)행렬, 밤에는 제등행렬로 광기의 극치를 선보였다.[33]

싱가포르의 영국군. 태평양전쟁 개전 2개월여 후인 1942년 2월 16일, 이들은 일본군의 공격에 결국 항복했다. 일왕 히로히토는 연이은 승전 소식에 기쁨을 감추지 못했고, 일제의 대동아공영권 환상은 더욱 부풀었다.

일제는 싱가포르 함락 기념으로 조선의 국민학교 학생들에게 고무지우개, 우등생에게는 운동화를 배급했다. 이때 일제의 힘에 압도당하는 체험을 한 학생들도 있었다.[34] 어디 어린 학생들만 압도되었겠는가.

윤치영(1898~1996)은 『동양지광』 1942년 3월호에 쓴 「싱가포르 함락을 경축함」이란 글에서 "우리는 이 세기적 경사를 당해서 더한층 대일본제국의 위대한 업적과 사명을 달성하기 위해서 일억일심…… 총후(銃後) 국민의 의무를 엄수하고 팔굉일우의 정신을 전 세계에 선양함에 의해서, 대일본제국의 위대한 사명을 세기적 경축과 함께 발

휘해야만 한다고 생각합니다"라고 주장했다.[35]

윤치영만 그런 찬양의 대열에 가담한 건 아니었다. 많은 조선 지식인들이 앞서거니 뒤서거니 하면서 대동아공영권의 영광을 노래했다. 이와 관련, 훗날 친일 논란에 대해 박노자는 "우리는 아시아 각 민족의 자립논리를 아시아 인종의 생존의 논리에 복속시킨 일제의 어용 이데올로기가 조선의 지성인들을 매료시켰다는 점을 당시 상황에 맞춰 이해할 필요가 있지 않을까?"라는 물음을 던졌다.[36]

일본군에게 패배한 영국의 처칠은 "영국 역사상 최악의 사태이며 최대의 항복"이라고 신음했다.[37] 처칠의 신음이 시사하듯이, 일제의 싱가포르 점령은 처음엔 아시아인들에게 자긍심을 심어준 점도 없지 않았다. 리콴유(李光耀, 1923~1990)는 "일본군의 70일 간의 대담한 속공전과 영국군의 우둔한 대응으로 식민지사회는 산산조각이 났다. 그리고 그와 함께 백인들의 우월성에 대한 신화도 여지없이 무너졌다"고 했다.[38]

그러나 처음에만 그랬을 뿐, 일제는 영국보다 더 악독한 면을 보임으로써 스스로 대동아공영권이 사기극임을 폭로했다. 당시 일본군 지배하에서 살았던 리콴유의 증언이다.

"하지만 우리들은 곧 새로운 지배자가 된 일본군이 영국인보다 더 잔혹하고 더 난폭하며 더 부당하고 더 악의적으로 같은 아시아 민족인 우리들을 다룬다는 사실을 알게 되었다. 3년 반 동안의 일본군 점령 시절, 일본군이 우리를 구타하거나 가혹하게 다루는 모습을 목격할 때마다 나는 차라리 영국에게 지배받는 편이 더 낫겠다고 생각했다. 우리는 같은 아시아 민족인 일본인에 대해 환멸을 느꼈다."[39]

조선의 매체를 지배한 남방 담론

일본군을 따라온 한국인들은 어떠했던가? 리콴유는 다음과 같이 말했다.

"내가 처음 본 한국 사람들은 일본 군복을 입고 있었다. 그 때문인지 한국인에 대한 나의 첫인상은 그렇게 좋은 편은 아니었다. 그 한국인들은 일본군이 싱가포르를 점령할 당시 이끌고 온 두 외인부대 중 하나였으며, 다른 외인부대는 타이완인들로 구성됐었다. 일본군을 돕고 있던 한국인들은 몹시 거칠게 행동했고, 일본 군인들만큼이나 고압적인 태도를 보였다."[40]

이와 관련, 윤해동은 "'대영제국'을 제압하는 '대일본제국'의 힘에 압도될 때 조선의 피지배 식민지인들은 제국 속의 '이등 국민'이 될 수 있는 가능성을 엿보았다"며 "자신의 의지와는 상관없이 제국 일본의 침략전쟁에 동원된 조선인은 어떻게 해서든지 자신의 내면에서 일어나는 의식의 분열현상을 극복해야만 했다"고 주장했다.[41]

그런 '의식의 분열현상'은 이른바 '남방 담론'으로 나타나기도 했다. 싱가포르 점령을 기점으로 언론은 물론 문학에서도 남방 열기가 들끓었다. 1938년을 전후로 급증한 남방 담론은 1941년~1943년에는 조선의 매체를 장악하다시피 했다.[42]

싱가포르 함락 후 나온 남방 관련 보도는 100편이 넘어 친일성향의 잡지 『조광』조차 "너무 지나치지 않은가 염려된다"고 보도할 정도였다. 대개의 보도는 남방 원주민들을 '더럽고 게으른 야만인'이라는 열등한 존재로 묘사하는 동시에 남방을 '무진장한 자원'의 고장으로 부각시켰다.[43]

권명아는 당시의 이러한 태도에 대해 "남방의 방대한 자원을 착취함으로써 조선 경제가 발전할 수 있을지도 모른다는 욕망을 적나라하게 드러낸 인식이자 새로 편입된 식민지들로 인해 상대적으로 구식민지인 조선의 정체성이 취약해질지 모른다는 콤플렉스가 혼재한 양상이었다"고 분석했다.[44)]

조선총독부는 남방에 대한 관심을 일본의 혁혁한 전과를 인지하는 선으로 제한하고 남방 자원이나 남방 건설에 대한 조선의 관심을 철저히 경계했지만, 그럼에도 남방 열기는 계속되었다.[45)]

남방 열기는 한국인의 저항의지마저 약화시켰다. 1938년 10월 이후 많은 문인들이 친일의 길에 들어서 내선일체의 황민화를 부르짖었는데, 여기에 동의하지 않았던 서정주(1915~2000)도 일제의 싱가포르 점령 직후 친일로 빠지게 된다.[46)]

미드웨이 해전

싱가포르 점령 후 일본은 오만해졌을 뿐 아니라 더욱 잔인해졌다. 1942년 4월 일본군이 필리핀 바탄반도를 점령했을 때 발생한 이른바 '죽음의 행진'을 보자. 이는 일본군이 포로로 잡힌 미군, 필리핀군, 난민 10만 명가량에게 제대로 물도 주지 않고 며칠 동안 걷게 하여 3만 명의 사상자를 낸 사건이다. 필리핀의 팔라완 섬에서 140명의 미군 포로를 참호에 들어가게 해놓고 휘발유를 뿌려 산 채로 화형시킨 '팔라완 대학살'도 일본의 잔인성을 유감없이 드러내 보여준 사건이었다.[47)]

그러나 잔인하다고 해서 늘 이길 수 있는 것은 아니었다. 일본군은 1942년 6월 5일부터 2박 3일간 벌어진 미드웨이 해전에서 패배했다. 미드웨이 섬은 하와이 서북서 약 2,000킬로미터, 도쿄에서 약 4,200킬

승승장구하던 일본군은 1942년 6월 5일부터 2박 3일간 벌어진 미드웨이 해전에서 대패하면서 그 기세가 꺾이기 시작했다. 이 해전에서 일본 해군은 정규 항공모함 4척과 비행기 322기를 잃었고, 3,500명이 전사했다.

로미터 동쪽에 위치한 섬으로 미국과 필리핀의 중간에 있는 중요한 거점이다. 일본 해군은 정규 항공모함 6척 중 4척, 비행기 322기를 이 해전에서 잃었다. 반면 미국의 비행기 손실은 150기에 그쳤다. 전사자는 미국 307명, 일본은 3,500명이었다.[48]

미국 전쟁사가 빅터 데이비스 핸슨(Victor Davis Hanson)은 미드웨이 해전을 '해전의 역사상 최대 규모의 항공모함 전투'이자 '서구의 세계 제패에 기여한 9개의 전투' 중 하나로 꼽았다. 미국이 미드웨이 해전에서 승리할 수 있었던 결정적인 이유는 미국 해군이 일본군의 암호화된 통신문을 해독한 것이었으며, 그 주역은 슬리퍼와 실내복 차림으로 근무한 해군중령 조셉 로치포트였다. 핸슨은 "미드웨이 해전을 진지하게 연구하는 사람들은 미국이 승리할 수 있었던 이유의 상당 부분이 로치포트의 노력 덕분이었다고 주저 없이 말한다"며 다음과 같이 주장했다.

"로치포트와 그의 집단이 누린 개인주의-아울러 미국 군대 내에서 성공적으로 기능할 수 있었던 그들의 능력과 자유-는 표현의 자유와 창의성을 강조해온 서구의 오랜 전통을 나타내는 것이었으며, 그것들은 또한 법치, 시장자본주의, 개인적 자유의 당연한 귀결이었다. …… 그와 달리 일본은 과거 2500년 동안 서구의 적들이 대개 그랬듯이 철석같은 복종심에만 의존했다. ……중앙집권적이고 통치이념이 집중화되면 잘 훈련되고 사기가 높은 대규모 군대를 육성할 수 있지만, 이는 수많은 자유로운 개인들의 집단적 지혜에 의존하는 국민군의 역공 앞에는 취약함을 드러냈다."[49]

핸슨의 주장엔 서구 중심주의적 시각이 농후하긴 하지만, 일본군이 자율성이라곤 눈곱만큼도 없는 로봇 같은 전쟁기계라는 건 분명한 사실이었다. 이는 곧 '교쿠사이'라는 집단적 광란으로 입증된다.

교쿠사이 광란

1942년 8월 7일 미국 해병대의 과달카날 섬 상륙을 시작으로 미국의 대반격이 시작되었다. 과달카날은 호주의 동북쪽 솔로몬 군도의 최남단에 있는 섬이다. 동서 128킬로미터(약 80마일), 남북 25마일(약 40킬로미터) 전체가 정글로 뒤덮인 섬에는 원주민인 폴리네시아인 4,000명이 원시생활을 하고 있었다. 일본군은 호주령인 이 섬을 1942년 5월

2일 점령해 비행장을 건설 중이었는데, 치열한 전투끝에 8월 21일 전멸에 가까운 참패를 당했다. 일본 육군은 전사자, 병사자, 행방불명 등으로 2만 2,000명을 잃었으며, 해군은 전함 24척 13만 5,000톤을 잃고, 항공기 893기, 조종사 2,300명을 잃었다.[50]

그럼에도 일제는 '대동아공영권'의 망상에서 아직 벗어나지 못하고 있었다. 1943년 11월 도조 히데키 수상은 일제의 아시아 점령을 과시하기 위해 '대동아공영권'의 대표들을 도쿄로 소집하여 대동아회의를 열었다. 일본군 점령지에 만들어진 괴뢰정부, 즉 만주국, 중국(난징의 왕징웨이 정권), 타이, 미얀마, 필리핀, 자유인도 임시정부의 대표들이 참석한 회의에서는 다음과 같은 '대동아 공동 선언'이 발표되었다.

"미국과 영국은 자국의 번영을 위해 타민족을 억압하고 대동아에 대해서는 침략, 착취를 자행하여 대동아를 예속화하고 안정을 해치려고 했다. 이것이 대동아전쟁의 원인이다. 대동아 각국은 제휴하여 대동아전쟁을 완수하고 대동아를 미국과 영국의 속박으로부터 해방시켜 공존공영, 자주독립, 인종적 차별이 없는 공영권을 건설함으로써 세계평화의 확립에 이바지하고자 한다."[51]

일종의 정신착란(精神錯亂)이었다. 일제는 이미 곳곳에서 무너지고 있었다. 일본군은 1943년 2월 과달카날 해전에서 패하고, 4월에는 연합함대 사령관 야마모토(山本五十六, 1884~1943)가 추락사했다. 같은 해 5월에는 아츠츠 섬에서 일군이 전멸을 당했다. 이에 일제는 광분하여 모든 조선인의 각 가정에 가미다나(일본 귀신상자)라는 것을 설치케 하여 집안의 제일 높은 곳에 올려놓고 아침마다 두 손을 딱딱 치며 절을 하도록 했다. 일본 경찰은 수시로 탐방 감시를 하곤 했다.[52]

산 정상에 성조기를 꽂아 세우는 미 해병대원들. 치열했던 이오지마 전투를 상징하는 유명한 사진이다. 전투에 패하고 이오지마에 미군이 상륙하자 2만 3,000명에 이르는 일본군은 '자발적 전멸'을 택했다.

미드웨이 해전부터 밀리기 시작한 일본군은 1942년 12월 파푸아뉴기니 섬의 옥쇄(玉碎, 명예로운 자결)를 시작으로 본토에 이르는 각 섬들에서 옥쇄를 명령했다.[53] 일본인들은 이를 '교쿠사이'라 했다. 과달카날 섬에선 일본군 2만 4,000명이 교쿠사이했다. 이것을 시작으로 알류산열도의 아투 섬에서 2,500명, 다음 해엔 사이판 섬에서도, 괌 섬에서도 교쿠사이했다. 일본 영토인 이오(硫黃)섬에 미군이 상륙했을 때엔 2만 3,000명이 교쿠사이했고, 오키나와 섬 전투 때엔 일본 군인과 도민의용군 9만 명, 그리고 비전투원 10만 명이 교쿠사이했다.

최정호는 "요즈음 사람에겐 낯선 말일 수도 있는 '교쿠사이'란 말은 우리가 국민학교 5, 6학년 시절(1944년~1945년)엔 '가미카제(神風)'란 말과 함께 자주 듣던 일제 말기의 신조어였다"며 "패색이 완연한 일본군이 태평양의 섬을 미군의 반격으로 빼앗길 때마다 '용맹무쌍'한 일본군은 구차하게 포로가 되지 않고 구슬이 부서져 가루가 되듯 모든 장병이 장렬하게 죽음을 택한다는 것. '교쿠사이'한다는 말은 곧 '전멸'한다는 뜻이었다"고 증언했다.[54]

가미카제 광란

미국의 인류학자 루스 베네딕트(Ruth Benedict)가 1944년 6월 미국 정부로부터 연구를 위촉받아 1946년에 출간한 『국화와 칼: 일본문화의 패턴』은 일본인의 무서운 복종심에 주목했다. 서양의 군인들은 최선의 노력을 다한 후에, 중과부적(衆寡不敵)이란 점을 알면 항복을 하고 그걸 불명예라거나 모욕으로 생각하지 않지만, 일본인들에게 있어서 명예란 죽을 때까지 싸운다는 것이다.

"절망적 상황에 몰렸을 때에는 일본군은 최후의 수류탄 하나로 자살하든가, 무기 없이 적진에 돌격을 감행하여 집단적 자살을 하든가 해야지 절대로 항복해서는 안 된다. 만일 부상했든가 기절하여 포로가 된 경우조차도 그는 '일본에 돌아가면 얼굴을 들고 다닐 수 없다'고 여긴다. 그는 명예를 잃었다. 그 이전의 생활에서 본다면 그는 '죽은 자'였다."[55]

일본군 병사를 "역사상 가장 무시무시한 전투 벌레"라고 규정한 영국의 군사학자 맥스 헤이스팅스(Max Hastings)는 1944년경 모든 일본 부대는 사실상 자살 특공대였다고 말했다. 그는 "학살의 제도화라는 측면에서 볼 때, 히틀러 SS근위대만이 군국주의 일본에 근접했다"며 "도쿄는 무능하고 상상력이 부족했으며 기술보다 혼(魂)을 신뢰했다"고 평가했다.[56)]

미국 전쟁사가 빅터 데이비스 핸슨은 "일본군은 포로들을 비겁하게 항복한 것으로 간주하고 지나칠 만큼 잔인하게 다루었다"며 다음과 같이 말했다.

"진주만 기습 직후에 벌어진 웨이크섬 전투에서 일본 해병들은 포로로 잡은 미군 해병들을 난폭하게 다루면서 걸핏하면 곤봉으로 때리고 일본과 중국의 포로수용소로 보냈다. 어느 수송선에서는 시범 케이스로 미군 병사 다섯 명의 목을 자른 다음 사지를 찢어 바다로 떨어뜨리기도 했다. 태평양전쟁 초기부터 일본군은 여러 가지 만행을 저질렀는데, 그 이유는 인종적 원한 때문이기도 하고, 고대의 무사도 정신과 같은 군사적 전통이 1930년대 일본 군부에 의해 왜곡돼 수용된 탓이기도 하며, 유럽이 오랫동안 아시아에 식민지를 거느린 데 대한 울분이 폭발한 결과이기도 하다."[57)]

그러나 일본군이 같은 동양인도 서양인 이상으로 잔인하게 다룬 걸 보면, '서양에 대한 원한'이라는 설명은 별 설득력이 없는 것 같다. 일본 특유의 집단주의는 다른 동양권 국가의 집단주의와는 본질을 달리 할 정도로 엽기적인 것이었다. 바로 이런 엽기성이 만행을 '일본을 위한 영광' 쯤으로 이해하게 만든 근본 이유일 것이다.

그런 엽기성의 극치라 할 가미카제(神風)가 처음 등장한 건 1944년 10월 23일부터 26일까지 필리핀의 동부 연안의 레이트만에서 벌어진

가미카제의 공격을 받고 있는 미국 항공모함. 1944년 10월 레이트만 해전에서 처음 등장한 가미카제 공격은 전쟁의 광기에 사로잡힌 일본이 보여준 엽기성의 극치였다.

해전에서였다. 1944년 7월 7일 사이판, 8월 13일 괌이 미군에 의해 함락되면서 미군의 B29에 의한 일본 본토 폭격이 가능해지자, 일본은 광기에 사로잡혔다. 그래서 나타난 것이 바로 가미카제였다.

가미카제는 일본군 조종사가 폭탄을 만재한 전투기를 타고 미군의 전함에 부딪침으로써 공격을 수행하는, 일종의 "너 죽고 나 죽자"는 수법이었다. 처음에 미군은 이 수법에 크게 당했거니와 전율을 느꼈다. 패전까지 300여 차례에 걸친 출격으로 죽은 가미카제 특공대원은 해군 2,516명, 육군 1,329명이었으며, 미군의 피해는 함정 30여 척 침몰, 350척 이상 파손 등이었다. 그러나 미군이 가미카제에 대한 방비책을 강구하면서 가미카제의 위력도 떨어졌다.[58)]

요코이 소이치와 오노다 히로

1972년 2월 괌 밀림 속에서 일본의 패망 사실을 모르고 원시생활을 하고 있던 육군하사 요코이 쇼이치(横井庄一)가 구출되었다. 요코이 쇼이치는 자신을 발견한 사람이 일본 패망 사실을 알려주자 "직속상관의 명령이 없는 한 끝까지 정글에서 항전을 계속할 것"이라고 고집해 결국 상관이 현지에 가 '임무종료 명령'을 내린 뒤에야 밀림에서 나왔다. 그는 일본에 도착한 직후 "부끄럽게도 (싸우다 죽지 못하고) 살아 돌아왔습니다"라고 말해 영웅 대접을 받았으며, 일본인의 군국주의에 대한 향수를 자극했다.[59)]

그로부터 2년 후인 1974년 2월엔 필리핀의 루방 섬에서 육군소위 오노다 히로(小野田寬郎)가 발견되었다. 오노다도 일본 국민에 의해 영웅 대접을 받으면서 귀환했다. 그는 자신의 30년 전투를 자랑스럽게 이야기했다. 2년 전 귀환한 요코이는 총검도 녹슬게 관리한데다 하사관인 반면, 오노다는 장교인데다 총검도 조금도 녹슬지 않은 채 반짝반짝 빛나게 관리해 일본인들을 더욱 열광시켰다.[60)]

일본인들의 이런 기이한 복종심을 어떻게 설명할 수 있을까?

다케우치 요시미(竹內好, 1910~1977)는 '노예근성론'을 제기했다.

근대 일본의 민족성과 문화는 우수하긴 하지만 열등의식을 지닌 노예적 성격을 지닌 것이라는 분석이다. 그의 노예근성론은 일본의 서양 추수주의를 지적한 것이긴 하지만, 그건 강자 추종주의로 볼 수도 있을 것이다. 마루야마 마사오(丸山眞男, 1914~1996)는 '억압이양의 원리'를 제기했다. 천황제 국가인 일본의 국가질서는 권위와 권력이 일체화된 천황을 중심으로 구성되는데, 그 억압적 성격은 지위의 고저에 따라 낮은 쪽으로 이양된다는 것이다.[61]

마루야마 마사오는 "우리는 제2차 세계대전에서 중국이나 필리핀에서 일본군의 포악한 행동거지에 대해서도, 그 책임의 소재는 어떻든 간에 직접적인 하수인은 일반 사병이었다는 뼈아픈 사실에서 눈길을 돌려서는 안 될 것이다"라며 다음과 같이 말했다.

"국내에서는 '비루한' 인민이며 영내에서는 이등병이지만, 일반 바깥에 나가게 되면 황군(皇軍)으로서의 궁극적 가치와 이어짐으로써 무한한 우월적 지위에 서게 된다. 시민생활에서, 그리고 군대생활에서 압박을 이양해야 할 곳을 갖지 못한 대중들이 일단 우월적 지위에 서게 될 때, 자신에게 가해지고 있던 모든 중압으로부터 일거에 해방되려고 하는 폭발적인 충동에 쫓기게 되는 것은 전혀 이상하지 않은 것이다. 그들의 만행은 그런 난무(亂舞)의 슬픈 기념비가 아니었을까."[62]

알렉스 커(Alex Kerr)는 무엇이건 극단으로 치달아야만 직성이 풀리는 극단주의에서 답을 찾았다. 그는 "외국의 분석가들은 관료주의와 대기업에 복종하도록 훈련된 국민이 일본 산업의 근원이라 우러러보아왔다"며 "그러나 그것은 일본에 제동장치가 없다는 의미이기도 하다. 일단 정책이라는 엔진에 시동이 걸리면, 멈출 수 없는 탱크처럼 앞으로 나아가기만 하면 되는 것이다. 이렇게 멈추는 능력이 없는 것

이 2차 세계대전이라는 재앙을 일으킨 원흉"이라고 했다.[63]

일본의 극단주의엔 명암(明暗)이 있다. 그건 일본을 동양에서 가장 앞서간 나라로 만들게 한 동력인 동시에 동양, 특히 조선의 민중에게 가장 몹쓸 짓을 하고 '인간 말종'의 작태를 저지르게 만든 이유이기도 했다. 오늘날에도 일본에겐 자신의 극단주의를 통제할 제어력이 없다. 한국이 잘 되어야 하는 이유도 바로 여기에 있다. 일본을 잘 타일러 옳은 길로 가게 하려면 어느 정도의 힘이 있어야 할 게 아닌가. 한국인들이 아직도 내부 갈등과 분열에 가장 큰 에너지를 쏟고 있는 건 한국뿐만 아니라 세계를 위해서도 불행한 일이다.

03

쌀, 노동, 목숨의 강제공출

'죽 먹기운동', '한 숟가락 덜 먹기운동'

태평양전쟁이 발발하면서 쌀 사정은 더욱 악화되었다. 총독부가 쌀 강제공출에 나섰기 때문이다. 일제는 이미 1939년 7월부터 쌀을 일본군의 군수물자로 쓰기 위해 하루 한 끼 죽을 먹게끔 강제하는, 이른바 '죽 먹기운동'을 펼쳤다.[64] 또 1940년 5월부터는 급식으로 감자를 지급하기 시작했다. 그걸로도 모자라 '한 숟가락 덜 먹기운동' 등과 같은 기발한 절미운동을 병행했다.[65]

윤치호의 1940년 10월 6일자 일기는 당시의 상황을 이렇게 묘사하고 있다. "어떤 종류의 곡식이든 간에, 도시로 반입되거나 한 마을에서 다른 마을로 반출되는 게 금지되고 있다. 깊은 절망감에 사로잡힌 채 서울에 살고 있는 사람들은 부족한 식량을 채우기 위해 시골에서 쌀을 구하고자 갖가지 속임수를 쓰고 있다. 하지만 당국은 이들을 무자비하게 수색하고, 한줌의 쌀이나 떡이나 미숫가루나 심지어는 쌀로 만든 과자조차 압수한다. 왜 이렇게 잔인하게 구는 건가?"[66]

일제의 잔인성은 그걸로 끝나지 않았다. 일제는 만주로의 강제이주라는 못된 짓까지 저질렀다. 윤치호의 1940년 12월 19일자 일기다. "당국이 조선인들을 만주로 이주시키려고 전력을 기울이고 있다. 우리 고향인 충남 아산면 새말에도 4세대를 이주시키라는 명령이 떨어졌다. 지원하는 사람들이 아무도 없을 때에는 마을 주민들이 제비를 뽑아야 한다. 정말이지 어처구니없는 일이 아닐 수 없다. 일본의 농장, 공장, 광산에는 인력이 달린다. 조선조차도 인력공급의 부족이 감지되기 시작했다. 그런데 왜 조선에서 강제이주를 시작하는 건가?"[67]

"바라지 않겠다. 이길 때까지는"

전시 식량조달을 목적으로 1940년부터 공정가격에 의한 공동판매 형식으로 시작된 쌀의 공출제도는 1941년 아예 강제화되었다. 1941년부터는 외식권(外食券)이 없으면 식당에서 식사도 할 수 없게 되었다. "사치는 적이다", "바라지 않겠다. 이길 때까지는" 등의 슬로건이 내걸렸다.[68] 대부분의 농가는 춘궁기가 되면 하루 한 끼의 식사도 제대로 하지 못하고 봄이면 말 그대로 초근목피로 연명해야 했다. 최명희는 『혼불』에서 초근과 목피로 연명하는 조선 농민의 실상을 이렇게 묘사했다.

"초근목피로 연명을 한다더니, 사람들은 말 그대로 언덕이나 들로 나가 쑥을 뜯어 먹고, 산으로 올라가 송기(松肌) 껍데기를 벗겨 먹고 살았다. 너나없이 허기로 속이 패는 춘궁기 가파른 고갯마루를 기진

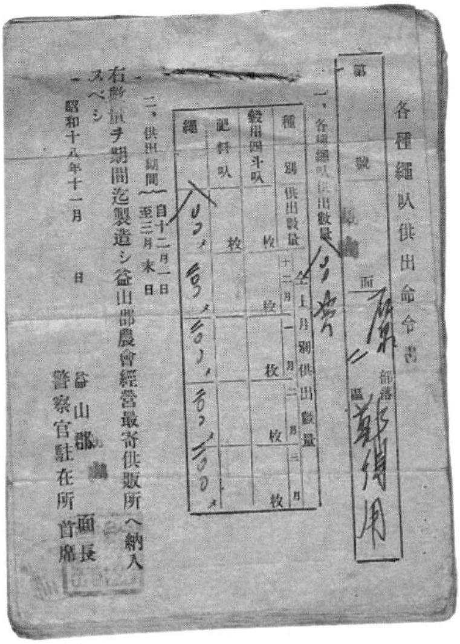

일제가 쌀을 공출한 뒤 그 대가로 지급한 사발(왼쪽)과 공출영수증(오른쪽). 1940년부터 공정가격에 의한 공동판매 형식으로 시작된 쌀 공출제도는 1941년에 아예 강제화되어, 외식권이 없으면 식당에서 식사를 할 수도 없었다.

하여 넘을 때는, 더덕더덕 기운 자루 하나 들고 동무하여 나서서, 하루 종일 노란 햇배 같은 봄 햇볕에 휘어져 엎드린 채 쑥을 캤는데, 손가락마디 하나보다 더 클 것도 없는 그 풀 한포기에 사람의 끼니가 매달렸다며 다만 한줌이라도 더 캐보려고 아낙들은 같이 간 사람을 돌아볼 틈조차 없이, 오직 무딘 칼끝으로 마른 땅을 헤집어 쑤실 뿐이었다. 고개고, 언덕이고, 들판이고, 쑥이 있는 곳이면 어디라도 머리에 무명수건을 두른 아낙과 노파들을 볼 수 있었다."[69]

1942년부터 3년 동안 지독한 흉년이 지속되었다. 그러나 일제는 1942년에는 쌀 생산량의 55.8퍼센트, 1943년에는 전체 쌀 생산량의 68퍼센트인 1,264만 섬을 공출해갔다. 1943년 현재 사실상 거지와 다름없는 몰골을 한 사람들의 숫자가 서울에서만 1만 명을 넘어섰는데, 이들 가운데는 먹지 못해서 부황이 든 사람들마저 적지 않았다.[70] 징용이 처참했음에도 오로지 이런 굶주림 때문에 부잣집 아들을 대신해 징용을 지원하는 사람들마저 생겨났다.[71]

일제는 식량난이 극에 달하자 조선 민중의 쌀 소비를 억제하기 위해 쌀밥을 많이 먹으면 머리가 나빠지고 과식이 건강을 해친다는 이른바 '쌀밥 유해설'과 함께 영양학적으로 초근과 목피가 쌀보다 뛰어나다는 엽기적인 논리까지 개발해 선전해댔다. 『조선상공신문』 1944년 1월 30일자는 이렇게 주장했다.

"음식은 하루에 한 번씩만 섭취할 필요가 있다. 자주 먹는 것은 건강에 해롭기 때문이다. 나무뿌리나 나물은 쌀이나 여타 음식물에 비해 비타민이 풍부하다. 풀뿌리로 연명했던 조선인의 조상들은 그 후세보다 훨씬 건강하고 튼튼했다."[72]

일제는 1944년에는 74.5퍼센트의 미곡을 강탈했고, 보리 · 밀 등 잡곡도 총생산량의 22.2퍼센트를 공출로 강탈해갔다.[73] 또한 일제는 전쟁비용 조달을 위해 조세징수액을 급증시키고, 조선은행권을 남발했다. 강만길에 따르면, 1939년에 1억 4,000여만 엔이던 징세액은 1941년에는 5억 4,000여만 엔으로 증가했으며, 조선은행권 발행고도 1943년 14억 6,600만 엔이던 것이 1945년 6월에는 43억 3,900만 엔으로 2년간 무려 3.8배 이상 증가했다.[74]

식량과 돈만 공출대상이 된 게 아니다. 각종 쇠붙이도 모두 공출품목이 되었다. 1941년 9월부터 금속류 회수령이 떨어졌다. 이때부터 각 가정의 유기그릇 일체, 사찰의 종과 불구(佛具), 동상, 교량의 난간, 조명장치, 심지어는 잘 다니고 있던 철도를 폐지하고 그 레일까지 걷

일제가 전쟁물자를 조달하기 위해 공출이라는 이름으로 거둬들인 놋그릇들. 1941년 9월 금속류 회수령이 떨어진 후 각 가정의 유기그릇, 사찰이나 교회의 종, 교량 난간, 조명장치, 심지어 멀쩡한 철도의 레일까지 공출대상이 됐다.

어갔다.[75] 전주에 살던 강희숙(1920년생)의 증언이다.

"곡식을 몽땅 공출해가는 것도 모자라 놋쇠로 만든 그릇이며 대야는 물론 숟가락 젓가락 요강에다 은수저, 심지어 고춧가루까지 빼앗아 갔어. ……동네에 설치한 방앗간 기계 쇠붙이마저도 뜯어갔으니 마지막 발악을 한 거라고 볼 수밖에 없어."[76]

각 교회의 종은 빠짐없이 헌납을 강요당했으며, 1942년 3월에 이루어진 교회 종 헌납에는 '싱가폴 함락 기념'이라는 명목이 붙여졌다. 1942년 10월 15일부로 강제공출된 교회 종은 장로교의 경우에만 1,540개에 이르렀다. 물론 각 사찰의 종도 공출대상이었다.[77] 1943년 5월 5일에 내려진 '금속류 회수 실시요강'에 따라 동상도 철거 회수되었다. 일본인들이 숭배하는 일본인 동상은 제외하고 서양인 선교사들의 동상과 기념물 등이 철거 회수되었다.[78]

교회의 종을 점잖게 가져간 것도 아니었다. 극성스럽다 못해 극악스러울 정도로 요란을 떨었다. 종뿐만 아니라 충성심을 검증하는 것도 주요 목적이 아니었나 하는 생각이 들 정도였다. 전주에 살던 강정희(1926년생)의 증언이다.

"교회의 종도 내라는 거예요. 그러니까 교회 지도자들이 그전에 금이 가서 못쓰게 되어서 떼어놓은 것이 있어서 그것을 내고 지금 걸려 있는 새 것은 내려가지고 교회 바닥에다 감췄어요. 하나 냈으니까 낸 걸로 되었지요. 종각의 종도 떨어졌고. 그런데 교회 다니는 사람 중에 하나가 배신자가 있어서 밀고를 했어요. 그러니까 경찰들이 몰려와서 교회 마룻바닥을 다 파고 종을 가져가고 교회 지도급 인사들을 내가 정확하게는 모르겠는데 7명~8명쯤 잡아갔어요."[79]

조선인 노동력 강제동원

가장 악독한 건 노동의 강제공출이었다. 사실상의 목숨 강제공출이라고 해도 과언이 아니었다. 일제의 조선인 노동력 강제동원 전략은 '모집-관알선-징용'이라는 3단계로 이루어졌다. 가장 먼저 내세운 것은 "월급도 많고, 기술도 배울 수 있는 좋은 일자리가 있다"는 말로 노동

강제로 징발돼 끌려온 조선인 탄광 노동자들의 모습. 빈약하기 그지없는 음식과 가혹한 폭력, 견디기 어려운 중노동에 시달리며 그들은 수년간 죽도록 일했지만 노동의 대가는 받지 못했다.

자를 끌어모으는 '모집'이었다. '알선'이라는 이름으로 한반도 내에서 노동력을 동원한 사례는 1934년부터 찾을 수 있다. 이후 1938년까지 매년 적게는 1,000여 명에서 많게는 2만여 명이 동원되었다. 본격적인 동원은 1939년부터이다. 마지막 단계가 1944년 9월부터 실시된 강제적인 징용이다. 이러한 과정을 통해 차출된 조선인들은 한반도 내는 물론 사할린을 포함한 일본과 남양군도, 중국, 동남아시아의 광산, 수력발전소 건설 공사장, 교량 건설 사업장, 비행장 건설 공사장에서 일했다.[80]

3단계의 동원은 모두 철저히 관의 주도 아래 이루어졌다. 동원할 인원을 정하고, 각 지방에 명령을 내려 대상을 선정하고, 이들을 수송하는 일 등 모든 것을 조선총독부와 조선군 사령부가 담당했다.[81] 각기 방식은 다르지만, "세 가지 모두 본인의 의사를 무시한 강권적인 연행이었다는 점에서는 다를 바가 없다."[82]

이렇게 징용된 피해자들은 사실상 임금을 받지 못했다. 이들은 우편저축 · 은행적금 · 채권매입 등 각종 명분으로 임금을 차압당한 채 '죽을 때까지' 석탄을 캐야 했다. 2004년 강제징용 광부 출신 김상배(당시 84세)는 다음과 같이 증언했다.

"구장(이장)이 2년만 일하면 된다고 했다. 부산에서 배를 타고 일본 시모노세키로 가서는 다시 아오모리로 갔다. 거기서 다시 배를 타고 홋카이도로 가서 또 다시 배를 타고 사할린으로 갔다. 도착하자마자 석탄 파는 곳으로 끌려갔다. 산을 뚫어 만든 굴이었다. 그 속으로 전차를 타고 들어갔다. 탄을 발견하면 함바(다이너마이트)를 놓아 터뜨려야 했다. (지반이) 무른 곳은 '턱' 소리를 내며 무너지곤 했는데 그때 재빨리 피하지 못한 사람은 그냥 깔려 죽고 말았다. 한 번에 8명씩 들어갔는데, 매번 1명~2명씩은 그렇게 죽었다. 나와 함께 있던 80명 중 절반인 40명이 3년 동안 그렇게 목숨을 잃었다. 먹는 것도 형편없었다. 콩깻묵을 쌀 · 보릿가루와 섞어서 줬다. 그것을 먹으면 배가 아프고 설사가 났다. 그래도 아프다고 말할 수 없었다. '배가 아프다' 고 하면 '꾀병을 부린다' 며 두들겨 팼다. 온몸이 시퍼렇게 되도록 때리기도 했다. 할 수 없이 다시 갱 속으로 들어가 어둠 속을 더듬다 치어 죽고 끼어 죽었다. 옷은 곡식을 담는 포대 같은 것을 입었다. 그러니 어디 조금만 닿아도 금방 떨어지고, 온몸이 까지고 그랬다. 어떤 사람들은 고향 생각만 하다가 술 마시고 몸을 버리기도 했고, 속 좁은 사람들은 목을 매거나 약을 먹고 죽기도 했다. 날씨도 무척 추웠다. 어떤 날은 자고 일어나면 입에서 나온 김 때문에 이불에 고드름이 생기

일제의 군사기지 건설에 동원된 조선인들. 전쟁이 치열해지자 노무징용자 할당량은 더욱 혹독해졌고, 이를 채우기 위한 강제납치도 빈번하게 일어났다. 도망치는 사람도 많았으나 붙잡히면 심한 고문을 받아야 했다.

곤 했다. 첫 해에 75원을 벌었다. 밥값으로 25원을 떼었다. 사무소에 가면 직원이 '얼마 벌었다' 며 종이쪽지에 적어줬다. 하지만 돈은 주지 않았다. '일 끝나고 돌아갈 때 준다' 는 말만 되풀이했다. 그 돈은 끝내 찾아먹지 못했다."[83]

전쟁이 치열해지면서 노무징용자 할당량이 혹독해지자 강제납치도 많이 일어났다. 예컨대, 이런 식이었다. 가마타 사오이치로라는 일본인의 증언이다.

"납득해서 응모하기를 기다려서는 그 예정 수를 도저히 채울 수 없었다. 군이나 면(촌)의 노무담당이 한밤중이나 새벽에 남자가 있는 집으로 가 깊이 잠든 때를 노려 갑자기 습격하거나, 논밭에서 한참 일하는 곳에 트럭을 대고 아무 일도 아닌 듯이 태우고 데려가서는, 집단을 편성하여 홋카이도나 규슈에 있는 탄광에 보냈다. 그러고는 그 책임을 다하려는 듯 난폭한 짓을 했다."[84]

도망자가 속출한 것도 바로 그런 이유 때문이다. 일본 정부의 통계에 따르면, 1939년부터 1945년 3월까지 연행된 조선인 중 대략 22만여 명이 도주했다. 도망가다 붙잡힌 조선인은 심한 고문을 받았으며, 고문 중에 죽거나 고문을 못 견디고 자살한 사람도 많았다. 그럼에도 인간 이하의 학대로 인한 조선인 징용자들의 도망은 끊임없이 이어졌다.[85]

연인원 730만 명 동원

일제의 노동력 동원정책으로 인해 1939년부터 1945년 해방까지 730만 명(연인원)의 조선인이 노동력으로 동원되었다. 일반적으로 이 시기 조선인 노동자의 수가 60만~80만 명으로 추산되는 것을 감안하면 한 사람에 대한 중복동원이 일반적이었던 것으로 추정된다.[86]

2008년 강제동원의 피해 생존자는 4만여 명에 달한다. 명백한 증거 앞에서도 책임을 회피하고 있는 일본을 상대로 피해자들은 다윗과 골리앗의 싸움을 계속하고 있다. 1972년부터 시작된 강제동원 피해자들의 보상 소송은 거의 대부분이 기각과 패소 판결을 받았는데, 한일

는데, 한일협정으로 개인 청구권이 소멸되었다는 이유 때문이다.[87)]

2003년 12월 서울 안국동 느티나무 카페에서는 '후생연금자료 공개촉구' 기자회견이 열렸다. 후생연금보험은 1942년부터 강제로 가입해야 했고, 보험요율은 임금의 11퍼센트에 달했다. 1944년 가입자 수는 무려 844만 명으로 당시 일본에 끌려간 조선인 강제동원 피해자 대부분이 가입해야 했다. 그런데 이 문제에 대해 한국 정부마저 비협조적이다. 정혜경은 "조선인으로부터 징수한 후생연금보험금은 지금도 일본에 예치되어 있고 일본 사회보험업무센터에는 개인별 연금카드와 일람표 등 모든 명부자료의 전산화 작업이 완료되어 있다"며 다음과 같이 말했다.

"시민단체의 요구사항은 후생연금명부 전체를 한국에 들여오도록 일본 정부에 요청을 해달라는 것이었다. 이를 근거로 일본을 대상으로 후생연금반환소송을 하려는 것이다. 실제로 22명의 재일동포들이 일본 정부를 상대로 소송을 제기해서 1인당 평균 73만 6,000엔의 연금을 지급받은 사례도 있다. 그러나 그 후 정부가 이 문제에 대해 언급했다는 소식은 없다. 피해자들이 기각과 패소 판결을 받는 근본적인 원인인 한일협정 문서 가운데 청구권 문서 공개요구에 대해서도 거부하고 있다. 국익과 북일수호조약 체결과정에 미칠 영향을 내세운 정부의 공개거부 입장은 법원의 공개 판결에도 불구하고 철옹성같이 견고하다."[88)]

답답하거니와 한심한 노릇이다. 쌀, 노동, 목숨의 강제공출 역사는 아직 끝나지 않은 셈이다. 아직도 우리는 "바라지 않겠다. 이길 때까지는"을 외쳐야만 하는가?

04

교육 · 대중문화의 전쟁도구화

국민학교의 탄생

19세기 말 조선에 처음 등장한 근대적 초등교육기관의 명칭은 '소학교' 또는 '보통학교'였으며, 일제강점 이후 조선인이 다니는 학교는 보통학교, 일본인이 다니는 학교는 소학교라고 불렀다. 그러다가 1926년부터 '심상소학교(尋常小學校)'로 통일되었다.[89)]

1938년 개정된 조선교육령(3차 교육령)은 종래의 보통학교 및 기타 상급학교의 체제를 일본인을 위한 학교와 같이 통일했으며, 명칭도 각기 소학교, 중학교 및 고등여학교로 개칭했다. 소학교의 경우 수업 연한은 4년제에서 6년제로 승격시켰다.[90)]

1941년 일제는 소학교의 명칭을 '국민학교'로 바꾸었다. 명칭을 바꾼 이유는 국민학교의 목적을 규정한 '국민학교령' 제1조를 보면 알 수 있다. "황국(皇國)의 도(道)에 따라 보통교육을 실시하고 국민의 연

1941년 일제는 소학교의 명칭을 '국민학교'로 바꾸었다. 천황에 충성하는 국민을 양성하여 민족적 정체성을 말살하고 침략전쟁에 동원하려는 의미였다.

성(練成)을 행함." 이에 따라 조선총독부에서는 "조선에서는 국민의 연성 외에 내선일체(內鮮一體)의 구현에 힘을 쓸 것"이라고 밝혔다. 염복규는 이에 대해 다음과 같이 지적했다.

"즉 국민학교 명칭의 도입에 따라 초등교육의 목적이 천황에게 충성하는 일본 국민의 양성에 있음이 분명해졌다. 아울러 한국인에게 국민학교란 명칭의 사용은 민족적 정체성의 말살과 침략전쟁으로의 동원을 의미했다. 바로 이것이 태평양전쟁 도발을 앞두고 일제가 국민학교 명칭을 도입한 이유였다."[91]

전 사회의 국민학교화

'침략전쟁으로의 동원'을 위한 준비는 철저했다. 일제는 국민학교 1학

일제 말기가 다가오자 우리말과 글의 사용은 물론 연구마저도 탄압의 대상이 되었다. 사진은 조선어학회 사건으로 일제에 의해 투옥된 뒤 심한 고문으로 형무소에서 옥사한 이윤재(왼쪽)와 한징(오른쪽).

년생부터 '청음교육'을 강화했는데, 그 이유가 기가 막히다.

"한 번 딱 듣고 아군의 비행기인지 적군의 비행기인지, 우리 편의 대포 소리인지, 상대편의 대포 소리인지, 어느 편의 군함인지, 그리고 몇 미터 떨어진 곳에서 나는 소리인지 등을 알게 하기 위한 것이다. 인간의 귀를 레이더로 만들어 그것을 군사용으로 사용할 수 있을 것이라고 믿었기 때문이다."[92]

또 일제는 모든 미디어를 전쟁용으로 동원했으며, 그 와중에 영화관은 '국가의 학교'로 변모했다. 국민학생용 선전영화를 본격 제작해 학교의 단체관람을 강제했으며, 교내 영상에 국민학생을 동원했다.[93]

전 사회의 국민학교화도 시도되었다. 1942년 5월 1일 국민총력조선연맹의 주창에 의해 국민총력운동의 일환인 국민운동으로서 일본

어 보급운동을 대대적으로 전개하기 시작했다.[94]

바로 그런 광기에 의해 일어난 게 조선어학회 사건이다. 1942년 10월 일제는 우리말과 글의 사용은 물론 연구에 대한 탄압책으로 이윤재(1888~1943), 이극로(1893~1978), 최현배(1894~1970), 이희승(1896~1989), 한징(1887~1944), 이은상(1903~1982), 안재홍(1891~1965) 등 조선어학회 회원 30여 명을 검거 · 투옥했다. 이들은 1년 동안 경찰서 유치장에서 온갖 고문을 당한 끝에 '학술단체를 가장한 독립운동단체'라는 죄명으로 기소되었다. 이윤재와 한징은 심한 고문으로 옥사하고, 10명은 각각 2년에서 6년까지의 징역을 선고받았다.[95]

전쟁선전용 영화

1941년 당시 일본 영화는 연간 500여 편 정도가 제작되면서 3억 명 이상의 관객을 동원하는 등 미국에 이어 세계 두 번째 산업규모를 자랑했다. 이제 일본에서도 이 거대한 영화산업은 전쟁 목적으로 전용되었다. 그 방식은 일본의 독특한 문화를 보여준다.

루스 베네딕트의 분석에 따르면, 일본의 전쟁영화는 적에 대한 경계심이나 적의를 불태우기보다 전투의 비참함과 병사의 고통을 강조하는 내용으로 가득 차 있어서 미국인의 시각으로 본다면 오히려 반전영화로 받아들여질 정도인데, 이는 선악을 명확히 구분하지 않고 의무 수행을 최고의 미덕으로 여기는 의식구조에서 비롯된 것이다.

그러나 박진한은 "그녀의 분석과 달리 일본의 전쟁영화는 전쟁의 희생과 고통을 적나라하게 보여줌으로써 아들과 형제를 전장으로 떠나보낸 후방(국민)과 전장(병사) 사이의 유대감과 일체감을 강조하여

중일전쟁을 합리화시킨 영화 〈군용열차〉. 1940년 이후에는 제국주의 선전영화를 제외한 어떤 작품도 만들어지지 않았다.

전시 체제에 대한 협력의 메시지를 전달하려는 목적의식을 담고 있었다"고 분석했다.[96)]

조선의 경우도 다르지 않았다. 정치적으로는 영화도 신문이나 방송과 비슷한 운명에 처해졌다. 1940년 이후에는 제국주의 선전영화를 제외한 그 어떤 영화도 만들어지지 않았으며, 일제는 영화를 황국신민화, 내선일체, 일본어 보급, 전쟁 지원병 확보 등에 이용했다.[97)]

1938년 중일전쟁을 합리화시키는 극영화 〈군용열차〉가 제작되었으며, 1939년 〈승리의 뜰〉, 〈국기 밑에서 나는 죽으리〉, 1940년 〈복지만리〉, 1941년 〈지원병〉, 1943년 〈망루의 결사대〉 등 압록강을 넘나드는 독립군을 비적 또는 마적으로 간주하는 친일영화들이 제작 상영되었다. 1944년에 나온 〈그대와 나(너와 나)〉와 같이 본격적인 내선일체와 전쟁완수를 위한 선전영화도 만들어졌다. 같은 해에 나온 〈병정님들〉, 1945년에 나온 〈우리들의 전장〉도 마찬가지였다.[98)]

1940년대의 친일영화와 관련, 이영재는 "식민지의 협력자들은 1940년을 전후로 하여 국가 '일본'을 발견하였다"며 다음과 같이 주장했다.

"중일전쟁 이후 제국 일본은 물적, 인적 자원의 필요성 등의 현실적 이유로 조선이라는 외지(外地)를 일본 내부로 끌어들였다. 이 사실을 불가피한 것, 나아가 가능성으로 본 조선의 지식인들이 적지 않았다. 국민의 이름으로 부여되는 평등이라는 이상, 그 속에서 그들은 그때까지 자신들을 괴롭힌 식민성의 탈피에 대한 가능성마저 찾아낼 수 있으리라 믿었던 것 같다. 다시 말해 일본이라는 식민종주국으로부터 독립하는 것이 불가능하다면, 그 국가를 전면적으로 받아들임으로써 식민본국과 식민지 사이에 위계질서를 극복할 수 있으리라는 인식의 조작이 한 시기의 언설공간을 지배하였다."[99)]

"영화의 마력은 적과의 동침도 하게 만든다"

당시 일부 영화인들이 '식민본국과 식민지 사이에 위계질서를 극복할 수 있으리라는 인식'을 한 것도 무리는 아니었다. 조선인 남성과 일본인 여성의 내선결혼을 다루고 있는 〈그대와 나〉에서는 조선 문화에 대해 긍정적으로 이해하려는 내용이 자주 등장한다. 강성률은 "조선 문화가 일본 문화보다 뒤떨어진 문화가 아니라 다양성을 지닌 다른 문화라는 전제를 한 후 조선 문화를 적극적으로 이해하려는 자세는 다른 영화에도 자주 등장한다"며 다음과 같이 말했다.

"다양한 영화에서 이렇게 조선의 문화를 인정해주는 것은 조선을 일본의 지방의 하나로서 인정해주는 것이다. 결코 조선인의 민족주의의 저항이 아니며, 오히려 일제의 강한 자신감의 표현이다."[100]

일제의 이런 영악한 선전술 때문인지, 이미 대중문화로 자리 잡은 영화의 인기는 식을 줄 몰랐다. 영화는 일제의 전쟁 프로파간다 도구로 이용된 동시에 대중의 사랑을 받는 대중문화로 기능했던 것이다. 『매일신보』 1941년 3월 14일자에 따르면, 경성에서는 일렬운동이라고 해서 영화관 앞에서 몇 시간 전부터 문 열기를 기다리는 행렬이 늘어서는 현상마저 일어날 정도였다. 이에 대해 이준식은 "그러나 실제 내용을 들여다보면 일제에 의한 조직적 동원이 상당히 이루어졌던 것으로 보인다"고 지적하기도 했다.[101]

영화 관객은 1930년대 내내 계속 늘었으며, 이런 증가 추세는 오히려 1940년대 들어 더 강해졌다. 총 관객 수는 1930년 511만 명, 1931년 529만 명, 1932년 587만 명, 1933년 587만 명, 1934년 650만 명, 1935년 878만 명, 1936년 889만 명, 1937년 1,195만 명, 1938년 1,399만 명, 1939년 1,722만 명, 1940년 2,169만 명, 1941년 2,508만 명, 1942년 2,762만 명이었다.[102] 1932년부터 1942년까지 11년간 관객은 4배, 입장료 수입은 9배나 증가했다.[103]

1942년은 경성 사람들 100명 중 72명이 1개월에 한 번 꼴로 영화관을 찾을 정도로 영화의 전성시대였다.[104] 영화 담론도 풍성했다. 1920년대에서 해방 직전까지 발행된 영화잡지는 문예잡지에 버금갈 정도로, 그 수가 30여 종이나 되었다.[105]

교사 인솔하에 이루어지는 학생들의 단체 관람도 많았다. 중학 1학년 때 일본인 교사에 인솔되어 〈망루의 결사대〉를 관람한 영화감독

김수용은 "영화를 보고나서 자칫 용감무쌍한 경비대의 승리에 박수를 보낼 뻔했다. 그러나 '게릴라가 정녕 마적 떼가 아니고 항일독립군이었다면' 하고 생각하니 오싹 전율이 느껴졌다. 영화의 마력은 관객을 적과의 동침도 하게 만든다"고 말했다.[106)]

강성률은 "2006년에 발굴된 〈조선해협〉을 본 노년층은 일제의 정책이 노골적으로 들어가 있는 영화를 보면서도 거부감을 보이기보다는 멜로드라마적 코드에 몰입하고 있었다"며 "일제시대를 경험했던 이들이 그 시대의 고통스런 모습을 보며 괴로워하지 않고 오히려 영화의 멜로적 이야기에 빠져드는 것은, 일제 말기에도 친일 선전정책에 몰입하기보다는 근대문명의 이기인 영화의 매혹에 빠졌다고 보는 것이 가능하다"고 했다.[107)]

'눈물 · 사랑'에서 '혈서'로

1941년 12월 8일 일제의 하와이 진주만 폭격이 이루어지면서 가요도 전쟁 프로파간다의 도구로 본격 이용되기 시작했다. 가요의 주제는 '눈물 · 사랑'에서 '혈서'로 이동했다.

1942년 백년설(1915~1980)은 경성방송국에 나가 〈아들의 혈서〉(조명암 작사, 박시춘 작곡)를 불렀다. "어머님 전에 이 글월을 쓰옵나니/ 병정이 되온 것도 어머님 은혜/ 나라에 밧친 목숨 환고향 하올 적엔/ 쏘다지는 적탄 아래 죽어서 가오리다"

1943년엔 오케이레코드사에서 백년설, 남인수(1918~1962), 박향림(1921~1946)이 〈혈서지원〉(조명암 작사, 박시춘 작곡)을 합창했다. "무명지 깨물어서/ 붉은 피를 흘려서/ 일장기 그려놓고/ 성수 만세 부르고/

경성부민관(지금의 서울시의회 청사). 친일 관련 연극이나 행사가 많이 열렸다.

한 글자 쓰는 사연/ 두 글자 쓰는 사연/ 나라님의 병정되기 소원입니다"[108]

대중가요 이전에 친일인사들의 친일주장에서도 '피'가 화두가 되었음을 상기할 필요가 있다. 예컨대, 주요한은 『신시대』 1941년 3월호에 쓴 「첫 피」라는 시에서 조선인 지원병으로서 최초의 전사자였던 이인석의 죽음에 대해 "보아라, 너들의 피가/ 내 핏줄을 통해/ 여기 뿜는다. 이삼백만의/ 뜨거운 피가/ 일억의 피로/ 한 덩어리가 되는/ 처음의 피가/ 지금 내 핏줄에서/ 콸콸 솟는다……"고 했다.[109]

혈서 타령을 빼곤 과거의 히트 가요와는 좀 다른 장르의 노래들이 혈서 타령을 해야 하는 민족의 비애를 노래했다. 1920년에 썼지만 음반 발표는 1942년에 이루어진 〈봉선화〉(김형준 작사, 홍난파 작곡)도 당대의 분위기를 말해주는 노래다.

"울 밑에 선 봉선화야 네 모양이 처량하다/ 길고 긴 날 여름철에 아름답게 꽃필 적에/ 어여쁘신 아가씨들 너를 반겨 놀았도다/ 어언간에 여름 가고 가을바람 솔솔 불어/ 아름다운 꽃송이를 모질게도 침노하니/ 낙화로다 늙어졌다 네 모양이 처량하다"

1943년에 만들어진 현대동요의 효시 〈반달〉(윤극영 작사 · 작곡)도 같은 맥락의 노래라 할 수 있다. "푸른 하늘 은하수 하얀 쪽배에/ 계수나무 한 나무 토끼 한 마리/ 돛대도 아니 달고 삿대도 없이/ 가기도 잘도 간다 서쪽 나라로"[110)]

〈애국가〉의 작곡가 안익태 친일논란

이 시기에 국제적으로 활동한 〈애국가〉의 작곡가 안익태(1906~1965)를 둘러싼 친일논란이 뜨거운데, 이것도 알아보기로 하자. 2006년은 안익태 탄생 100주년이 되는 해였지만 그의 친일행적이 공개되면서 큰 논란이 일었다.

독일 유학생 송병욱(훔볼트대 음악학과 석사과정)은 공연예술전문지 『객석』 2006년 3월호와 4월호에 기고한 논문에서 안익태가 1942년 베를린에서 만주국 창립 10주년을 기념해 〈만주국〉을 작곡 · 지휘했을 뿐 아니라 〈애국가〉의 원곡인 〈한국환상곡〉에도 이 중 일부 선율을 그대로 사용했다고 주장했다. 송병욱은 안익태가 1938년 아일랜드 더블린에서 〈한국환상곡〉을 초연할 무렵 가졌던 『아이리시 타임스』와의 인터뷰에도 친일로 의심되는 대목이 있다고 주장했다. 당시 인터뷰에서 안익태는 "2,000만 한국인들에게 음악은 하늘로부터의 선물이다. 음악은 2,000여 년 전 첫 황제와 함께 하늘로부터 직접 왔다"고 말했다. 이에 대해 송병욱은 "'음악은 하늘에서 왔다' 는 발언은 일본 궁중음악 '에텐라쿠(越天樂)' 의 제목이 갖는 의미이고, 안익태도 1938년 같은 제목의 곡을 완성했다"며 "'2,000여 년 전의 첫 황제' 는 일본 왕가의 시조인 진무텐노(神武天皇)를 가리키는 것일 수 있다"고 주장해 1938년 무렵부터 안익태의 사상이 급격히 친일로 기울었음을 시사했다. 또 송병욱은 안익태가 1942년~1944년 독일주재 일본 외교관의 집에 머물며 당시 베를린 일본 공관과 밀접한 관련을 맺고 있었다고 주장했다. 그는 "리하르트 슈트라우스 연구소에 (슈트라우스에게 보낸) 안익태의 편지 두 통이 보관돼 있다"며 "발신 주소가 일본 외교관 이하라의 집이었으며, 안익태는 적어도 1942년부터 1944년까지 일본 외교관 사저에서 거주했다"고 밝혔다.[111]

2007년 『잃어버린 시간 1938~1944: 세계적인 음악가 안익태의 숨겨진 삶을 찾아서』를 출간한 이경분은 안익태의 독일활동은 일본과 독일의 교류단체인 '일독회(日獨會)' 의 후원이 있었기에 가능했으며, 안익태는 일본인 '에키타이 안' 으로서 일본제국의 음악 대사 역할을 했다고 주장했다. 이경분의 주장에 따르면, 안익태는 1941년부터 일독회 주최 음악회를 통해 경력을 쌓아나갔고, 일독회 간부에게 연주회를 제안할 정도의 적극성과 뛰어난 음악성으로 일본 지휘자 고노에 히데마로(近衛秀麿, 1946~1950)를 제치고 1943년 베를린 필을 지휘하기에 이른다. 당시 '에키타이 안' 의 대표작은 〈한국환상곡〉이 아니라 일본의 8세기 궁중음악에서 멜로디를 차용한 〈에텐라쿠(越天樂)〉였다. 프로그램이 알려진 6회의 독일 연주회에서 〈에텐라쿠〉가 5회나 연주된 반면 〈한국 환상곡〉에 대한 기록은 없었다. 베를린 필이 연주한 것도 〈에텐라쿠〉였다. 이는 제2차 세계대전 중 독일에서 〈한국환

상곡〉을 지휘했다는 안익태의 자필 기록과는 상반된다.[112]

이경분은 안익태의 기록은 신빙성이 없다며 "출세를 위해 자신이 처한 상황을 이용한 안익태에게 이 시기는 잊히고 숨겨야 하는 시간이었다"고 설명했다. 그리고 그의 일제 협력행위를 이렇게 해석했다.

"만약 안익태를 정치적 신조가 굳은 애국자로 본다면 이 문제는 풀기 어려운 수수께끼일 것이다. 그러나 그에게 정치적인 것은 중요하지 않았고, 오로지 음악가로 성공하려는 욕망이 강한 사람으로 본다면 그의 모순된 행위를 어느 정도 이해할 수 있을 것이다."[113]

임철순의 '안익태를 위하여'

2008년 4월 29일 민족문제연구소와 친일인명사전편찬위원회가 발표한 '친일인명사전 수록인물' 4,776명의 명단에 안익태가 포함됐다. 그가 친일행위자로 분류된 근거는 1938년 〈에텐라쿠〉라는 일왕 찬양 음악을 작곡하고 독일에서 일독회(日獨會)라는 친나치단체에 가입했으며, 1942년 만주국 창설 10주년 기념음악회에서 〈만주환상곡〉을 작곡해 지휘했다는 것이다. 그러자 일각에선 애국가 교체 논란이 일었다.

이에 대해 한국일보 주필 임철순은 "몇 년 전에도 벌어졌던 이 논란을 다루면서 어느 방송의 아나운서는 '그렇다면 축구 한일전 때 부른 애국가는 대체 누구를 위해 부른 것일까요?' 라는 선동적이고 자극적인 멘트까지 곁들이며 '손님'을 끌었다"며 "안익태에 관해서는 세 가지 관점에서 접근할 필요가 있다"고 했다. 임철순의 주장을 소개한다.

첫째, 친일행위 여부에 대해 좀더 광범한 자료 발굴과 냉정하고 치밀한 분석이 필요하다는 것이다. "〈에텐라쿠〉의 작곡시기와 그 내용

안익태. 〈애국가〉의 작곡가로 유명한 안익태에게도 친일 논란은 뒤따랐다. 독일에 머물던 시절 친나치단체인 '일독회'에 가입하고 〈에텐라쿠〉라는 곡을 작곡했던 것이 문제였다. 친일인사명단에 그의 이름이 수록되기는 했지만 논란은 여전히 진행 중이다.

에 대해서는 이견이 있다. 그는 이미 1936년 6월 독일에서 작곡가 파울 힌데미트(Paul Hindemith, 1895~1963)를 만났을 때 그의 첫 작품인 〈강천성악〉에 대해 '조선 아악을 주제로 만든 것'이라고 설명한 바 있다. '에텐라쿠'는 강천성악의 일본식 발음일 뿐이라는 것이다. 〈만주환상곡〉과 〈한국환상곡〉(1938년 2월 초연)이 유사하다는 지적에 대해서는 그 곡이 〈한국환상곡〉의 5분의 1도 안 되는 6분짜리 소품이며 안익태의 의지와 관계없이 나치에 의해 연주실황이 정치적으로 이용된 것이라는 반론이 유력하다."

둘째, 종합적으로 행적을 살펴야 한다는 것이다. "안익태는 10대 시절 평양 숭실학교에 다닐 때 친일교사 추방·반일운동에 앞장섰다가 무기 정학을 당했고(1919년), 이 때문에 도쿄의 중학에 입학할 때 애를 먹었으며, 귀국 후 경찰의 요주의 인물로 분류돼 어려움을 겪었다(1930년). 더욱이 천황을 찬양했다는 시기보다 늦은 1942년 3월 로마에서는 이탈리아 측으로부터 연주를 취소하고 떠나달라는 요구를 받았다. 한국은 일본에 합병돼 없어졌는데 그에게 '한국환상곡' 연주를 허가하는 것은 일본에 대한 내정간섭이라는 일본 측의 항의 때문이었다. 1947년 미국 비자 신청 당시 미 이민국이 조사, 판정한 결과는 '안익태는 항일운동을 했던 사람' 이었다. 1935년 11월 작곡된 것이 정설로 보이는 〈애국가〉는 1936년 2월 샌프란시스코에서 악보로 출판되자 일제에 의해 판매금지 단행본 목록으로 분류됐다. 더 많은 사례가 발굴될 수 있을 것이다. 안익태는 해외 각지를 다니며 〈한국환상곡〉을 연주할 때 그 곡 속의 〈애국가〉 합창부분을 우리말로 연주하려 애썼다. 그가 불가리아에 갔을 때 그곳 민요를 표절해 〈애국가〉를 만들었다는 비난도 전후관계가 잘못 파악된, 근거 없는 주장이다. 불가리아 방문은 1937년이었다."

마지막 세 번째로, 설령 친일혐의가 있다 해도 일방적인 매도는 옳지 않다는 것이다. 임철순은 "민족문제연구소는 친일인사 명단 공개가 정치적 목적이나 특정한 인물을 매도하려는 것이 아니라 '역사화 작업' 이라고 말하지만, 본래 취지와 달리 부작용과 파장은 예상보다 더 크다"며 다음과 같이 말했다.

"〈애국가〉 작곡 하나만으로도 안익태는 역사에 우뚝하다. 우리는 모두 그에게 빚을 지고 산다. 그런데 우리는 안익태를 너무도 모른다. 남들은 없는 신화도 만들어내는데 우리는 있는 신화도 부수고 깎아서 없앤다. 출국 25년 만인 1955년 귀국한 이후, 그는 고국에서 잘 적응하지 못했다. 국내 음악인들의 질시와, 타협을 모르는 그의 '평안도 박치기' 기질 때문이었다. 타계 4개월 전 한국을 떠나면서 그는 기자들에게 이렇게 말했다. '눈을 크게 뜨고 서로 사랑해야 합니다. 여러 기자 선생들이 조국에 기여하는 길은 저 재잘대는 개구리들을 우물 밖으로 끌어내는 일보다 우물이 대해로 통할 수 있도록 운하를 파는 일입니다.' 그가 작곡한 〈애국가〉가 정부 수립과 함께 정식 국가로 채택된 지 60년 만에 그는 거꾸로 친일행위자가 되고 말았다. 지금 우리에게 필요한 것은 그를 잘 아는 것이다. 이번의 친일논란이 거꾸로 안익태를 잘 아는 계기가 되기를 진심으로 바란다."[114]

안익태 논란을 어떻게 보건, 과도한 순결주의 정서만큼은 자제하는 게 좋겠다는 생각이 든다. 예컨대, "그렇다면 축구 한일전 때 부른 '애국가'는 대체 누구를 위해 부른 것일까요?"라고 묻는 식의 근본주의는 지나치다는 것이다. 모든 교육 · 대중문화의 전쟁도구화가 이루어진 상황에서 친일을 한 죄의 무겁고 가벼움을 따지고 드는 것은 무의미하다는 주장에는 동의하기 어렵지만, 과유불급(過猶不及)의 수렁으로 빠지는 것만큼은 경계해야 하리라.

제3장

징병, 징용, 성노예

01

단파방송 '미국의 소리' 밀청 사건

1940년 라디오 청취자 20만 명 돌파

1940년 『동아일보』, 『조선일보』의 폐간으로 인해 라디오 방송의 중요성은 더욱 커졌고 청취자도 더욱 증가하였다. 청취자 등록은 1940년 10월 22일자로 20만 명을 넘었는데, 사단법인 조선방송협회는 20만 명 돌파를 경축하는 대대적인 행사를 벌였다. 1941년 청취자는 27만 2,000명으로 늘었다.[1]

1940년 이후 방송망은 더욱 확충되었다. 1945년 6월까지 대구방송국(1941년 10월 30일), 강릉방송국(1941년 12월 1일), 마산방송국(1942년 2월 20일), 개성방송소(1942년 3월 1일), 서산방송소(1942년 3월 1일), 장전방송소(1942년 3월 1일), 광주방송국(1942년 3월 20일), 목포방송국(1942년 11월 1일), 원산방송국(1943년 4월 10일), 대전방송국(1943년 7월 15일), 해주방송국(1943년 8월 1일), 신의주방송국(1943년 8월 1일), 성진방송국

광주방송국 개국 기념사진. 1940년 『조선일보』, 『동아일보』의 폐간으로 라디오 방송의 중요성이 더욱 커지자 방송망 확충이 속속 이어졌다. 1943년 7월에는 수신기 수가 28만 5,000여 대에 이르렀다.

(1943년 11월 1일), 춘천방송국(1944년 12월 20일), 청주방송국(1945년 6월 16일) 등이 개설되었으며, 수신기 수는 1943년 7월에 28만 5,000여 대에 이르렀다.[2)]

당시에도 여성 아나운서들이 있었지만, 뉴스는 남성 아나운서의 몫이었다. 1943년부터는 이른바 '박력 어투'라는 것이 등장했다. 전쟁 수행을 효과적으로 도울 수 있는 박력 있는 어투를 아나운서들이 개발해내야 한다는 것이었다. 이 요청이 너무 강해진 나머지 이 어투를 적용할 수 없는 여자 아나운서는 이제 방송계에서 필요가 없다는 주장까지 대두되었다.[3)]

이승만의 '미국의 소리' 방송

박기성의 「태평양 전시하의 해외독립운동 방송체계」라는 논문에 따르면, 미국은 1942년 8월 29일 30분 길이의 〈자유의 종은 울린다〉란 프로그램으로 'VOA(Voice of America, 미국의 소리)' 한국어 방송을 시작했다. 이 라디오 단파방송의 본부는 미국전쟁정보부의 샌프란시스코 사무소였다. 초기에는 하루 15분씩 한국어와 영어로 방송을 시작했으나, 1944년 전쟁이 막바지에 이르면서 하루 1시간 또는 1시간 30분으로 시간을 늘렸을 뿐 아니라 방송내용도 뉴스에서 해설, 라디오 드라마까지 다양하게 변화시켰다. 특히 자유의 소리(10분)와 세계뉴스(5분) 등을 통해 VOA는 일제하 한국인들에게 제2차대전의 전황 등 최신정보를 제공했다. 이는 한국 내의 일부 수신자를 중심으로 일반에게 확산되었으며, 중국의 충칭 임시정부와의 연락도구가 되기도 했다. 또 조선의 여성 청취층을 겨냥, 정보와 선전을 가미해 제작된 〈보신각종〉이란 라디오 드라마가 1년 이상 방송되기도 했다.[4]

미국의 독립운동세력들도 VOA를 적극 활용했다. 워싱턴 소재의 한인회(회장 이승만)등 여러 한인단체들이 방송에 참여했으며, 현지 신문인 『신한민보』는 VOA 대본과 충칭방송을 수신한 내용을 기사화해 알렸다. 이승만은 여러 차례 영문 및 한국어 녹음 연설을 VOA에 전해주기도 했다.[5]

이승만은 본격적인 한국어 방송 시작 이전인 1942년 6월 13일부터 7월까지 몇주에 걸쳐 고국 동포들에게 일본의 패망을 예고하는 육성 방송을 했다.[6] 몇주일 동안 매일 반복해서 방송된 연설에서 이승만은 "싸워라! 우리가 피를 흘려야 자손만대의 자유 기초를 회복할 것이다. 싸워라. 나의 사랑하는 2,300만 동포들이여"라고 외쳤다.[7]

일제하 한국인들에게 제2차 세계대전 전황 등의 소식을 전했던 '미국의 소리' 방송. 이승만 등 미국에서 활동하고 있던 독립운동세력들은 이 단파방송을 이용해 독립의지를 고취시키는 연설을 하기도 했다.

이승만의 '미국의 소리' 방송은 국내에서 그의 명성을 높여주는 효과를 냈다. 정병준은 "단파방송은 이승만의 명성을 제고시켰을 뿐만 아니라, 지도자로서의 신비감, 민족해방의 희망과 우상으로 자리 잡게 했다"고 평가했다.[8]

대한민국 임시정부가 활동하던 중국의 경우, 미국과는 달리 한국인이 직접 방송을 할 수 있도록 배려를 했다. VOA 한국어 방송책임자 에드윈 쿤스 박사의 1945년 3월 메모는 "조선인들은 충칭 단파방송을 통해 매주 일요일 오후 15분씩 방송을 했으며, 이 방송은 약 1년간 허용되었다"고 적고 있다. VOA는 충칭 방송 수신내용 중 일부를 직접 뉴스로 내보내기도 했다. 미국 정부문서보관소에는 충칭 방송의 내용을 미국에서 수신한 녹음본이 보관되어 있어 VOA가 미국과 중국의 독립운동세력 간 연락수단으로까지 활용되었음을 밝혀주고 있다.[9)]

그러나 조선에 있는 이들은 미국과 영국을 불구대천(不俱戴天)의 원수로 비난해야만 했다. 윤치호의 1943년 2월 28일자 일기에 따르면, "장덕수(1895~1947)와 조병옥(1894~1960)이 영국인들과 미국인들에 대한 의분(義憤)을 고조시키고자 '그들에 대한 오해를 어떻게 바로잡을 것인가' 라는 제목으로 강연했다. ……조 군은, 조선인들은 정부의 충량한 병사가 되기로 결심을 하는 한편 정부는 조선인들에게 총리대신이나 대사가 될 수 있다는 청사진을 제시해야 한다고 말했다. 야기(八木信夫) 경무국 보안과장과 하다(波田重一) 장군(조선군 제19사단장)이 이 발언에 대해 상당히 언짢아했다."[10)]

300여 명이 체포된 '단파방송 밀청 사건'

1942년 말에 발생한 이른바 '단파방송 밀청 사건' 은 당시 일제가 정보통제에 얼마나 큰 신경을 썼는지 잘 보여준다. 1941년 12월 태평양전쟁이 일어나자 총독부는 '외국 단파방송 청취 금지령' 을 공포하고 그 단속을 강화했다. 나중에는 외국인이 가지고 있던 단파라디오마저 모두 압수해버렸다.[11)]

그래도 방송국에서 근무하는 한국인 직원들은 위험을 무릅쓰고 미국 샌프란시스코에서 발신되는 '미국의 소리' 방송을 듣곤 했다. 일제는 1942년 12월 경성방송국에 근무하던 기술직원 성기석(1920~

1990)과 이이덕(1907~1942)이 단파방송을 청취하다 고등계형사에 발각된 것을 계기로 이듬해 초까지 대대적인 검거를 실시했다. 150명 가까운 방송인들과 정객 및 민간인 150명까지, 300여 명이나 되는 한국인이 체포되었으며 이 가운데 75명이 유죄판결을 받았다. 이 사건의 의미에 대해 정진석은 다음과 같이 주장했다.

"이 사건은 일제하의 방송이 일본인들의 주도로 시작되었고 1930년대로 넘어오면서는 일본의 식민지정책을 대변하고 침략의 도구로도 활용되었으나 방송국에 종사하던 사람들은 민족의식을 지니고 있었으며 일제에 대한 저항정신이 살아있었음을 보여주는 것으로 일제하의 방송도 한국방송사에 포함시켜야 한다는 주장을 뒷받침해주는 것으로 평가받는다."[12)]

또 유병은은 경성방송국이 설립될 때 조선총독부에서 단 한 푼의 재정적인 지원도 해준 바 없으며, 사단법인 경성방송국 설립자금 20만 엔 전액은 조선식산은행에서 기채(起債)해 충당했고 민간으로부터 출자자를 모집하여 식산은행의 빚을 갚았다는 점을 강조했다. 즉, 경성방송국이 일본 방송국의 지국이니 뭐니 하는 주장은 잘못됐다는 것이다.[13)]

2002년 9월 7일 한국방송인동우회는 서울 여의도 KBS 본관 앞 '물망비(勿忘碑)' 앞에서 일제강점기 방송인들의 항일의거인 '단파방송 연락운동' 기념식을 가졌다. 한국방송인동우회는 이 사건을 잊지 말자는 의미로 1990년 물망비를 세운 뒤 매년 9월 초 기념식을 열고 있다. 1966년 결성된 이 단체는 전 · 현직 방송인 300여 명이 가입돼 있으며 '바른말 보도상'을 시상하고 있다. 한국방송인동우회는 "항일 단파방송 연락운동은 일제 침략으로 고통받던 국민에게 희망과 용기

조선방송협회 연희송신소. 일제하 방송은 일본인들의 주도로 시작되었다. 1930년대를 넘기면서 방송은 일본의 식민지정책을 대변하는 침략 도구로 취급받았다.

를 불어넣어준 방송인의 독립운동입니다"라고 말했다.[14]

그러나 모든 국민이 단파방송으로 희망과 용기를 얻었던 것은 아니다. 예외도 있었다. 예컨대, 조선식산은행에 다니던 한국인 행원은 단파방송을 통해 전쟁이 곧 끝날 것을 알고 영어공부를 하기도 했다.[15] 점점 더 일제의 패망이 가까워오고 있다는 게 감지되면서 영자 신문으로 영어 공부하는 한국인 행원들이 늘기 시작했다.[16]

해방 후 '일본식 직제'에서 '미국식 직제'로

해방 당시 방송국은 남한에 10개, 북한에 7개였다. 총 직원 수는

1,000명이었는데, 한국인 직원 수가 755명이었고 나머지 245명은 일본인 직원이었다. 경성중앙방송국은 1945년 9월 8일 밤 미군에 의해 접수되었다. 한국 방송의 기원과 관련, 한국 최초의 방송기자인 문제안은 "1927년이니 뭐니 그런 말을 할 것이 아니라, 한국 방송이 1945년 9월 9일 오후 5시부터 시작됐다는 것만은 알아야 한다"며 다음과 같이 주장했다.

"그날 오후 4시에 조선 총독과 조선주둔군 사령관이 미군 사령관 하지 중장에게 항복해서 조선총독부가 이 땅에서 물러나서, 그 한 시간 후인 오후 5시부터 한국 사람이 한국 사람 손으로 한국 사람을 위한 방송을 시작했기 때문에 우리 방송의 시작으로 알자는 것입니다."[17]

1945년 9월 14일 수도의 명칭이 경성에서 서울로 바뀜으로써 경성중앙방송국은 서울중앙방송국이 되었다. 9월 15일 미군정은 서울중앙방송국을 비롯한 38선 이남의 10개 방송국을 모두 접수하여 군정 산하에 두고 군정정책에 대한 홍보매체로 이용하였다. 군정장관 아놀드 소장의 관리하에 편성은 정보부장 헤이워드 중령이 맡았다. 미 군정청은 10월 24일 윌리엄 글라스 중령을 중앙방송협회 회장으로 임명하여 편성과 기술을 완전히 미군의 지휘하에 두었다. 방송국의 조직도 일본식 직제에서 미국식 직제로 개편되었다.[18]

오늘날의 한국 방송은 '한국식 직제'인가? 굳이 방송에서까지 '한국식 직제'를 고집할 필요는 없겠지만, 한국 방송 잘 되게 해보자는 논의가 일어날 때마다 미국은 어떻고 유럽은 어떻다는 식의 담론만 무성하기에 던져본 질문이다(반작용 때문이겠지만, 흥미롭게도 일본의 방송이 어떻다는 이야기는 전혀 등장하지 않는다). 화이부동(和而不同)을 목표로 삼고 실천하되, 타국에 대한 맹목적 추종만큼은 삼가는 게 어떨까?

02

징병제와 학도병 파동

징병제의 실시

태평양전쟁에 돌입한 지 5개월 만인 1942년 5월 8일 일본 각의는 "조선 동포에 대해 징병제를 시행하고 쇼와(昭和, 소화) 19년(1944년)부터 징집할 수 있도록 준비를 추진할 것"을 결정했다. 이 결정은 조선인은 물론, 총독부 당국자에게도 놀라움을 주었다. 한반도 사정을 알지 못한 채 아무 예고 없이 중대 결정을 내렸다며 총독부에서 일본 본국 정부에 불만을 가질 정도였다.[19)]

1943년 3월 1일 징병제가 법령으로 공포되었다. 8월 1일부터 시행한다고 시행일까지 못 박았다. 처음 결정보다 빨리 추진된 것이다. 친일인사들은 징병제가 식민지인의 자격을 격상시킬 것이라는 기대를 표명했다. 윤치호의 경우, 징병제를 제국의 국민이 될 수 있는 방법으로 보았다.[20)] 그는 『매일신보』와의 인터뷰에서 "오늘 드디어 징병제

징병으로 끌려온 조선 소년병들. 친일지식인들은 징병제가 조선인의 신분을 격상시켜줄 방법이라 생각하고 '나가서 싸우자' 며 조선의 청년들에게 전쟁에 나가 '목숨을 헌납' 하라고 독려했다.

가 실현되었으므로 오늘부터 우리들은 내지(內地)의 형제들과 함께 보조를 하나로 해서 대동아전에서 싸우자"라고 말했다.[21]

1943년 5월 조선에 대한 해군 지원병제 실시가 결정되자, 윤치호는 5월 16일자 일기에 "조선인을 위한 중대한 결정이다. 우리들은 제국정부가 영광스런 일본 해군의 자랑스러운 대열에 조선 젊은이의 참가를 허가해준 것을 감사해야만 한다. 나는 조선의 선원들이 공을 세울 것을 바란다"라고 썼다.[22]

박희도(1898~1951)는 자신이 운영하는 『동양지광』 1943년 6월호에 쓴 「진심을 헌납하라」라는 글을 통해서 "그러므로 현시의 반도 총후에서 국민의 헌납운동이 날로 치열화되고 있음은 기쁜 경향이지만 그럼에도 더욱이 중요한 것은 충군애국의 진심이 진정으로 그 헌납품에 들어있는가 하는 문제다. 하물며 세계에 으뜸인 황군병사로서 제1선에 참가할 때 죽음 등을 고려할 필요가 어디 있을까?"라며 일제의 침략전쟁을 위하여 젊은이들의 '목숨을 헌납' 하도록 촉구했다.[23]

서춘(1894~1944)은 『춘추(春秋)』 1943년 6월호에 쓴 「성은(聖恩)에 감읍(感泣)하며」라는 글에서 "소화 18년(1943년) 5월 13일! 징병제 실시를 앞두고 멸사봉공의 열의에 불타는 반도 1500만 민중은 이날 또 다시 광대무변한 성은에 감읍하여 마지않을 감격과 광영에 우레 같은 환성을 폭발시켰다"고 주장했다.[24]

'남성 중심적인 민족주의와 여성혐오증'

김활란(1899~1970)은 『매일신보』 1943년 8월 7일자에 쓴 글에서 "황국신민의 무쌍(無雙)한 영광인 징병제는 드디어 우리에게도 실시되었다. ……일시동인(一視同仁)의 황공하옵신 성지(聖旨)에 다시금 감사의 눈물을 흘리지 않을 수 없다. ……나라를 위하여 불덩이 같이 끓는 피와 몸을 통틀어 바쳐 성은(聖恩)에 보답할 수 있는 문이 활짝 열렸으며 반도 남아의 의기를 보일 기회는 드디어 왔다. 이 얼마나 기쁜 일이며 수천 년 역사 이래 모처럼 보는 거룩한 감격……"이라고 주장했다(김활란은 해방 직전 심한 눈병으로 고생하고 있던 자신을 문병차 찾아온 조카에게 '남의 소중한 아들들을 전쟁터에 내보내라고 연설을 하고 다닌 죗값' 이라 술회했다고 한다).[25]

1943년 8월 『매일신보』는 「님의 부르심을 받들고서」라는 제목 하에 징병제를 찬양하는 내용의 작품들을 게재했다. 그중 하나인 노천명(1912~1957)의 시는 "남아면 군복에 총을 메고/ 나라 위해 전장에 나감이 소원이리니/ 이 영광의 날/ 나도 사나이였더라면 나도 사나이였더라면/ 귀한 부르심 입을 것을"이라고 노래했다.[26)]

신경림은 노천명의 친일이 "인텔리 신여성의 허영심, 장식취미, 바람기 같은 것" 혹은 "사춘기 소녀적 센티멘탈리즘"에 빠진 "유치한 현실인식"에서 기인한 것이며 "여류 시인으로 사회 명사가 되어 분별없이 사회활동을 하는 사이에 자신도 모르게 친일인사가 되"었을 가능성이 있으며, 모윤숙(1910~1990), 최정희(1906~1990)와 같은 다른 여류문인들도 마찬가지라고 주장했다.

이에 대해 임우경은 이런 비판을 '남성 중심적인 민족주의와 여성혐오증'으로 규정하면서 "여류 명사들은 '여류'라는 딱지가 주는 모멸감만큼이나 친일에 대해서도 남성들보다 더 가혹한 비판 앞에 노출되어야 했다"고 주장했다.[27)]

'조선의 엘리트를 소비재로'

일제의 징병제는 뜻대로 돌아가지 않았다. 반 년 이상의 예비훈련을 실시해 징병검사 예행연습에 모인 장정의 일본어 어휘는 내지인의 두 살 반, 세 살짜리 정도였다. 그래서 각 중대는 내무반 안에 '아이우에오'를 쓴 종이를 붙여 일본어 교육을 실시했다. 일본 육군 내부에서는 유치원이 됐다는 자탄마저 흘러나왔다. 막상 징병제를 도입(1944년 4월)한 뒤에는 도주하는 조선인 단속에 밤을 지새야 했다.[28)]

강만길은 "징병제 실시 이전인 1943년까지, 이른바 학도지원병을 합쳐 약 23만 6,000명의 조선 청년이 지원병으로 동원되었고, 징병제도(1944년)가 실시된 후 약 20만 명의 조선 청년이 일본의 육해군 현역병으로 징집되어 침략전쟁의 마지막 희생물이 되었다"고 했다.[29]

본래 학생은 징병에서 제외대상이었다. 이들이 항일운동세력으로 전환할까봐 염려한 일제는 곧 뒤이어 '육군특별지원병 임시채용규칙', 소위 학병제 실시를 공포했다. 이충우는 학병제의 목적이 "조선의 엘리트를 소비재로 내보내는" 데 있었다고 말했다.[30] 1944년 3월 일제는 모든 전문학교에 법과 및 인문학과 과정을 폐쇄했다.[31]

친일인사들은 강연과 좌담회, 기고문을 통해 학도병 지원을 부추겼다. 주동황 · 김해식 · 박용규는 "보성전문학교장으로서 김성수는 학병 지원을 권유하는 여러 자리에서 '조선 청년 문약론'을 입버릇처럼 강조했다"며 다음과 같이 말했다.

"즉 조선 청년의 학도병 지원이 시원치 않는 것은 조선 청년이 문약하고 큰 기상이 없기 때문이라는 것이다. 자신의 제자뿐만 아니라 동족의 민족성을 매도했던 것이다. '문약의 고질을 버리고 상무기풍 조장하라' (1943년 8월 5일), '학도여 성전에 나서라. 대의에 죽을 때 황민됨의 책무는 크다' (1943년 11월 6일), '이때 제군의 출진을 보게 된 것은 황국의 일대성사일 뿐만 아니라 2500만의 전도에 대광명을 가져오는 것으로 축복해 마지않는다' (1943년 11월), '학병 지원은 이 시대 최고의 영광……이 순국의 대도에 돌진함으로써 학도의 머리에는 최대의 광영이 길이 빛날 것이다' (1943년 12월 10일)라는 글을 통해 이를 잘 엿볼 수 있다. 뿐만 아니라 그는 학병 지원자를 위한 가두계몽과 원호금 모금활동을 벌이는 학병익찬회의 종로궐기대의 일원으로

방응모. 그는 『조선일보』 폐간 후 월간지 『조광』의 편집을 직접 담당하면서 천황 찬양과 전쟁협력, 일본어 사용 등 친일매국적 논조를 계속 펼쳤다.

가두에 나서기도 했다(1944년 2월 26일). 일제 말 조선과 일본의 거물급 인사로 구성된 전쟁협력단체인 동아연맹의 회장에 장덕수가 앉고, 동생 김연수가 당시 국방헌금액으로 최대 규모인 80만 원을 헌납했던 일도 김성수와 무관하지 않다."[32]

방응모의 경우는 어떠했던가?

"방응모는 『조선일보』 폐간 후 월간지 『조광』의 출판을 직접 담당하면서 김활란, 주요한, 박흥식, 서춘, 유광렬 등 친일명사 및 언론인을 동원, 천황찬양과 전쟁협력, 국어(일본어)사용 등 친일매국적인 논조를 계속 펼쳤다. 그 자신도 1942년 2월호에는 「타도 동아의 원구자」란 제목의 글을 직접 싣기도 했다. 1943년 11월 14일에는 조선문인보국회 산하 10개 잡지사의 하나인 『조광』을 통해 '출진학도 격려대회'를 주최했으며 일제 말에는 군사령관에게 고사포를 기증하고 비행기 제조회사 조선항공공업회사의 중역이 되기도 했다."[33]

여운형 · 이광수 · 최남선의 학병 권유

김활란은 『매일신보』 1943년 12월 25일자에 쓴 「남자에게 지지안케-황국여성(皇國女性)으로서의 사명을 완수」라는 제목의 기고문에서 다음과 같이 주장했다.

"아세아 10억 민중의 운명을 결정할 중대한 결전이 바야흐로 최고조에 달한 이때 어찌 여성인들 잠잣코 구경만 할 수가 잇겟습니까. 이 날을 위한 마음의 준비는 이미 벌서부터 되여 잇섯습니다. 내지(일본) 학도들과 함께 전문대학 법문계(문과) 반도(조선) 학도들은 우렁찬 진군을 이르키어 특별지원병으로서 오는 1월 20일에는 영예의 입영을 하게 되엿습니다. 이번 반도 학도들에게 열려진 군문으로 향한 광명의 길은 응당 우리 이화전문학교 생도들도 함께 거러가야 될 길이지만 오직 여성이라는 한 가지 리유 때문에 참렬을 못하는 것입니다. ……아프로는 결전하의 국가 목적에 쪼차 한사람이라도 더만히 우수한 지도원을 양성하기에 전력을 다할 각오가 잇슬 뿐입니다."[34]

1943년 7월 5일, 건강을 염려한 가족들의 '애절한 권유'에 의해 전

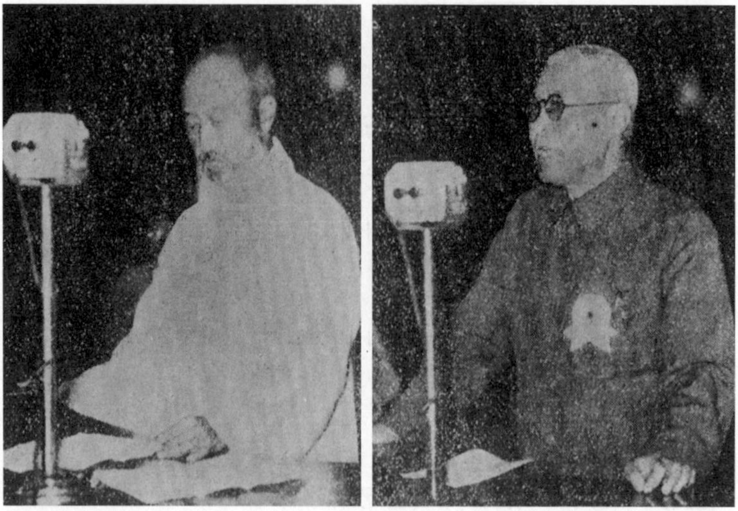

윤치호(왼쪽)와 최린(오른쪽)이 경성부민관에서 학병 지원을 권유하는 연설을 하고 있다. 일제 말기, 친일 지식인들은 앞다투어 조선 청년들의 학병 지원을 권유 · 격려하는 글과 연설을 발표했다.

향문을 쓰고 출옥한 여운형(1886~1947)도 바로 이해에 『경성일보』에 「반도 이천오백만 동포에게 호소함」이라는 제목의 학병 권유격문을 기고한 것이 나중에 발견됨으로써 친일논란에 휩싸이게 된다. 이에 대해 이정식은 "문제는 일단 전향문에 날인을 한 이상 총독부가 여운형의 이름으로 학병 권유격문을 발표하거나 기타의 성명서를 발표했다고 해서 반기를 들 수가 없었다는 것이다"고 했다.[35]

2007년 3월, 1943년 11월 이광수와 최남선이 일본의 조선인 유학생들에게 학병 참가를 권유하는 강연을 한 뒤 나눈 대담이 처음으로 발굴되었다. 1944년 1월 일본 도쿄 조선문화사에서 나온 『조선화보』의 권두에 실린 두 사람의 대담 내용은 이렇다.

아동문학가 마해송(1905~1966)이 사회를 맡은 대담에서 이광수(원문에는 '가야마 미쓰로' 라는 일본 이름으로 등장)는 11월 24일 메이지대 강당에서 있은 '특별지원병 궐기대회' 를 가리켜 "참으로 내선일체가 실현된 것 같은……일종의 극적 광경"이라고 말했다. "모두가 울고 있더군요. 황국(皇國)을 위해 전장에 나가 죽자는 생각이 모두의 얼굴에 드러났더군요." 그는 더 나아가 "(조선 학생들이) 좀더 뜻을 크게 품어 일본 전체나 대동아 전체를 짊어지고 일어서려는 기개를 가졌으면 싶었다"고 했다. 최남선은 "(학병 참가는) 우리들의 잠자고 있는 혼을 깨운다는, 어떤 의미에서는 정신적 부흥을 위한 수행에 있어 하나의 '계기'"라고 의미를 부여했다. 최남선과 이광수는 신라의 화랑도와 고구려 무사정신이 일본 무사도와 한 뿌리임을 강조하기도 했다.[36)]

이와 관련, 황종연은 "학병이라고 하면 일제에 의한 '조선 민족 말살' 을 떠올리는 것이 한국인 사이에서는 거의 자동화된 반응이지만, 그 제도를 지지한 조선의 지식인들이나 거기에 지원한 청년 학생들 사이에서 그것은 반드시 조선인이라는 아이덴티티의 상실을 뜻하지 않았다"고 말했다.[37)]

장준하 · 강영훈의 '최남선 옹호론'

학병을 어떻게 보느냐 하는 문제는 위에 언급한 친일지식인들을 평가하는 문제와도 관련이 있다. 『사상계』 1957년 12월호가 친일파였던 최남선의 사망을 애도하며 '선생의 영전에 드리고자' 최남선 특집호를 꾸민 것이나, 이 특집호에 장준하가 「권두언: 육당 최남선 선생의 서거를 애도함」을 쓴 것은 어떻게 보아야 할까? 장준하는 이 글에서 다음과 같이 주장했다.

"한때 선생의 지조(志操)에 대한 세간의 오해도 없지 않았다. 그러나 선생의 본의가 어디까지나 이 민족의 운명과 이 나라 문화의 소장(消長)에 있었음은 오늘날 이미 사실로서 밝혀진 바요, 항간에 떠도는 요동부녀(妖童浮女)들의 억설(臆說)과는 전연 그 궤를 달리 하는 것이다. 사람을 사(赦)하는 법이 없고 인재를 자기 눈동자같이 아낄 줄 모르고 사물을 널리 생각하지 못하는 옳지 못한 풍조 때문에, 우리는 해방된 후에도 선생에게 영광을 돌린 일이 없고, 그 노고를 치하한 일도 없었을 뿐만 아니라 도리어 욕(辱)된 일이 적지 아니하였다. 이것은 실로 온 민족의 이름으로 부끄러워해야 할 것이다."[38]

김건우는 장준하의 최남선 예찬이 "교육과 계몽을 민족발전의 가장 중요한 '방법'이라 생각했기 때문"이라고 말한다.[39] 김건우는 장준하와 『사상계』의 일견 모순돼 보이는 행태를 설명하기 위해 에드워드 실즈의 이런 견해를 소개한다.

"신생 국가에 있어서 서구 지성에 대한 매혹은 (역설적이게도) 민족주의 색채가 농후한 층이 가장 강하게 느끼고 있는 것 같다. 기이하게도 이와 같이 일견 서로 상극되는 태도-서구 지성에 대한 매혹과 민족주의-는 서로 밀접히 연결되어 있다."

김건우는 이 견해가 1960년대 중반 이후의 한국 민족주의 담론과는 또 다른 1950년대 지식인 담론의 중요한 측면을 시사해주는 것으로 보인다고 말한다. 1950년대 지식인 담론에 있어서 표면적으로 미국식, 서구식 사상과 문화에 대한 강렬한 열망이 표명되는 이면에는 문화적 민족주의가 존재했던 것이며, 이런 민족주의는 서구 사상과 문화를 따르고자 했던 경향과 하등의 모순도 없었다는 것이다.[40]

1990년 육당최남선선생 기념사업회는 『육당이 이 땅에 오신 지 백주년』이라는 책을 펴냈다. 이 책은 권두언으로 1957년 장준하가 쓴 글을 실었다. 김동길은 이 책에 쓴 「시대와 인물」이라는 글에서 최남선의 친일행적을 거론한 뒤에 "한 시대의 인물을 볼 때, 오늘의 시각에서 보기는 쉽습니다"라며 "그것은 그 시대를 산 사람만이 아는 것입니다"라고 했다. 홍일식은 「선구자로서의 육당」이라는 글에서 최남선을 시대를 앞서간 선구자로 평가하면서 지금까지 일그러졌던 모습을 복원해야만 한다고 주장했다.[41]

2006년, 전 국무총리 강영훈은 월간 『우리 길벗』 6월호에 실린 박수길 유엔한국협회 회장과의 인터뷰에서 "태평양전쟁 말기 만주 건국대 학생들이 학병으로 나가야 할지를 두고 육당 선생에게 가르침을 받으러 갔다"면서 "육당 선생은 천황이나 일본을 위해서가 아니라, 조선을 위해서 학병으로 나가라고 말했다"고 주장했다. 만주 건국대 경제학과 재학 당시 교수였던 육당 최남선과 사제관계를 맺은 그는 "육당 선생은 우리나라가 망한 것은 힘이 없어서인데, (나라의) 힘 중 가장 중요한 것은 군사력이며, 우리 민족이 군사훈련을 받을 수 있는 기회를 하나님이 주신 것이라고 말했다"면서 "전쟁터에서 살아온 사람들이 죽은 동포와 학우의 시체를 넘어서 이 나라에 큰일을 하게 될 것이라는 육당 선생의 설명에 당시 만주 건국대 재학생들은 모두 학병에 나갔다"고 설명했다.[42]

강영훈은 또 "육당 선생은 만주 건국대에서도 조선 민족이 동북아 문화의 중심이라고 주장해, 일본 교수들에게 미움을 사 1학기 만에 강의를 그만뒀다"면서 "이런 분이 어떻게 친일파일 수 있겠느냐"고 반문했다. 이에 『문화일보』는 "그러나 육당 최남선의 친일행각은 이미 많은 문서자료에서 확인된 바 있어, 강 전 총리의 '육당 옹호 발언'은

적지 않은 파장을 불러일으킬 전망이다"고 했다.[43]

그러나 뭐 그리 큰 파장을 불러오진 않았다. 공적으로는 크게 문제 삼지만, 사적으로는 이해하는, 한국 특유의 이중적인(신축성 있는) 문화 때문일 것이다. 앞서 본 것처럼, 박희도는 조선 젊은이들의 '목숨 헌납'을 촉구하면서 "진심을 헌납하라"고 외쳤다. 바로 이게 문제다. 친일인사들의 친일발언이 '진심 헌납'의 경우라면 어떻게 대처할 것인가?

03

'신탁통치'가 거론된 카이로회담

미국 · 영국 · 중국 3국 수뇌회담

제2차 세계대전 중 한국의 독립 문제가 연합국 지도자들 사이에서 최초로 논의된 것은 1943년 3월 미국 대통령 프랭클린 루스벨트와 국무장관 콘델 헐이 워싱턴에서 영국 외상 앤서니 이든(R. Anthony Eden, 1897~1977)과 가진 회합 때였다. 이때 루스벨트는 "한반도를 일정 기간 동안 미국, 중국 및 소련 3국의 '신탁통치(trusteeship)' 아래 두었다가 독립시킨다"는 의견을 처음으로 밝혔으며, 이든은 호의적 반응을 보였다.[44)]

신탁통치안은 이미 제2차 세계대전 전부터 루스벨트가 미국의 이익을 지키기 위해 구상해둔 것이었다. 식민지상태에서 독립시켰을 경우, 좌익이 정권을 잡을 위험이 높은 지역에선 신탁통치를 실시함으로써 그 기간 동안 친미(親美) 정권을 수립케 할 수 있는 여건을 조성

1943년 카이로에 모인 중국, 미국, 영국의 수뇌. 왼쪽부터 장제스, 루스벨트, 처칠, 그리고 장제스의 부인이다. 바로 이곳 카이로회담에서 한국의 독립 문제가 본격적으로 논의되기 시작했다.

해 놓겠다는 것이었다.[45)]

그 후 한국 문제가 본격적으로 공식 논의된 건 1943년 11월 22일 카이로에서 열린 미국(루스벨트), 영국(처칠), 중국(장제스) 3국 수뇌회담에서였다. 11월 27일에 발표된 '카이로선언'은 제3항에서 "한국인의 노예상태에 유의, 한국을 해방하여 적당한 시기에(in due course) 독립시킬 것"을 결의했다. 이는 장제스가 23일 루스벨트와의 회담에서 한국의 조기 독립을 강력히 요청하여 이루어진 것이었는데, 루스벨트는 24일 처칠과의 회담에서 만주와 한국의 점령을 포함해서 중국이 큰 야심을 가지고 있는 것은 의심할 여지가 없다고 말했다.[46)]

일제는 한반도 내에서 카이로회담에 대한 보도를 엄격히 통제하면서 그 내용을 유언비어로 매도하였지만, 단파방송이나 망명정객과 접촉하였던 소수 사람들은 카이로선언의 내용을 알게 되었다. 다만 '적당한 시기에' 가 제대로 번역되지 않아 해방이 되면 즉시 독립할 것으로 기대하고 있었다.[47]

김구와 임시정부의 외교활동

왜 장제스는 루스벨트와의 회담에서 한국의 조기 독립을 강력히 요청하였던 걸까? 여기엔 김구의 숨은 노력이 있었다. 1943년 3월 27일, 영국의 윈스턴 처칠 총리는 전후 식민지 독립이 인도 독립을 고취할 것을 염려해 외교장관을 루스벨트 대통령에게 보내서 종전 후 한국에는 완전 독립을 승인하지 않고 신탁통치를 한다는 합의를 끌어냈다. 이 소식은『시카코 선』지에 보도돼 김구와 임시정부도 알게 됐다.

김구와 임시정부는 1943년 6월경 루스벨트 대통령이 장제스에게 미 · 영 · 중 · 소 연합국 정상회담을 제의해온 것을 알고, 장제스에게 접근했다. 1943년 7월 26일 장제스는 김구의 요청에 응해 한국 요인 6명을 비밀리에 공관으로 초빙했다. 참석자는 김구, 조소앙, 김규식, 이청천, 김원봉, 그리고 통역으로 참석한 안원생(안중근의 조카) 등이었다. 이 자리에서 김구는 종전 후 한국의 완전 독립을 주장하고 국제공동관리의 신탁통치를 반대하며 중국 측의 지지와 지원을 요청했다. 장제스는 그러겠노라고 약속을 했고, 바로 이 약속이 카이로회담에서 이행된 것이다.[48]

절반의 성공이었다. 장제스의 약속이 이행되긴 했지만, '적당한 시기' 라는 문구가 마음에 걸린 김구는 1943년 12월 5일 기자회견을 열고 "'적당한 시기'가 어떻게 해석되든지 간에 이 표현을 반대하며, 일본이 패전하면 한국은 즉시 독립돼야지 그렇지 않을 때는 상대가 누구든지 역사적인 독립전쟁을 계속하겠다"는 성명을 발표했다. 이와 관련, 신용하는 "카이로회담에서 열강의 한국 국제공동신탁통치 합의가 사전 봉쇄되고 도리어 '카이로선언'에 한국 독립이 보장된 것은 백범과 임시정부의 외교활동이 쟁취한 대성과였다"고 평가했다.[49]

임시정부 전시외교의 한계

그러나 '대성과'라고 하기엔 이후의 상황 전개가 영 좋지 않았다. 고정휴는 "이후 임시정부는 전후 한국의 즉각적이며 절대적인 독립을 요구했지만, 연합국 열강은 이를 수용하지 않았다"며 다음과 같이 말했다.

"임시정부의 전시외교가 벽에 부딪힌 이유는 인적·물적 기반이 충분하지 못했기 때문이었다. 1940년대 초반 충칭 거주 한국인은 300명~400명 정도였다. 이들 대부분은 임정과 관계를 맺고 있던 독립운동가와 그 가족들이었다. 이들은 중국 정부로부터 거처와 생활필수품을 제공받았다. 미주(美洲) 한인사회로부터의 자금지원은 임정 유지비로 충당되었는데, 이마저 1944년에 중단되었다. 따라서 임시정부는 재정적·군사적으로 중국에 의존하지 않을 수 없었고, 이러한 상황은 임시정부의 승인 외교에 불리하게 작용하였다. 대외적으로 임시정부는 중국에 종속된 것처럼 보였기 때문이다."

고정휴는 "또 태평양전쟁 발발 후 임정은 좌·우 연립정부를 구성하는 데 성공하지만, 이는 충칭지역에 국한된 것이었다"며 다음과 같

처칠과 루스벨트(왼쪽, 차례로).
그리고 스탈린(오른쪽).
카이로회담이 끝난 뒤 세 정상은 이란의 테헤란에서 다시 만났고, '한국이 독립하기 전 40년의 수습기간을 갖는다'는 데에 동의했다.

이 말했다.

"미국은 중국의 국민당 정부가 임시정부를 승인할 경우, 소련 또한 그들의 영향력하에 있는 조선인을 동원하여 임시정부를 구성할 수 있다고 보았다. 사실 미국은 임시정부 승인 문제에 있어 소련의 반발을 가장 우려했다. 그것은 자칫 미국이 구상하는 대일 연합전선 구축에 균열을 가져올 뿐만 아니라 전후 동아시아의 안전보장에도 좋지 않은 영향을 미칠 수 있다고 판단했다. 또한 미주 한인사회는 태평양전쟁 발발 이후 주미 외교부의 개조 문제로 분열되었다. 미국 국무부는 한

인그룹들에 대한 '공평한 대우'를 내세워 은근히 미주 한인단체 및 지도자들 간의 분열을 조장하고 필요한 정보를 얻어냈다. 그리고는 경쟁적인 한인그룹 중 어떤 그룹도 인정할 수 없다는 태도를 취했다. 충칭의 미국 대사관도 김구의 한국독립당과 김원봉의 조선민족혁명당을 동등하게 대우했다. 결국 이런 안팎의 요인들이 겹쳐서, 임시정부의 전시외교는 커다란 의욕을 가지고 시작됐지만 거기에 상응하는 성과를 거두지는 못하고 말았다."[50]

카이로회담이 끝나자마자 루스벨트와 처칠은 이란의 수도 테헤란으로 장소를 옮겨 소련의 스탈린을 만났다. 11월 28일, 이번엔 중국의 장제스가 빠진 채 이루어진 미·영·소 3개국 정상회담에서 루스벨트는 "한국인이 완전한 독립을 얻기 전에 약 40년간의 수습기간(apprenticeship)을 필요로 한다"고 말했고, 스탈린은 이에 구두로 동의를 표하였다.[51]

해방 후의 한국에 엄청난 분노와 더불어 극심한 내부 분열을 가져올 씨앗이 이미 이때에 발아하고 있었다.

04

한국인 징용자들의 비극

'조선인 황민화 기본방책'

1944년 1월 28일 일제가 작성한 '조선인 황민화 기본방책'이란 문건은 '징병제 실시의 현 단계에 즉응하여 조선인 처우의 적절한 개선을 실행하여 조선인의 진로를 분명히 하여 황민의식의 앙양을 촉진함'이란 목표를 제시했다. 또 조선인 처우의 향상을 위해 참정권을 주고, 조선인의 내지전적(內地轉籍)과 내선통혼(內鮮通婚)을 허용하며, 조선인 관리의 처우를 개선하거나 조선인 학생의 취업을 알선하는 등의 내용을 담았다.[52]

'조선인 황민화 기본방책'은 징용으로 일본에 끌려간 조선인들에 대한 처우를 보여주는 자료다. 강제병합 전년도인 1909년 790명이었던 재일 조선인은 1938년 80만 명으로 증가했다. 그 후 '조선 노무자 내지이주에 관한 건'(1942년 2월)이 조선총독부에 하달되고 강제연행

일제는 공식적으로는 조선의 일본화를 추구했지만 일상의 삶에서는 여전히 조선인을 차별했다.

이 시행되면서 1944년에는 193만 7,000명, 1945년에는 210만 명까지 늘어났다.[53)]

황민화정책의 부작용은 일본 내에서 더 심각했다. 예컨대 재일 조선인이 창씨개명을 하면 일본인들은 "내지인을 가장하는 건방진 행동"이라며 오히려 악감정을 품었다. 노무자에 대한 관리도 가혹하기 짝이 없었다. 기본방책에서조차 "내지이입 노무자에게 치안상의 불안을 일으키는 집단폭행 사건은 거의 내지인 직원의 부적절한 관리에서 발단이 되고 있다"며 "노무자에 대한 도망 방지를 목적으로 죄인 취급하거나 많은 사람들 앞에서의 훈계를 위한 제재, 특히 구타는 극력 피해야 한다"고 지적할 정도였다.[54)]

이로 인해 내지인의 자각촉진이 우선과제로 제시됐다. 언론 · 문예 · 연예 등 여러 기관을 동원하여 내지인의 조선인에 대한 모멸감이나 혐오감을 없앨 것, 인종주의 학설을 원용해 조선인의 황민화를 부정하는 언설을 단속할 것, 조선인을 공포 증오케 하는 풍설을 유포하지 않도록 유의 지도할 것 등이다. 또 내지 주재 조선인 및 도항 조선인에 대한 경찰적 사찰을 극력 완화하고, 조선인을 취급하는 경찰사무는 특히 조선인을 이해하는 우량한 경찰관으로서 그 임무를 담당하게 하라는 명령이 지배기구 내부에 하달되었다.[55)]

이중징용과 다이헤이마루호 사건

2004년 9월, 사할린주 한인 이중징용 광부 유가족회는 1944년 일본 각료회의(閣議) 결정문이 수록된 문건을 발견해 공개했다. 이 문건에는 당시 총리대신 고이소 구니아키(小磯國昭, 1880~1950)가 1944년(쇼

한국인 징용자를 태우고 쿠릴열도 북단을 지나가다 미국 잠수함에 의해 격침된 다이헤이마루호. 이 사건으로 사망한 조선인 징용자는 182명으로 알려졌다.

와 19년) 8월 10일, 군수대신 후지하라 겐지로(藤原銀次郎)에게 '사할린으로 징용된 광부들을 다른 지역으로 다시 한번 징용할 것' 을 통첩하는 이중징용 명령문 '군수성 제56호' 와, 군수 · 후생 · 내무차관에게 지시하는 별첨문서가 포함돼 있다.

동포 문제 전문가인 인천대 교수 노영돈은 "이중징용 명령을 담은 이 문서는 국가적 차원에서 조직적으로 치밀하게 징용이 이뤄졌음을 입증하는 구체적 공문서"라며 "강제징용 전반이 총리대신의 지시로 이뤄졌음을 아울러 의미하는 것"이라고 평가했다. 사할린 강제징용 문제를 연구해온 동북아평화연대의 남혜경 박사는 "이 문서는 각료회의 결정문이란 점에서, 이중징용이 의회의 통과를 거쳐 이뤄졌다는 확실한 물증"이라고 말했다.[56]

2006년 9월 5일, '일제강점하 강제동원피해 진상규명위원회' 는 쿠릴열도 부근에서 미군 잠수함에 의해 격침된 다이헤이마루(太平丸)호 사건에 대한 진상 조사과정에서 이와 유사한 사고 6건이 추가로 확인됐다고 밝혔다.

다이헤이마루호는 1944년 7월 9일 강원도와 황해도 일대 한국인 징용자를 태우고 쿠릴열도 북단지역을 지나가다 미국 잠수함 선피시호가 발사한 어뢰를 맞아 격침됐다. 당시 일본은 전쟁이 불리해지자 미군에 맞서기 위해 쿠릴열도지역에 비행장 등 군사시설을 급하게 건설하며 조선인 징용자들을 대거 투입했다. 이 사고로 조선인 징용자 182명(일본 측 집계)이 사망한 것으로 알려져 있다.

진상규명위 관계자는 "일본 측으로부터 입수한 일본 육·해군 징용선 사망자 명부를 검토하는 과정에서 류아마루(隆亞丸) 등 6척의 조선인 징용선이 미군의 공격에 의해 더 침몰한 사실을 확인했다"며 "그러나 정확한 승선 인원은 파악하지 못했다"고 설명했다.[57]

일본군의 조선인 식인(食人)·학살 사건

2006년 10월 25일, 일제강점하 강제동원피해 진상규명위원회는 일제가 태평양전쟁 말기 남태평양 마셜제도의 밀리 환초(環礁, 산호초 섬이 띠 모양으로 연결된 곳) 내 첼퐁 섬에서 강제동원한 조선인 군속 170여 명을 반란죄로 집단학살한 사실이 61년 만에 일본 정부문서를 통해 확인됐다고 밝혔다. 1945년 3월 18일 일본군이 주둔했던 섬 중 하나인 첼퐁 섬에서 조선인 군속들이 일본인을 살해하고 반란을 일으키자 군 지휘부는 중무장한 일본군 토벌대를 이 섬으로 보내 대다수 조선인을 반란죄로 총살했다는 것이다.[58] 당시 밀리 환초로 끌려갔다 천우신조로 살아 돌아온 이인신(당시 83세)이 1995년 집필한 수기를 토대로 당시 일제의 만행과 조선인 집단학살 상황을 재구성해보면 사건의 내막은 이렇다.

1945년 2월 초 첼퐁 섬에 있던 조선인들이 술렁이기 시작했다. 일본인을 따라간 동포 한 명이 증발하듯 사라져버렸기 때문이다. 당시 첼퐁섬엔 일본인 148명과 조선인 군속 184명이 있었다. 조선인들은 일본인 감독관의 눈을 피해 몇 명씩 조를 짜 실종된 조선인을 찾아 나섰지만, 몇날 며칠이 지나도 그 조선인의 행적을 알 수 없었다. 어느 날 조선인 몇명이 식량을 구하기 위해 첼퐁 섬 인근 무인도를 갔다가 차마 눈 뜨고 볼 수 없는 광경을 목격했다. 실종된 조선인의 시체를 발견했는데 허벅지살이 포를 뜬 것처럼 도려내져 있었다.

이들이 더욱 경악한 것은 며칠 전 일본인들이 선심을 쓰듯 건넨 고래고기 때문이었다. 당시엔 모처럼 먹는 고기 맛에 포만감을 느꼈지만 그 고기가 고래가 아닐 수 있다는 생각에 온몸이 전율에 휩싸였다. 아무런 장비도 없는 일본인이 고래를 잡아다 조선인에게 줄 리 없었던 것이다. 그리고 며칠 뒤 조선인 군속들이 잇따라 실종됐다. 그들 역시 포가 떠진 채 발견되자 조선인들은 밀려드는 공포감을 주체할 수 없었다. 몇명의 조선인이 "일본인에게 잡혀 먹히나, 굶어 죽으나 죽기는 마찬가지다. 맨주먹으로라도 싸워야 한다"고 나섰다.

당시 밀리 환초 주변은 미군 군함으로 완전히 포위돼 일본 본국으로부터 보급이 끊긴 지 1년이 넘은 상태였다. 일본인들만 없애면 미군 군함에 구조를 요청할 수 있었다. 1945년 3월 18일 밤 드디어 조선인들이 들고 일어났다. 일본인 7명을 죽이고 탈출을 시도하려는 순간, 루코노르 섬에서 중무장한 일본군 토벌대 50여 명이 삽시간에 첼퐁 섬으로 들이닥쳤다. 한 조선인이 걸어서 1시간 거리에 있는 루코노르 섬으로 가 일본군에 조선인 반란을 밀고했기 때문이다. 일본군은 손을 들고 항복한 조선인에게도 가차 없이 총알 세례를 퍼부어 170여 명을 집단학살했다. 이인신은 인터뷰에서 "인간이 어디까지 인간성을 잃을 수 있는지 몸으로 느껴보지 못한 사람은 그 끝을 짐작조차 하기 어렵다"며 몸서리쳤다.[59]

파푸아뉴기니의 비극

2007년 2월 19일, 일본에서 강제징용자 문제를 연구하는 시민단체 홋카이도포럼의 모리 료이치(森亮一)는 15세 전후 소년들의 모습이 담겨 있는 한국인 징용자들의 희귀 사진을 『경향신문』에 제보했다. 사진 속 징용자들은 홋카이도 북쪽 아사치노 비행장에서 일하다 비행장 건설을 마친 뒤 1944년 비바이 탄광으로 옮겨온 조선인 75명 중 일부다.

사진은 당시 일본 대기업들의 하청을 받아 철도나 군 공사를 주로 해왔던 단노구미(丹野組)에서 간부로 일하던 후지모토 쇼하치(藤本庄八)가 소지했던 것으로, 1976년 모리에게 전달돼 보관돼왔다. 모리는 의료 관련 일을 하면서 30여 년 전부터 강제징용 문제에 관심을 갖고 당시 생존자들을 찾아다니며 증언 등을 듣고 기록해왔다.

모리에 따르면 후지모토는 당시 사진을 건네면서 "사진 속의 징용자들은 홋카이도 북쪽 아사치노 비행장에서 일하다 1944년 비바이 탄광으로 옮겨온 조선인 75명 중 일부로, 1945년 찍은 것"이라고 설명했다. 아사치노 비행장은 옛 일본 육군 항공본부가 발주한 공사로, 1942년 착공돼 1944년 말 완공됐으며 당시 1,500명 정도의 조선인들

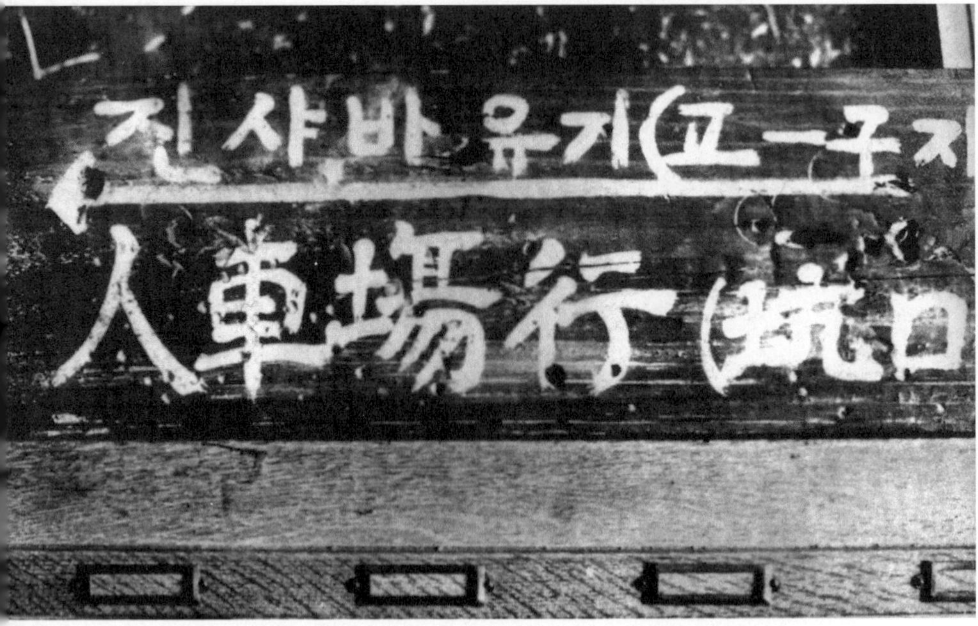

일본의 탄광에서 발견된 조선인 징용자를 위한 한글 표지판. 강제징용이 끝났음에도 재징용당해 결국 타지에서 목숨을 잃은 조선인의 숫자는 셀 수 없을 정도다.

이 강제징용돼 노역한 것으로 알려져 있다. 이들 징용자는 비행장 건설이 끝난 뒤 홋카이도를 비롯해 일본 각지의 탄광에 재배치됐다.

후지모토의 증언에 따르면 사진 속의 징용자들은 비바이 탄광으로 옮겨왔을 때 대부분 영양실조상태라 걷는 것조차 어려울 정도였다. 난민처럼 눈만 휑뎅그렁한 채 뼈에 살이 붙어있을 뿐이었고, 다소 나은 사람들도 삽을 쥐는 것조차 쉽지 않았다. 인도과정에서 2명이, 그 뒤에도 체력을 회복하지 못한 노동자 5명이 숨졌으며 이들은 인근 죠코시(常光寺)에 안치됐다.[60]

2007년 3월 24일, 일제강점하 강제동원피해 진상규명위원회가 주

관한 '태평양전쟁 한국인 희생자 해외추도순례'의 첫 공식일정인 위령제가 남태평양 파푸아뉴기니의 웨아크(Wewak)에서 열렸다. "아버지, 10개월 어린 아이가 이순(耳順)의 백발이 되어 찾아왔습니다." 백발의 아들 · 딸 21명은 평생 맺혔던 한을 주체하지 못해 하염없이 눈물을 흘렸으며, 꼬깃꼬깃한 영정을 앞에 두고 목 놓아 "아버지"를 불렀다. 파푸아뉴기니에선 강제동원된 한국인 군인 · 군속 4,000여 명이 사망한 것으로 추정된다.[61)]

2008년 1월 3일, 일제강점하 강제동원피해 진상규명위원회는 "건국 60주년을 기념해 제2차 세계대전 중 일본군에 강제징용된 한국인이 많이 사망한 지역 중 510곳을 선정해 내년 말까지 추모비를 세울 계획"이라고 밝혔다. 이에 따라 추모비가 세워질 지역으로 사이판, 필리핀, 팔라우, 파푸아뉴기니, 남태평양 마셜제도, 일본 오키나와(沖繩), 중국 하이난 섬 등이 꼽히고 있다.[62)]

'정글서 찾아낸 실종 미군 치아 1개'

2008년 4월 초 미 육군 소령 조지 아이스터(George Eyester)가 이끄는 30명의 미군 유해 발굴팀이 남태평양 파푸아뉴기니의 정글에 들어섰다. 1944년 2월 11일 일본군과 공중전 도중 추락한 미군 전투기 조종사 1명의 유해를 찾기 위해서였다. 이후 6주간 이 발굴팀이 남태평양에서 벌인 작업은 우리가 한국인 강제징용 희생자들에 대해 너무 무심한 게 아닌가 하는 반성을 하게 만들기에 족하다. 미 일간지 『보스턴 글로브』 5월 26일자가 자세히 보도한 내용을 소개하면 다음과 같다.

"발굴팀은 진흙 길을 따라 울창한 코코아 나무숲과 원주민 마을을 지나 전투기가 추락한 언덕에 도착했다. 64년이 지난 현장에는 녹슨 프로펠러 엔진의 일부만 남아 있을 뿐 유해는 보이지 않았다. 주민들은 '당시 잔해에서 발견된 시신을 옮겨 묻고 두개골을 마을 제사에 썼다는 얘기를 들었지만, 유골은 남아 있지 않다' 고 했다. 발굴팀은 전투기 잔해 주변지역을 격자 모양의 작은 단위로 나눈 뒤 흙을 파내 고운 체로 거르는 작업을 반복했다. 그러나 1주일이 넘도록 유골은 흔적조차 발견되지 않았다. 사기는 떨어졌고, 정글의 폭염과 모기가 발굴대원을 괴롭혔다. 그러나 작업은 계속됐다. 발굴팀은 이라크와 아프가니스탄 전쟁에 참전했던 군인들로 구성됐다. 아이스터 소령은 '나를 포함해 팀원 대다수가 전장에서 전우의 죽음을 직접 경험했기 때문에 유해 발굴을 남의 일로 여기지 않는다. 그(숨진 조종사)도 조국을 위해 목숨을 던진 우리의 동료' 라며 발굴 작업을 독려했다. 하루의 작업을 성과 없이 마무리할 무렵, 팀원 한 명이 특이하게 생긴 작은 조각을 발견했다. 감식 전문가가 달려와 이리저리 돌려 보더니 '두개골의 파편' 이라는 판정을 내렸다. 발굴팀은 서로 손바닥을 마주치고 등을 두드리며 환호했다. 이틀 뒤 사망자 신원확인을 위한 결정적 단서인 치아 한 개가 추가로 발굴됐다. 5월 14일 파푸아뉴기니 국방부 인근의 작은 교회 안. 발굴팀 전원이 정복을 차려 입고 도열했다. 두개골 파편과 치아가 든 상자가 성조기로 덮이는 순간, 발굴팀은 일제히 거수경례를 했다. 유해는 하와이에 있는 미 육군 중앙신원확인소에서 신원확인을 거친 뒤 유족에게 전달된다. 미국은 1973년부터 2차 대전 당시 실종된 미군 7만 8,000여 명의 유해를 발굴하는 사업을 계속하고 있다."[63)]

역설이다. 다인종 다민족 국가인 미국은 국가에 대한 충성을 이끌어내기 위해 국가를 위한 희생자에 대한 예우에 전력을 기울이지만, 단일인종 단일민족 국가인 한국은 정반대다. 그저 "억울하면 출세하라"는 식이다. 이름이 높거나 세상의 관심을 끌 만한 계기가 있으면 모든 정성을 다 바치는 것처럼 하지만, 그렇지 않은 경우엔 "누가 너더러 그렇게 하랬어?"라는 식이다. '한국인 징용자들의 비극'이 과거완료형이 아니라 현재진행형인 이유가 바로 여기에 있다.

05

여자정신대근무령과 성노예

한반도에 밀어닥친 '패닉'

일제는 전쟁 막바지인 1944년 8월 23일 여자정신대근무령을 발표하였다. 정신대(挺身隊)는 '몸을 바쳐 일하는 사람들'이란 뜻으로, 25세 미만의 여자를 여자정신대로 조직하고 1년간 근로 동원하는 것을 의무로 정한 것이 주요 내용이었다. 이는 기본적으론 여성 노동인력을 차출하기 위한 것이었지만, 일제는 여자정신대 중 일부를 종군 위안부로 만들었다.

총독부 기관지 『조선』 1944년 9월호에 따르면, "종래 정부 당국의 근로도에 따라 남자를 대신해 후방근로를 떠맡기 위한 여자근로정신대가 조직돼 증산에 정신(挺身)해왔는데 이번 조처는 이에 법적 근거를 부여하여 필요할 경우 수시로 소요 인원에 영장을 교부, 12세 이상 40세 미만의 여자로 정신대를 편성하고 출동시키는 것으로, 영장을

일본군 '위안부'가 된 조선의 여인들. 일제는 전쟁 막바지인 1944년 8월 여자정신대근무령을 발표하고 모집한 여자정신대 중 일부를 '종군 위안부'로 만들었다. 군 위안부로 끌려간 조선 여성은 대략 20만 명으로 추산된다.

받은 자에게는 원칙적으로 1년간 근로정신 의무가 생긴다."[64]

이 근무령이 떨어지자 "한반도는 일종의 패닉상태로 들어가게 되었다."[65] 이미 근무령에 대한 소문이 떠돌던 그전부터 조혼(早婚)이 갑작스럽게 유행하기 시작했다. 『매일신보』 1944년 5월 16일자는 「조혼(早婚)하지 말자! 여자는 징용치 않는다」라는 제목의 기사까지 실을 정도였다.[66]

그러나 『매일신보』의 기사는 사실이 아니었다. 강만길은 일제가 "12세에서 40세까지의 여자 수십만 명을 강제동원하여 일본과 조선의 군수공장에서 노동을 시키는 한편 중국과 남방의 전투지구에 보내 이른바 종군 위안부로 만드는 만행을 저질렀다"고 했다.[67] 홍성철은 "당시 미혼 여성 20만 명이 끌려갔으며, 이중 5만~7만 명이 위안부가 됐다"고 했다.[68] 신용하는 "때로는 군수공장에 끌어가기도 했지만, 대부분은 '종군 위안부' 로 끌어갔다"고 주장했다.[69]

군 위안부로 끌려간 조선인들의 숫자는 정확하게 알 수는 없지만, 대략 20만 명으로 전체 일본군 위안부의 80~90퍼센트를 차지했던 것으로 추산되고 있다. 군 위안부들은 '군수품 1호' 로 분류되어 중국, 동남아시아, 일본 등지의 일본군 주둔지역으로 '수송' 돼 일본군의 조직적인 관리하에 운영되는 위안소에 배치되었다.[70]

일본인 노예 사냥꾼의 고백

일제의 군 위안부 강제연행은 1930년대 초부터 시작되었지만, 1937년 중국 침략 후 본격화되었다.[71] 일본 도쿄 지방법원에 군 위안부 피해보상 청구소송을 제기한 변호사그룹은, 1932년 상하이사변 때 강간 사건이 다발하여 상하이 주둔 일본군이 본국에 '위안부' 를 요청한 것이 군 위안소의 시작이라고 보고, 1937년 12월 난징 점령 후 본격적인 군 위안부정책이 실시되었다고 주장했다.[72]

과거엔 '종군 위안부' 라는 용어가 쓰였으나, 1992년 일본 국제 인권변호사 도쓰카 에쓰로가 유엔에서 '성노예' 라는 말을 사용하면서부터 이후 '성노예' 라는 표현도 쓰이게 되었다.[73]

한 · 중 · 일 공동교과서 『미래를 여는 역사』 집필위원인 춘천교대 사회과교육과 교수 김정인은 "일본은 '근로동원' 된 본국과 식민지 여성 일반을 가리키는 정신대, 또는 자발성을 강조하는 '종군 위안부' 라는 용어를 사용해 자신들의 전쟁범죄를 은폐하려 한다"며 작은따

연합군에 의해 구출된 종군 위안부들. 공장에 일하러 간다는 말에 속거나 강제납치를 당해 끌려간 여성들은 일본군의 조직적 관리 속에 중국, 동남아시아, 일본 등지의 일본군 주둔지역으로 수송, 각 위안소에 배치되었다.

옴표를 붙인 일본군 '위안부'라는 표기가 가장 적절하다고 말했다. 일본 정부와 군의 책임을 분명히 하는 한편, 그 피해자들의 행위가 '자발적 위안'이 결코 아니었음을 밝힌다는 의미다.[74)]

전쟁 당시 일본 야마구치현 노무보국회 동원부장을 지냈던 요시다 세이지는 "나는 한국인 종군 위안부를 강제연행했던 그야말로 노예 사냥꾼이었다"며 다음과 같이 고백했다.

"6,000명 정도를 직접 연행했다. 극비의 노무명령서에 따라, 마을에 도착하면 우선 여성 전원을 길로 끌어냈다. 도망치면 목검으로 때렸고 젊고 건강한 여성을 골라 트럭에 실었다. 안고 있던 아기를 잡아 떼어 놓고 억지로 끌고 간 적도 있다. 비명을 지르는 젊은 어머니를

때려 쓰러뜨리고 2살~3살의 어린이가 울면서 따라오면 애들을 내팽개쳤다. 이렇게 모은 여성들을 화물열차와 관부연락선에 짐짝처럼 실어 시모노세키에 와 서부군 사령부에 인도하면 군용선박으로 중국이나 동남아시아 각지로 보내졌다. 종군 위안부를 포함해 강제연행 관련 공식기록이나 관계문서는 패전 직후 내무차관 통첩으로 모두 소각처분했다. 황군병사라면 (이런 일을) 모르는 사람이 없을 텐데 전후에 누구 하나 종군 위안부 얘기를 하지 않는다."[75]

1948년 중국 쿤밍(지금의 윈난성)의 포로수용소에서 미군이 포로들을 심문한 내용을 담은 미국 정부의 비밀문서도 군 위안부가 일본 정부에 의해 강제적으로 동원됐다는 것을 밝혀 주었다. 이 문서에 따르면, "107명의 포로 가운데 23명의 한국 여성들은 강압(compulsion)과 사기(misrepresentation)에 의해 성노예(comport girl)가 됐고 실례로 1943년 7월에 한국을 떠난 15명은 싱가포르의 일본 공장에서 일할 여성을 모집한다는 신문광고를 보고 지원했으며 최소 300여 명의 여성들이 비슷한 형태로 위안부로 고용됐다."[76]

미 하원의 '군 위안부 청문회'

일본군 위안부 문제가 국제적 쟁점으로 떠오른 것은 1991년 8월 김학순 할머니가 자신이 '위안부' 였음을 고백함으로써 최초의 '위안부' 피해자가 등장하자, 여성단체인 한국정신대문제대책협의회가 1992년 이 문제를 유엔 인권위원회에 제기하면서부터였다.[77]

국내에선 1992년 1월 8일 수요일 서울 종로구 수송동 일본 대사관 앞에서 미야자와 기이치(宮澤喜一) 당시 일본 총리의 방한을 앞두고 일

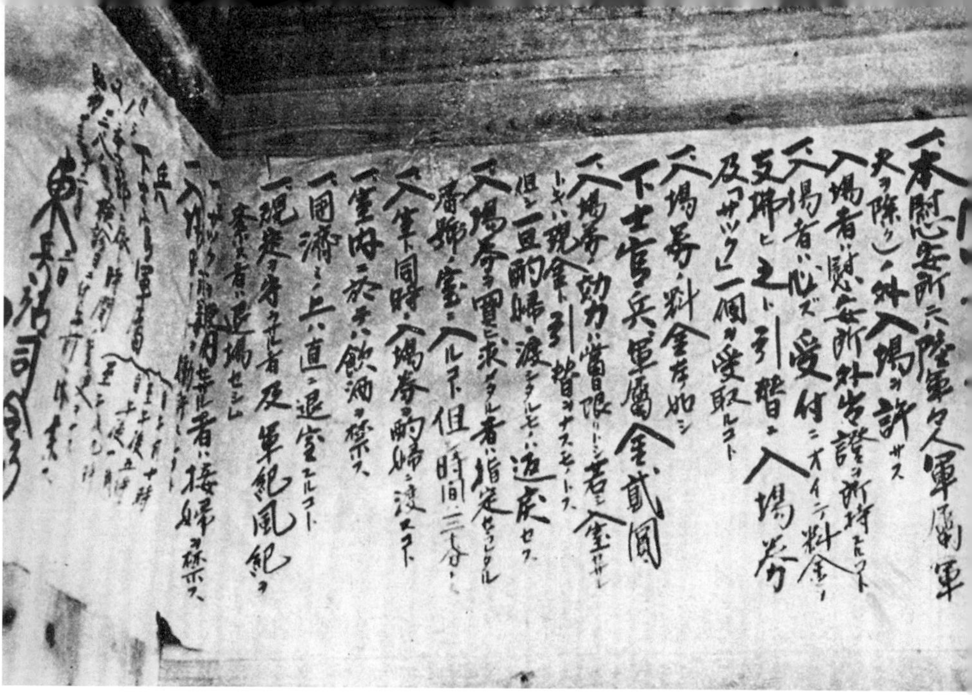

일본군이 위안소에 붙여놓은 이용규칙. 종군 위안부는 철저하게 군수품 취급을 받았다. 이 처참한 인권침해에 대해 일본 정부는 어떠한 책임도 지지 않으려 하고 있다.

본군 위안부 할머니 20여 명이 모여 위안부 피해자에 대한 손해배상 등을 요구하는 집회를 가졌다. 이 '수요집회'는 이후 학생과 시민이 참가한 가운데 계속되었으며, 2006년까지 집회 참가자는 연인원으로 3만여 명에 이르렀다.[78]

1993년, 일본 정부는 1년 8개월간 사체 조사한 결과를 근거로 정부 대변인인 고노 요헤이(河野洋平) 관방장관을 통해 군 위안부의 존재뿐 아니라 모집과 이송, 관리에도 군대가 관여했다는 사실을 인정했으며, 피해자들에게 사죄했다. 이른바 '고노 담화'다. 패전 50년이 되던 1995년 8월 15일 무라야마 도미이치(村山富市) 총리도 사죄의 뜻을 밝혔다. 이른바 '무라야마 담화'다. 그러나 이후 일본 정부는 이걸 다 뒤엎고 계속 엉뚱한 소리를 내뱉었다.[79]

2007년 1월 31일 "일본 총리는 군 위안부에 대한 역사적 책임을 인정하고 사과하라"는 내용의 결의안이 미 하원에 제출됐다. 이 결의안은 일본계 3세인 마이클 혼다 의원이 발의하고 하원의원 168명이 공동발의자로 참여했다.

2007년 2월 15일 하원 역사상 최초로 군 위안부 피해자 청문회가 열렸다. 이날 청문회에서 한국인 이용수(당시 79세), 김군자(당시 81세) 할머니와 네덜란드인 얀 러프 오헤른(당시 85세) 할머니는 자신들이 군대 위안부로 끌려가게 된 과정과 일본군에게 처참히 짓밟히며 겪었던 극한 고통들을 생생히 증언했다. 이들은 청문회가 끝난 뒤 별도로 배포한 성명서를 통해 "일본 정부는 국제사회의 지속적 압력에도 불구, '군대 위안부' 전쟁범죄에 대해 책임을 인정하지도 않았고 사과도 하지 않았다"면서 "일본 총리가 일본 정부를 대표해 진심으로, 모호하지 않게 군대 위안부들에 대한 상상할 수 없는 인권침해를 사과해야 한다"고 강조했다.[80]

그러나 일본 총리 아베 신조는 2007년 3월 5일 일본 참의원에서 "군 위안부 강제연행에 일본정부가 개입했다는 증거는 없다"며 "(결의안이 채택되더라도) 사과하는 일은 없다"고 말했다.

2007년 3월 26일 미국 정부는 일본군 위안부의 강제성을 부인해 온 일본 정부를 비판하면서, 솔직하고 책임 있는 대처를 촉구했다. 이는 일본군 위안부 문제를 포함한 일본의 과거사 문제에 대해 "아시아 당사국 간에 해결할 문제"라며 거리를 두던 종전 태도와는 사뭇 다른 것이어서 주목을 받았다.[81]

'구역질나는 일본 태도'

2007년 4월 3일 아베 신조 일본 총리가 조지 부시 미 대통령에게 전화를 걸어 일본군 위안부 문제에 대해 설명했다. 일본 언론에 따르면 아베 총리는 통화에서 "내 진의와 발언이 정확히 보도되지 않고 있다. 지금까지의 일본 정부 입장대로 고통을 받은 모든 위안부에게 마음으로부터 동정을 표하고, 어려움에 처한 데 대해 사과를 표한다"고 말했다.

이에 대해 『조선일보』는 "아베 총리의 말은 그동안의 일본 정부 입장을 되풀이한 것이다. 말로는 사과한다면서도 정작 문제의 본질인 위안부 강제동원에 대해선 시인도 하지 않고 책임도 인정하지 않고 있다. 아베 총리가 위안부 문제에 대해 진심으로 사과할 마음이 들었다면 피해 당사국인 한국, 중국 등 아시아 국가들과 그 국민들인 강제동원된 위안부를 상대로 공개적으로 그 뜻을 표해야 한다. 그런데 아베 총리는 한밤중에 제3자에 불과한 미국 대통령에게 전화를

1　4版　2007年(平

米下院、慰安婦決議

首相に公式謝罪求める

【ワシントン＝小村田義之】米下院は30日の本会議で、従軍慰安婦問題について日本の首相が公式に謝罪するよう求める決議を採択した。同様の決議案は01年から4回提出され、いずれも廃案になっていたが、民主党主導の議会で安倍首相の発言に対する反発が広がり、初めて本会議で採択された。法的拘束力はないものの、採択の回避に向け、訪米の際に米議会幹部に直接説明し、「理解していただいた」とする首相にとって更なる痛手になりそうだ。

＝8面に関係記事

下院外交委員会は6月26日に39対2の大差で決議案を可決。本会議でも3分の2以上の賛成が見込まれたことから、今回の採決は発声投票で行われた。出席議員から異議は出なかった。

決議は、「旧日本軍が若い女性に性的な奴隷状態を強制した歴史的な責任」を日本政府が「明確な形で公式に」認め、日本の首相が謝罪声明を出すよう求める内容。1月末に日系のマイク・ホンダ議員(民主)が提出した。

日本政府は「これまで謝罪しており、決議案は不必要で、事実と異なる」と訴えた。だが、安倍首相は3月、軍の関与と「強制性」を認めた93年の「河野官房長官談話」に関連し「強制性を裏付ける証拠がなかったのは事実ではないか。定義が変わったことを前提に考えなければならない」と発言。従来の日本政府の謝罪に留保をつけ、修正しようとする発言と受け取られた。

決議案の共同提案者は下院（定数435）のうち民主、共和両党の167人に達した。安倍首相は4月下旬の訪米時に謝罪を表明。一時は沈静化したが、日本の国会議員らが6月14日付の米紙ワシントン・ポストに、決議案は「現実の意図的な歪曲だ」とする意見広告を出し、議会内の反発が再燃した。

ホンダ議員は30日、決議の採択後に議会内で会見し、「この決議は日本の人々を責めているのではない。日本政府の過去に対する姿勢の問題だ。安倍首相が私たちの言葉に耳を傾けることを期待している」と語った。

安倍首相「残念」

安倍首相は31日昼、米下院が従軍慰安婦問題に関する決議を採択したことについて「私の考え、政府の対応については4月に訪米した際に説明をしてきた。こうした決議がなされたことは残念だ」と語った。そのうえで「これからもよく米側に対して説明していくことが大切だと思う」と述べ、説明を続ける考えを示した。首相官邸で記者団の質問に答えた。

미 하원의 종군 위안부 관련 결의안을 보도한 일본 『아사히신문』의 2007년 기사. 이 결의안은 '위안부'가 일본 정부에 의한 강제 군대 매춘제도이며 잔학성과 규모에서 20세기 최대의 인신매매 가운데 하나라고 규정했다.

걸어 사과의 뜻을 밝혔다. 세상에 이런 어처구니없는 일이 있을 수 없다"며 다음과 같이 말했다.

"일본은 피해를 당한 같은 아시아 사람들의 고통과 사죄 요구는 계속 외면하면서도 미국, 캐나다, 독일과 같은 서구국가들에서 비판이 나오기만 하면 전전긍긍해왔다. 세계 제2의 경제대국이라는 일본의 '정신적, 도덕적 연령' 이 과연 몇 살인지를 묻고 싶은 대목이다."[82)]

2007년 4월 27일 미국을 방문한 아베는 부시 미국 대통령과의 정상회담에서 제2차 세계대전 당시의 일본군 종군 위안부(성노예)에 대해 사과했다. 아베는 부시에게 "위안부 분들을 매우 곤란한 상황 속에서 쓰라리고 힘든 일을 겪게 한 데 대해 인간으로서 총리로서 마음으로부터 동정하고 있으며 죄송스러운 마음"이라고 하자, 이에 부시 대통령은 "(사과를) 받아들인다"고 했다.

이에 대해 『조선일보』는 "미 · 일 정상회담에서 위안부 문제와 관련해 어이없는 일이 벌어졌다"며 "일본 총리는 왜 위안부 할머니들이 아니라 미국 대통령에게 사과하며, 미국 대통령은 무슨 자격으로 그 사과를 받아들인다고 하는가. 제2차대전 때 일본군에 끌려가 집단성폭행과 강제낙태, 전기고문의 만행을 당한 피해자는 부시 대통령도 아니고 미국 국민도 아닌 한국과 중국 등 아시아 여성들 20만 명이다"라고 지적했다.[83)]

2007년 6월 26일 미국 하원 국제관계위원회는 제2차대전 때 일본군의 위안부 강제동원에 대해 일본 정부의 공식사과를 요구하는 '결의안 121호' 를 통과시켰다. 찬성 39표, 반대 2표의 압도적 지지로 채택된 결의안은 '위안부' 가 '일본 정부에 의한 강제 군대 매춘제도' 이며 '잔학성과 규모에서 20세기 최대 인신매매 가운데 하나' 라고 규정했다. 일본 정부에 대해서는 '사실을 확실하고 분명한 태도로 공식 인정하면서 사과하고 역사적 책임을 져야 한다' 고 촉구했다.[84)]

2007년 7월 31일 미국 하원은 '결의안 121호' 를 만장일치로 채택했고, 일본 아베 총리는 "결의안 채택은 유감"이라고 말했다. 이에 대해 『조선일보』는 "미 하원 결의문이 일본에 요구한 강제동원 사실 인정, 총리의 공식사과, 위안부 강제동원을 부인하는 주장에 대한 공개적 반박, 다음 세대를 위한 교육 등을 일본 정부가 실천할 뜻이 없다는 것이다. '구역질나는 일본 태도' 라는 랜토스 미 하원 외교위원장의 말이 결코 과언이 아니다"라고 논평했다.[85)]

일본의 가장 큰 죄악

2007년 11월 16일 독일 라이프치히대 연구원 안연선은 한양대 비교역사문화연구소가 개최한 제2차 한국-프랑스 국제학술대회에서 「위안부 문제 기억하기: 망각에서 기억의 봄으로」라는 논문을 통해 우리 사회가 위안부의 고통을 '민족의 고통' 으로 치환함으로써 위안부 경험의 복합적인 성격을 간과하고 있다고 비판했다. 예컨대 교과서나 언론매체들이 일제의 위안부 동원이 민족말살책이었다는 사실만을 강조하고, 그 과정에서 여성의 성(性)을 민족의 재산으로 바라보는 가부장적 이데올로기가 반영됨으로써, 성폭력에 의한 여성 개인의 인권침해라는 위안부제도의 본질적 성격이 희석된다는 것이다.

안연선은 또한 우리 사회가 위안부의 과거를 강제성을 중심으로만 기억하려 한다고 지적했다. 실제로 위안부 중에는 생계를 위해 가족에 의해 팔리거나 스스로 자원해 간 경우도 있고 또 위안소에서 돈을

위안소 밖에서 줄을 서서 기다리는 일본군들. 일제는 군인을 많이 받은 순서대로 등수를 매기는 방식으로 위안소의 여성들끼리 경쟁을 붙이기도 했다. 이러한 갈등은 결국 자존의 파괴라는 심각한 상처로 남았다.

받은 경우도 있지만 '성노예로서의 강제적인 성격' 이라는 사회적 해석에 들어맞지 않는 위안부의 개인적인 기억은 억압됐다는 것이다. 그는 "위안부에 대한 한국사회의 기억이 민족주의와 성차별주의에 맞게 재구성되면서 복합적이고 모순적이기도 한 위안부 개인의 기억이 총체적으로 재현되는 것을 억압했다"며 "억압, 삭제, 망각된 기억까지도 총체적으로 재현해낼 수 있는 대안적 기억 문화에 대한 탐색은 향후의 과제가 될 것"이라고 말했다.[86]

그러한 과제에 직면하여 한국인들도 성찰해야 할 점이 분명히 있겠지만, 성찰이 깊어질수록 일제의 만행에 대한 분노는 더 끓어오를 가능성이 높다.

한국정신대연구회 회장 정진성은 "일제가 식민지 조선의 여성을 끌어가면서, 그 앞잡이로 조선인을 사용했다는 것은 잘 알려진 사실"이라며 "일본인이 시킨 일인 줄은 알았지만, 직접 속임을 당하게 했던 우리 조선 사람이 더 미웠다고 하는 피해자들의 증언이 우리 가슴을 아프게 했다"고 말했다.

또 정진성은 일제가 "위안소 내에서 서로 다독거리며 피해에 대항했어야 할 여자들 사이에도 경쟁을 조장하여 서로 질시하게 했다. 여자들을 군인을 많이 받은 순서대로 등수를 매겨, 그것이 피해라는 사실을 잊고 서로 경쟁하게 했던 경우는 적지 않게 발견되었다"며 다음과 같이 말했다.

"여자들 사이의, 특히 조선인들 사이의 갈등이 우리가 겪은 가장 심한 상처 중의 하나이다. 이들이 돈을 벌기 위해 가졌던 마음, 행한 행위, 또 돈으로 인해 무감각해진 자존심은 더 깊은 상처인 것이다. 일본이 우리에게 행한 잘못 중 가장 큰 것은 바로 이 같은 민족 간의 분열, 질시를 만든 것이고 자존심을 파괴하는 것이었다."[87]

그렇다. 일본의 가장 큰 죄악이 바로 그것이다. 설사 일본인들이 모든 경우에 그걸 의도하지 않았다 하더라도 인간을 힘으로 굴종케 하는 행위 자체가 그런 효과를 낳을 수 있다는 점에서 일본은 면책될 수 없다. 그러나 지금도 힘이 없으면 책임조차 물을 수 없는 약육강식(弱肉强食)의 세계라고 하는 기본 사실은 달라지지 않았다. 일본은 여전히 뉘우치지 않고 있다. 인류의 비극이다.

제4장

일제의 최후의 발악

01

윤동주와 이육사, 감옥에서 죽다

윤동주의 사망원인은 생체실험

1945년 2월 16일 일본 후쿠오카형무소의 한 독방에서 시인 윤동주(1917~1945)가 사망했다. 향년 만 27년 2개월의 죽음이었다. 윤동주가 특수고등경찰에 체포된 것은 1942년 도쿄 닛교대학을 거쳐 편입해간 교토 도시샤대학 시절 1943년 7월 14일이다. 2년 형으로, 1945년 11월 30일이 출감 예정일이었다.[1)]

윤동주는 치안유지법을 위반한 독립운동, 이른바 '재(在)교토 조선인 학생 민족주의그룹 사건'의 핵심 인물 중 한 사람으로 체포되었다. 이 사건의 주동자인 송몽규(1917~1945)와 윤동주에 대한 취조문서와 판결문에 나타난 바에 따르면, 이들은 징병제에 대해 일제가 깜짝 놀랄 만한 '불온사상'을 갖고 있었다. 그것은 "일본의 국력이 약해지거나 패전하는 기회를 타서……조선 출신 군인들도 큰 구실을 해야 할

시인 윤동주가 마지막 삶을 살았던 일본 후쿠오카형무소. 그는 이곳에서 생체실험을 당한 뒤 사망했다. 향년 만 27년 2개월의 안타까운 죽음이었다.

것이며 우리들도 목숨을 바쳐 궐기해야 한다"는 내용으로, 여차하면 총부리를 일본군에게 돌려야 한다는 것이었다.[2)]

윤동주의 사망원인은 생체실험이었다. 일제의 약물실험 대상으로 매일 이름 모를 주사들을 맞다가 죽어간 것이다.[3)] 1980년 일본 문학평론가 고노 에이지(鴻農映二)는 그 주사를 당시 규슈제대에서 실험하고 있었던 혈장 대용 생리식염수라고 주장했다. 사람 몸에서 피를 이루는 일부 성분 대신에 소금물을 넣어서 견딜 수 있는 한계를 측정하는 생체실험의 대상으로 윤동주를 이용했다는 것이다. 이부키 고(伊吹郷)도 당시 후쿠오카형무소 재소자들의 사망자 수와 사망률이 대단히

높은 수치를 보이고 있다는 통계자료를 근거로 생체실험 여부를 밝혀냈다.[4]

윤동주의 「서시(序詩)」

"죽는 날까지 하늘을 우러러/ 한 점 부끄럼이 없기를/ 잎새에 이는 바람에도/ 나는 괴로워했다/ 별을 노래하는 마음으로/ 모든 죽어가는 것을 사랑해야지/ 그리고 나한테 주어진 길을/ 걸어가야겠다/ 오늘밤에도 별이 바람에 스치운다"

윤동주가 연희전문 졸업을 앞두고 일본 유학을 목전에 둔 시점인 1941년 11월 20일에 쓴 「서시(序詩)」다. 졸업 기념으로 시집을 출간하기 위해 원고를 모은 뒤, 그 서문격으로 쓴 작품이다. 마광수는 "따라서 이 시에는 그의 인생관과 우주관이 다 집약"돼 있다며 "민족 또는 인류의 보편적인 절망과 희망을 내성적(內省的) 자기 응시로 이끌어내어 그것을 자연의 표상과 조화시켜, 진실된 고백과 각오를 표현하고 있는 것이 이 시의 특징이다"라고 했다.[5]

이건청은 「서시」에 대해 "윤동주의 비극은 여기에서 비롯되고 있는 것이다. 부정한 가치가 권력의 힘이 되어 지배하고 있는 시대상황은 원천적으로 청명한 신념을 구현할 수 없는 상황이었다. 그런 상황 속에서 양심과 신념의 길을 가기로 한 자아에게 있어서 비극은 회피할 수 없는 숙명일 수밖에 없는 것이다"라고 말했다.[6]

윤동주는 살아있는 동안 자신의 시집을 발간하지 못했으며, 그의 시집은 1948년에서야 『하늘과 바람과 별과 시』로 간행되었다. 그는 그때까지 완전한 무명(無名)이었다. 윤동주라는, 이름조차 처음 듣는

1945년 용정의 집에서 치러진 윤동주 장례식. 윤동주는 살아있는 동안 자신의 시집을 발간하지 못했으며, 1948년 유고시집 『하늘과 바람과 별과 시』가 출간되기까지 완전한 무명(無名)이었다.

시인의 유고시집을 보고 난 뒤 정지용(1902~1950)은 "무시무시한 고독에서 죽었고나! 29세가 되도록 시도 발표하여 본 적도 없이!"라고 신음 같은 탄식을 내뱉었다고 한다.[7]

2006년 6월 23일, 일본 교토의 교토조형예술대학 캠퍼스에서 윤동주 시비 제막식이 거행됐다. 이곳은 윤동주의 도시샤대 유학시절 자취방이었던 다케다아파트가 있던 곳으로, 창작의 불꽃을 피웠던 마지막 보금자리였다. 그는 이곳에서 한글로 시를 썼다는 이유로 치안유지법 위반의 굴레가 씌워져 일본 경찰에 체포됐다. 이날 제막식에는 윤동주의 여동생인 윤혜원 등 가족과 윤동주기념사업회 회장인 정창영 연세대 총장 등이 참석했다. 인사말을 한 도쿠야마 요시노부 교토조형예술대 이사장은 "그의 인생을 돌연히 닫아버린 것은 전쟁이고 식민지화였다"며 예술과 문화의 힘으로 평화를 되돌리자고 호소했다.[8)]

이육사의 「광야」와 「꽃」

윤동주가 죽기 1년여 전인 1944년 1월 16일 시인 이육사(1904~1944)가 중국 베이징의 일본 총영사관 감옥에서 숨졌다. 향년 40세였다. 그는 사망할 때까지 일제의 감옥을 17번이나 드나들었다. 퇴계의 14대손인 이육사의 본명은 원록(源錄), 아명은 원삼(源三)이다. 그가 '이육사'라는 이름을 쓰게 된 것은 1927년 조선은행 대구지점 폭파 사건에 연루돼 1년 7개월간 옥살이를 할 때의 수인번호가 264였기 때문이다. 처음에는 '죽일 육(戮) 역사 사(史)' 혹은 '고기 육(肉) 설사할 사(瀉)' 자를 썼으나, 1932년 의열단이 설립한 조선혁명군사정치간부학교의 1기생으로 입학할 때부터 '대륙 육(陸) 역사 사(史)' 자를 쓰기 시작했다.[9)]

하종오는 "이육사가 남긴 시는 지금까지 확인된 것이 40편을 넘지 않는다. 해방 이듬해 발간된 그의 유고시집인 『육사시집』에 실린 시는 20편이다. 하지만 그는 이 많지 않은 시편으로 한국 현대시에 미답(未踏)의 경지를 열었다. 그를 포함해 일제 때 훼절(毁折)하지 않은 몇 안 되는 시인들, 한용운이나 윤동주와도 확연히 다른 웅혼(雄渾)한 남성적 언어가 그의 시에는 있다"고 했다.[10)]

이육사의 대표작은 "내 고장 7월은 청포도가 익어가는 시절"로 시작되는, 『문장』 1939년 8월호에 발표한 「청포도」로 알려져 있다. 그는 1940년에 『청포도』라는 시집을 냈다. 그는 사후 발표된 「광야(曠野)」에서 '강인한 낙관'을 드러냈다.

"까마득한 날에/ 하늘이 처음 열리고/ 어데 닭 우는 소리 들렸으랴/ 모든 산맥들이/ 바다를 연모해 휘달릴 때도/ 참아 이곳을 범(犯)하던 못하였으리라/ 끊임없는 광음(光陰)을/ 부지런한 계절이 피어선 지고/ 큰 강물이 비로소 길을 열었다/ 지금 눈 나리고/ 매화향기 홀로 아득하니/ 내 여기 가난한 노래의 씨를 뿌려라/ 다시 천고(千古)의 뒤에/ 백마 타고 오는 초인(超人)이 있어/ 이 광야에서 목 놓아 부르게 하리라"

조창환은 "「광야」의 테마는 초인의식의 추구에 그 초점이 맞추어져 있는데, 자아초극에의 의지적 미래지향의 자세가 광활한 대륙성과 남성적 강건성으로 밑받침되어 시적 감동의 깊이를 지닌다"고 평가했다.[11]

이육사는 역시 사후 발표된 「꽃」에서 조국 광복을 염원했다.

"동방은 하늘도 다 끝나고/ 비 한방울 나리잖는 그때에도/ 오히려 꽃은 빨갛게 피지 않는가/ 내 목숨을 꾸며 쉬임 없는 날이여/ 북쪽 쓴드라(툰드라)에도 찬 새벽은/ 눈속 깊이 꽃 맹아리(망울)가 옴자거려/ 제비떼 까맣게 날라오길 기다리나니/ 마침내 저바리지 못할 약속이여/ 한 바다복판 용솟음치는 곳/ 바람결 따라 타오르는 꽃성에는/ 나비처럼 취하는 회상의 무리들아/ 오늘 내 여기서 너를 불러 보노라"

2004년 육사 탄생 100주년 기념행사 '광야에서 부르리라'에 참석하기 위해 일본에서 안동을 찾은 육사의 외동딸 이옥비는 "저는 아버지 시(詩) 중 「꽃」이 제일 좋았어요. 아버지의 혼이 담겨 있기 때문이지요. 지금은 아버지가 독립투사로서 정말 강인하고 어려운 삶을 사

문인으로서 독립운동과 항일투쟁을 벌인 이육사. 퇴계 이황의 14대손인 그의 본명은 원록, 아명은 원삼이다. '이육사'는 1927년 조선은행 대구지점 폭파 사건에 연루돼 1년 7개월간 옥살이를 할 때의 수인번호.

셨구나 생각해요"라고 말했다.[12)]

김희곤은 "문인 세계의 친일이라는 도도한 물줄기를 거부한 인물을 들라면 서슴없이 이육사 · 윤동주를 손꼽게 된다"며 다음과 같이 말했다.

"물론 그 외에도 이상화(1901~1943)나 심훈(1901~1936) 등 다른 몇몇을 들 수도 있다. 아마 이들이 없었다면, 그야말로 한국 근대문학사는 참담했으리라. 여기에다가 친일하지 않았다는 정도가 아니라, 한 걸음 더 나아가 독립운동 · 항일투쟁을 벌인 문인을 찾으라면 너무나 어려운 과제임을 인정하지 않을 수 없게 된다. 이 물음에 자신 있게 내놓을 수 있는 인물이 바로 이육사이다."[13)]

친일문학 42명, 572편

2002년 『실천문학』은 편집위원인 문학평론가 김재용 주도로 민족문학작가회의, 민족문제연구소 등이 공동참여한 가운데 친일문학 작가 명단과 작품목록을 처음으로 일괄 공개했다. 명단에 이름이 오른 작가는 총 42명, 작품은 572편이다. 이 가운데 이광수는 1939년 2월 『동양지광』에 발표한 시 「가끔씩 부른 노래」를 시작으로 「내선일체와 조선문학」(1940년 4월, 『조선』), 「지원병 훈련소의 하루」(1940년 11월, 『국민총력』), 「대동아 일주년을 맞는 나의 결의」(1942년 12월, 『국민문학』), 「폐하의 성업에」(1943년 2월, 『춘추』), 「모든 것을 바치리」(1945년 1월 18일, 『매일신보』) 등 무려 103편의 시, 소설, 논설 등을 태평양전쟁 막바지까지 매체에 기고한 것으로 밝혀졌다.

편수를 기준으로 보면 이광수에 이어 주요한(43편), 최재서(26편), 김용제(25편), 김동환(23편), 김종한(22편), 이석훈(19편), 박영희(18편), 김기진(17편), 노천명(14편), 백철(14편), 최정희(14편), 정인택(13편), 채만식(13편), 모윤숙(12편), 유치진(12편), 서정주(11편), 정인섭(11편), 함대훈(11편), 박영호(10편) 등의 순이다.[14] 이들은 주로 일본 언론매체나 『매일신보』, 『경성일보』 등 신문과 『춘추』, 『신시대』 등 잡지를 통해 작품을 발표했다. 『실천문학』이 정리한 42명의 친일문학가 명단은 다음과 같다.

"곽종원, 김동인, 김동환, 김기진, 김문집, 김상용, 김소운, 김안서, 김용제, 김종한, 김해강, 노천명, 모윤숙, 박영호, 박영희, 박태원, 백철, 서정주, 송영, 유진오, 유치진, 이광수, 이무영, 이서구, 이석훈, 이찬, 이헌구, 임학수, 장혁주, 정비석, 정인섭, 정인택, 조연현, 조용만, 주요한, 채만식, 최남선, 최재서, 최정희, 함대훈, 함세덕, 홍효민."[15]

2004년 김재용은 그간 윤동주, 이육사 정도로 알려져 있는 '저항작가'의 저변을 확대해 침묵으로 저항한 김기림(1908~?), 우회적 글쓰기로 저항한 한설야(1900~1976), 망명한 김사량(1914~1950) 등을 포함시켰다. 그는 "친일협력을 했던 이들보다 하지 않은 사람이 더 많았던 것이 엄연한 문학사적 현실"이라며 "친일문학 연구는 저항문학에 대한 연구가 깊어질 때 전체적인 모습을 드러낼 것"이라고 말했다.[16)]

김재용은 "흔히 친일문학을 이야기하면서 친일을 단순히 자신의 재산과 지위를 얻고 유지하기 위하여 행한 것으로 보거나 혹은 외부의 압력에 굴하여 지조를 꺾는 것 정도로 간주하기 쉬운데, 이러한 틀로는 친일문학을 제대로 해명할 수 없다"며 "자발성을 띤 경우에만 친일문학이라고 할 수 있고 거기에는 항상 내적 논리가 있다"고 했다.[17)]

서정주의 「자화상」

1992년 미당 서정주는 자신의 친일행위를 공개적으로 인정하고 반성했다. 미당은 1983년 발간된 『서정주전집』(일지사)의 문학자전 「천지유정」 편에서 자신의 친일행위를 비교적 상세히 고백한 데 이어 계간 시전문지 『시와 시학』 봄호의 대담기사에서 자신의 친일 문제를 밝혔다. 미당은 "친일 문제는 분명히 잘못된 일이며 깨끗하게 청산하고 싶다"고 말하고 "당시 일제의 세력으로 봐 백년 이상은 버틸 것으로 생각됐으며 그렇기 때문에 나는 일제의 회유를 거절할 수 없었다"고 말했다. 그는 "일제가 쉽게 패망할 줄 알았더라면 처가에라도 피신해 몇 년의 세월을 넘길 수 있었을 것"이라며 "세월의 아픔을 이제 와서 변명하고 싶지는 않다"고 말했다.[18)]

서울대 교수 이영훈은 서정주가 1937년에 발표한 "애비는 종이었다"로 시작하는 「자화상」이란 시를 소개하면서 "흔히들 시인을 친일파라고 욕하고 있습니다만, 저는 이 시 하나만으로도 그를 무척이나 사랑합니다"라고 말했다.

"조선시대의 노비문서를 보면 수개라는 점잖게 생긴 이름이 자주 눈에 뜨입니다만, 실제론 수캐라는 뜻입니다. 시인은 자신을 그 수캐에 비유하고 있습니다. '혓바닥 늘어뜨린 병든 수캐처럼 헐떡이며 나는 왔다' 저는 아직 이렇게 자신의 천한 신분을 한 시대의 아픔으로 승화시켜 노래하는 고결한 영혼을 접한 적이 없습니다. ……노비라 하니 생각이 납니다만, 1920년대 전라도 구례군 토지면의 유씨 양반가의 일기는 정월 초하루에 집안의 종들이 찾아와 사랑에 앉은 주인을 향해 세배를 드리는 광경을 묘사하고 있습니다. 그날 주인은 '비록 세상이 변하였지만, 주노(主奴) 간의 상하 의리를 변하지 않는구나' 라고 일기에다 적었습니다. 그렇게 해가 바뀌면 주인집을 찾아 마당에서 수캐처럼 엎드려 세배를 드려야 했던 것이 종놈의 처지였습니다."[19]

'이광수는 민족주의의 희생물'

친일문학의 최고봉으로 꼽힌 이광수가 『신동아』 1932년 2월호에 쓴 「청년에게 아뢰노라」라는 글에서 다음과 같이 말한 게 흥미롭다.

"빈곤이나 생명의 위험은 결코 변절을 정당화하는 이유는 못 되는 것이다. 왜? 누구든 순경(順境)에서 변절하는 자 있든가. 진퇴유곡(進退維谷)한 역경에 선지라, 절(節)을 말하는 것이다. 그러기에 조수(操守)란 어려운 것이요, 값있는 것이다."[20]

결국 이광수는 자기 말을 스스로 어긴 것인가? 많은 이들이 이광수의 '변절'을 말하지만, 이광수는 결코 변절한 적이 없으며 그의 친일은 시종일관 탄탄한 '내적 논리'를 가졌다고 주장하는 이들도 많다.

이광수의 신념은 "우리나라가 하루빨리 봉건적 인습과 제도를 타파하고 근대적인 시민사회를 이룩해야 한다는 것"이었다. 김철은 "문제는 그 방법과 내용, 그리고 그것이 어떠한 상황과 조건 속에서 구체적으로 어떻게 표현되었는가 하는 점"일 뿐이라며, 이광수가 '평생에 걸쳐 자신의 신념을 지킨 사람'이었다고 평가했다. 김철은 "이광수 이후의 우리 역사의 전개가 그러한 논리와 실천을 제대로 극복해냈을까?"라는 물음을 던지면서 "그를 '변절자'로 매도하기 이전에 먼저 물어야 할 것은 그것"이라고 말했다.[21]

혹 우리는 이광수를 '변절자'로 매도함으로써 이광수의 지향점과 방법론을 분리시키려는 유혹을 받고 있는 것은 아닐까? 이미 앞서 살펴본 바와 같이 '이광수를 위한 변명'은 많다. 그만큼 인간의 삶이 복잡하다는 사실을 말해주는 것일까?

고려대 명예교수 김용준은 계간 『철학과 현실』 2005년 가을호에 발표한 「나의 젊은 시절」이라는 글에서 춘원 이광수가 "나를 충직한 황국신민으로부터 한국 사람으로 만들어준 장본인"이라고 말했다. 자신은 춘원의 소설을 읽고 "조선 사람들의 생활배경에서 황국신민의 세계와는 분명히 다른 세계가 있다는 것을 알게 됐고, 한글 일기를 쓰게 됐다"는 것이다. 그는 "춘원을 친일문인 운운하며 매도하는 기사를 대할 때마다 그래도 나는 춘원을 나무랄 수 없다는 생각을 하곤 한다"고 말했다. 이에 『조선일보』는 "김 교수의 술회는 우리가 겪어보지 않았던 인물의 삶과, 살아보지 않았던 시대의 참모습을 이해하고

평가하는 게 얼마나 어려운 일인가 깨닫게 한다"고 했다.[22)]

정선태는 "이광수를 말할 때마다 착잡한 심경을 감출 수 없는 것은 그가 '근대문학의 개척자'라는 위광(威光)에도 불구하고 민족의 이름으로 단죄되어야 하는 그의 '운명'을 슬퍼해서가 아니다"며 다음과 같이 말했다.

"오히려 이광수 자신이 민족주의의 희생물이었다는 생각을 지울 수 없기 때문이다(분명히 말해두거니와 그의 친일행적을 두둔할 생각은 추호도 없다). 그는 야만상태로 전락할 지경에 처해 있는 민족을 구원하기 위해 소설과 논설을 통해 '문명의 복음'을 전파하고자 했으며, 그의 말을 빌자면, 친일도 '우매한' 민족의 생존을 위해서였다. 민족주의자가 민족을 배반하는 아이러니! 그러나 지배자와 피지배자의 관계를 자본주의의 자기 전개라는 핵심적인 항목을 고려하지 않고 파악하는 한, 이 아이러니는 민족주의 자체가 도달할 수밖에 없는 논리적 귀결이다. 이는 제국주의 지배를 벗어난 후 그토록 강고한 민족주의자였던 제3세계의 지도자들이 독재자로 돌변했던 상황에서 여실히 찾아볼 수 있다. 이들은 민족주의를 가장하고서 민족주의를 배반한다. 한국의 경우도 예외는 아니다."[23)]

이광수 등 친일인사들을 조금이라도 이해하는 쪽으로 발언할 때에 "분명히 말해두거니와 그의 친일행적을 두둔할 생각은 추호도 없다"는 걸 분명히 밝혀야만 하는 우리의 현실이 안타깝다. 우리는 친일·반일의 이분법을 떠나 좀더 자유롭고 다양하게 일제강점기에 대해 이야기할 수는 없는 걸까? 감옥에서 처참하게 죽은 윤동주와 이육사도 정녕 그걸 원치 않을까?

02

가족끼리 때려죽인 오키나와 집단자결 사건

이오지마를 능가한 '한 편의 지옥도'

1945년 2월 미국 해병대 역사상 가장 값비싼 희생을 치른 이오지마 전투 후에 미국 해병대는 도쿄에서 1207킬로미터(약 750마일) 떨어진 이오지마(硫黃島)의 작은 화산섬을 점령했다.[24] 이어 1945년 4월 1일부터 6월 21일까지, 오키나와(沖繩) 전투가 벌어졌다. 황영식은 "당시 미군과 일본군의 전투 하면 대개 산 정상에 성조기를 꽂아 세우는 해병들의 동상으로 유명한 이오지마 전투를 떠올리지만, 그 혹독한 상륙전도 오키나와 전투에 비할 바 아니었다"며 "군인들끼리의 싸움이었던 이오지마에서와 달리 오키나와에서는 수많은 민간인이 전투에 휘말렸고, 그 때문에 전쟁터에서 떠올릴 수 있는 모든 비극이 한 편의 지옥도처럼 펼쳐졌다"고 말했다.[25]

미국은 남북 120킬로미터에 불과한 오키나와 본도를 전함 1,500여

1945년 오키나와에 상륙하는 미 해병. 미국은 남북 총 120킬로미터에 불과한 오키나와 본도를 전함 1,500여 척, 전투 부대 18만 명을 동원해 공격했다.

척, 전투 부대 18만 명을 동원해 공격했다. 오키나와의 일본군은 현지 징집 인원까지 합쳐 11만 명이었다. 이 전투로 미군 1만 2,513명이 숨지고, 3만 8,916명이 부상했다. 일본군 전사자는 6만 6,000명, 부상자는 1만 7,000명에 이르렀다. 민간인 희생자는 12만 명을 넘었다. 이 와중에 사망한 한국인 징병 · 징용 및 일본군 위안부 피해자도 1만여 명에 달했다. 작은 섬에서 석 달이나 전투가 계속되고 사망자가 많이 나온 것은 일본 군부가 미군의 전력 약화와 본토 진격을 늦추기 위

해 '결사항전' 을 명령했기 때문이다.[26]

가장 끔찍한 건 사실상 일제의 강제에 의한 오키나와 주민들의 집단자결이었다. 1945년 3월 28일 오키나와현 자마미 섬, 도카시키 섬, 게류마 섬에 미군이 상륙하자 800명이 넘는 주민들이 수류탄과 면도칼 등으로 사랑하는 가족들을 서로 죽이는 참극을 빚은 것이다. 이날 도카시키 섬의 한 참호 안에서 벌어진 장면을 보자.

"마을 촌장이 '천왕폐하만세' 를 삼창했다. 16살 소년 긴조 시게아키는 죽음의 시간이 다가왔음을 절망적으로 직감했다. 일부 마을 사람들과 방위대원들은 각자 가지고 있던 수류탄을 꺼냈고, 그 가족들과 친척들은 빙 둘러 앉았다. 여기저기서 수류탄의 안전핀을 뽑아 터트리는 소리가 들렸다. 그러나 수류탄에 의한 죽음은 극히 적었다. 동굴 안에 모인 사람 수에 비해 수류탄 개수가 적은데다가 조작을 제대로 못하는 바람에 불발탄이 많았다. 마을 사람들은 어떻게 하면 빨리 확실하게 죽을 수 있을지 혼돈상태에 빠졌다. 그때 마을의 지도자격인 50대 남자가 나뭇가지를 잘라 부인과 자식을 마구 때려죽이는 장면을 어린 긴조는 목격했다. 그 이후 면도칼, 끈, 곤봉, 돌 등 모든 게 사랑하는 가족들을 죽이는 흉기로 변했다. 긴조도 '형과 함께 어머니와 동생에게 손을 댔다' 며 '어머니의 목숨이 끊어졌을 때는 돌멩이가 도구가 됐다' 고 말했다. 그 동굴에서 329명이 순식간에 사랑하는 가족들에 의해 죽임을 당했다."[27]

일본 해군의 상징 야마토의 침몰

1945년 4월 초 일본 전함 야마토는 일본 해군 연합함대 사령부로부

일본 제국주의와 해군을 상징하는 거대한 야마토 전함. 1937년 제조하기 시작해 1941년에 처음 실전에 투입되었으며, 1945년 4월 7일 '자살작전' 수행 결과 미군의 폭격을 맞고 침몰했다. 길이 263미터, 폭 38.9미터, 만재 배수량 7만 2,000톤으로 당시 일본 전함 중 가장 크고 무거웠다.

터 오키나와 서쪽에 정박한 미군 함대를 공격해 미군의 상륙을 저지하라는 마지막 임무를 받았다. 도쿠야마(德山) 항을 떠나는 야마토에 돌아올 연료를 주지 않았던 바, 일종의 '자살작전'을 수행하라는 것이었다. 야마토는 1937년 제조에 들어가 1941년 실전에 투입된 전함이었다. 길이 263미터, 폭 38.9미터, 만재 배수량 7만 2,000톤으로 당시 일본 전함 중 가장 크고 무거웠다. 구경 18.1인치(약 46센티미터)짜리 주포 9문은 야마토의 주무기였다. 포탄 한 개 무게만도 1.3톤을 넘었다. 야마토는 일본 해군의 상징이었다.

4월 7일 정오가 조금 지난 시각, 항공모함과 인근 공항에서 발진한 미군 비행기 수백 대가 오키나와를 향하던 야마토와 호위함 10대에 달려들었다. 포탄과 어뢰가 야마토에 마구 쏟아지더니, 오후 2시경 야마토가 가라앉기 시작했다. 몇 분 뒤 선미에서 거대한 폭발이 일어났으며, 버섯구름은 6,000미터 상공까지 피어올랐다. 배에 있던 선원 2,788명 중 대부분이 숨지고 280명만 구조됐다. 연합군의 피해는 비행기 10대 격추에 사망자 12명에 그쳤다.[28)]

일본 교과서의 오키나와전 왜곡

오키나와 전투는 아시아 · 태평양전쟁 중 미군과 일본군 사이에 벌어진 최대 규모의 전투였지만, 동아시아 세 나라의 역사교과서에서 오키나와전은 '잊힌 전쟁'이나 다름없다. 자국사 중심의 서술을 택한 한국 · 중국의 역사교과서에 오키나와전은 아예 등장하지도 않는다. 반면, 일본 후소사판 역사교과서는 23세 때 오키나와에서 전사한 특공대원의 유서도 따로 소개하는 등 오키나와전을 '군국주의'에 대한 향수를 부추기는 영웅적 역사로 만들었다.

"일본군은 전함 야마토호를 출전시켜 최후의 해상특공대를 출격시켰지만, (미군의) 맹공을 받아 오키나와에 도달하지 못하고 격침됐다. 오키나와에서는 칠혈근황대의 소년과 히메유리 부대의 소녀들마저 용감히 싸워……10만 명에 가까운 병사가 전사했다."[29)]

도쿄서적판 역사교과서는 "미군은 오키나와에 상륙해 격렬한 전투를 벌였다. 오키나와인들은 아이 · 학생을 포함해 많은 희생자를 냈다"는 본문 서술과 "이 전쟁에서 현민 희생자는 당시 현 인구의 4분의 1에 해당하는 12만 명 이상으로 추정된다"는 관련 사진 설명문이 전부다. 이 교과서만 보자면, 오키나와전 '희생자'의 실체는 전혀 짐

작할 수 없게 돼 있다.

그 진실은 한·중·일 공동교과서 『미래를 여는 역사』에 기술돼 있다. 두 쪽에 걸쳐 오키나와전의 전개와 배경을 상세히 적었으며, "사람이 폭탄을 안고 돌격한 특공대가 가장 많이 투입된 전투"라는 설명도 덧붙였다. 오키나와현 자료를 인용해, 미군 1만 2500명, 일본군 9만 4,000명, 주민 9만 4,000명이 전투 중 사망했고, 이후 말라리아 지대에 강제이주돼 사망한 사람도 수만 명에 이른다고 적고 있다.

또 "주민 사망자 중에는 전투에 휘말려 죽은 사람들뿐만 아니라 일본군에 의해 집단자결로 내몰려 죽은 경우와 스파이 혐의로 살해된 경우, 피난했던 참호에서 군대가 쫓아내 죽은 경우가 다수 포함됐다"고 밝혔다.

1990년대 들어 오키나와에 세워진 '평화의 주춧돌'에는 가해자·피해자를 가리지 않고 23만 9,209명의 전사자 이름이 새겨져 있고, 이 가운데는 한국인 341명, 대만인 28명 등의 이름도 있다고 소개했다. "한반도에서 무려 1만 명이 (오키나와로) 끌려와 진지 구축과 탄약 운반에 동원됐고, 100곳이 넘는 오키나와의 군 '위안소'에 조선 여성 다수가 일본군 위안부로 수용됐다"고 적었다.

안수찬은 "『미래를 여는 역사』는 이런 서술을 통해 오키나와전의 '희생자'가 누구인지를 분명히 했다"며 "변방의 주민으로 지내다 '총알받이'로 내몰린 오키나와 주민, 일본군에 의해 강제로 끌려온 한국인·대만인 등의 식민지 주민, 그리고 군국주의에 세뇌당해 스스로를 '소모전'에 바친 어린 병사들이 이 전쟁의 희생자다"라고 지적했다.[30]

박중현은 "일제는 오키나와인들에게 '천황제'와 '집단자결'이라는 허구적 이데올로기로 죽음을 강요하거나 사지로 몰아넣었다"며 "최

태평양전쟁 당시 미국과 일본군 사이에 있었던 전쟁 중 가장 최대 규모였던 오키나와 전투. 자료에 따르면 미군 1만 2,500명, 일본군 9만 4,000명, 주민 9만 4,000명이 사망했다.

근 일본 우익의 역사 왜곡은 수많은 사람들을 다시 전쟁의 문법에 꿰어 맞추기 위한 시도다. 동아시아인들이 이를 우려하는 것은 내가 사는 땅이 제2의 오키나와가 되고, 나 자신이 '집단자결'의 대상자가 될 수 있기 때문이다"고 했다.[31]

'살아남는 게 두려운 이상한 상황'

2007년 3월 30일 일본 문부과학성은 오키나와전의 가장 처참한 사건인 주민들의 집단자결과 관련해 “일본군에 의한 강제 또는 명령은 단정할 수 없다”며 고등학교 역사교과서에서 ‘일본군의 강제’라는 기술을 삭제하도록 하는 검정 결과를 발표했다.

2007년 4월 27일 『한겨레』 기자 김도형이 오키나와현 나하시 ‘나하중앙교회’에서 만난 긴조(당시 78세) 목사는 62년 전 오키나와 전투 때의 집단자결에 대한 교과서 기술에서 ‘일본군에 의한’이라는 주어가 삭제된 것에 대해 강한 분노를 표시했다. 앞서 본 바와 같이, 그 광란의 현장에서 살아남은 그는 당시 주민들을 지배했던 ‘군관민 공생공사’라는 말이 집단자결을 읽는 주요 열쇳말이라고 말했다. 황민화 교육으로 주민들 온몸에 새겨진 미군에 대한 적개심이 실제 상황이 되자 공포심으로 변했다는 것이다.

긴조는 “당시 일본군에 끌려온 조선인이 배가 고파 밭에서 고구마를 캐먹다 총살당하고, 오키나와 방언을 사용한 주민들이 스파이 혐의로 처형당하는 등 일본군은 마을의 모든 것을 지배했다”며 일본군이란 배경이 없었으면 수백 명이 한꺼번에 죽는 일은 없었을 것이라고 강조했다. 그는 일본이 회상하기 싫은 과거의 잘못을 지워버리려 하는 것은 심각한 문제라고 개탄하면서 다음과 같이 말했다.

“수학여행을 온 학생들에게 그때의 체험을 이야기해주면서 ‘살아남은 게 두렵다는 것은 체험자 이외에는 모를 것’이라고 하자 학생들이 눈물을 흘리면서 감상문에 ‘아무리 전쟁이라고 해도 가족들에게 손을 대는 것은 있을 수 없다’고 썼다. 그게 정상적인 감각이다. 그때 우리의 상황은 살아남는 게 두려운 이상한 상황이었다.”[32]

2007년 9월 29일, 오키나와 주민들이 기노완시의 카이힌 공원에서 제2차대전 말기 주민 집단자결 사태의 일본군 강요 내용을 삭제한 정

오키나와의 일본 해군 사령부가 있던 지하동굴. 일본군은 동굴을 은신처로 다가오는 미군에 끝까지 저항했다.

부의 교과서 검정에 항의하는 대규모 시위를 벌였다. 참가자가 11만 명에 이르렀는데, 오키나와현의 전체 인구가 130여만 명이니 거의 10명 중 1명꼴로 참가한 셈이다. 이 숫자는 1995년 주일 미군의 일본 소녀 폭행 사건에 대한 항의집회 당시 참가자 8만 5,000여 명보다 많은 것으로, 1972년 미국의 오키나와 반환 이후 최대 규모의 주민집회로 기록됐다. 집단자결에서 살아남은 사람들이 등장해 스스로의 체험을 바탕으로 "주민들의 집단자살에 일본군이 직접 관여했다"고 증언하기도 했다.[33)]

2008년 3월 28일, 일본 오사카(大阪) 지방재판소는 오키나와 전투에 참가했던 일본군 지휘관들이 '군이 오키나와 집단자살을 지시했다'고 기술한 노벨문학상 수상 작가 오에 겐자부로(大江健三郞)의 책을 문제 삼아 제기한 명예훼손 손해배상청구를 기각했다. 후카미 도시마사(深見敏正) 재판장은 "명령을 했다고 단정할 수는 없으나 '명령이 있었다'고 믿을 상당한 이유가 있다"고 판시했다. 재판장은 "자결용 수류탄이 배분되었으며 일본군이 주둔하지 않은 섬에서는 집단자결이 없었다"는 점을 근거로 들었다.[34)]

일본에 대해 너그럽고 싶은가? 한국의 반일감정을 경멸하고 싶은가? 역사를 알려고 들지 말아야 한다. 혹 오다가다 들은 게 있더라도 곧 잊어야 한다. 역사를 제대로 알고선 일본에 대해 너그러울 수가 없다. 물론 오늘의 일본인은 가족끼리 때려죽인 오키나와 집단자결 사건에 대해 아무런 책임이 없다. 그러나 직접적인 책임만 없는 것일 뿐, 일본 정부와 우익의 교과서 왜곡에 침묵한다면 스스로 간접적인 책임을 지겠다는 것에 다름 아니다. 일상적 삶에선 지구상에서 둘째가라면 서러울 정도로 선량한 일본인들의 적극적인 양심회복운동을 전 지구적 차원에서 전개해야 할 이유도 여기에 있다. 그들 영혼의 건강을 위해서다.

03

얄타회담과 제2차 세계대전의 종전

이광수의 「모든 것을 바치리」

"아아, 조선의 동포들아/ 우리 모든 것을 바치자/ 우리 모든 땀을 바치자/ 우리 모든 피를 바치자/ 우리 충성에 불타는 머릿속을, 심장을 바치자/ 동포야 우리들, 무엇을 아끼랴/ 내 생명에서 나온 것이라고 말하지 말지어다/ 내 생명 그것조차 바쳐 올리자/ 우리 임금님께, 우리 임금님께"

이광수가 『매일신보』 1945년 1월 18일자에 쓴 「모든 것을 바치리」라는 시다. 이에 대해 이중연은 "'바치자'로 시작해 '바치자'로 끝난다"며 "군국주의의 '찬송가'라 하면 딱 어울릴 글이다. '천황'이란 자를 교주로 한 '중세'의 사교(邪敎) 집단에서나 외칠 주문이다. 기막힌 일이다. 이광수의 입에서 이런 주문이 나왔다는 사실이"라고 했다.[35]

그러나 당시 세상은 "일제에 모든 것을 바쳐야 할 필요가 있는가"

1945년 3월 10일 미군의 도쿄 대공습으로 폐허가 된 모습. 8만 3,000명의 사망자와 11만 명의 부상자가 발생한 것은 물론 26만 7,000채의 가옥이 소실되고 100만 명 이상의 이재민이 발생했다.

하는 의문을 증폭시키는 쪽으로 돌아가고 있었다. 1944년 7월~8월 미군 비행기가 서울 하늘에 출몰하기 시작했으며, 1944년 11월 24일 B29 폭격기가 처음으로 일본 본토를 공습했다.

반면 일제는 비행기를 띄울 기름마저 부족했다. 일제는 1945년 들어 국민학생들의 수업마저 전폐하고 이른바 '노력동원'에 내몰았다. 주로 하는 게 소나무 뿌리 캐기였다. 이 뿌리에서 채취하는 기름, 이른바 송근유(松根油)를 가미카제(神風) 특공대가 타고 날아갈 비행기에 급유한다는 것이다. 최정호의 경험담이다.

"소나무 뿌리 캐기를 진종일 한다는 것은 열 살짜리 어린아이들한테는 중노동이었다. 그러한 중노동의 보상으로 우리가 배급받는 것은 요즘 같으면 개도 먹지 않을 이상한 야초로 빚은 떡, '요모기 빵'이라는 것이었다. 중노동과 그 보상에 행여 불만을 터뜨릴세라 우리들의 주변에는 기특한 표어가 우리들의 마음을 달래고 있었다. '호시가리마센 가쓰마데와—아무것도 부러워하지 않을래요. 이길 때까지는'라는 표어였다. 우리들은 배고프고 고달플 때엔 그 표어를 최면제처럼 반추했다."[36]

1945년 3월 10일 미군의 도쿄 대공습은 사망자 8만 3,000명, 부상자 11만 명을 낳았다. 26만 7,000채의 가옥이 소실되었으며, 이재민 100만 명이 발생했다. 1945년 5월부터 일본에 대한 공습은 연일 계속되었다.[37]

미·영·소 3국정상의 얄타회담

미군의 공습 와중인 1945년 2월 8일부터 8일간 흑해의 휴양지 얄타에서 열린 미국(루스벨트), 영국(처칠), 소련(스탈린) 등 3국 정상회담에선 소련의 대일참전과 전후처리 문제가 다뤄졌다. 이 회담에서 소련은 180일 이내에 일본과의 전쟁에 들어가겠다고 약속한 대가로 동북아에서 사할린 등 제정 러시아시대의 구 영토와 만주에서의 여러 권

1945년 2월에 있었던 얄타회담. 왼쪽부터 처칠, 루스벨트, 스탈린이며 이 회담에서 미국의 루스벨트는 스탈린에게 한국에 대한 신탁통치를 제의했다.

익의 회복을 보장받았다.[38]

당시 미국은 일본의 전력을 과대평가하고 있었다. 그때 일본의 군사력은 일본 본토에 200만 명, 서남아시아와 태평양군도에 100만 명, 한국 · 만주 · 대만에 200만 명(한국 주둔군 36만 5,000명) 등 모두 500만 명이나 되었기 때문에 일본을 패배시키기엔 시간이 오래 걸릴 뿐만 아니라 미국의 피해가 클 것이라고 생각했다.[39] 그래서 소련이 참전하기를 원했다.

얄타회담 기간 중 루스벨트는 스탈린과 나눈 비공식 대화에서 한국에 대한 신탁통치를 제의했다. 스탈린과 주고받은 대화를 보자.

스탈린: 한국인들이 그들 자신의 만족할 만한 정부를 세울 수 있다면 탁치가 필요하겠느냐.
루스벨트: 필리핀이 자치정부를 준비하는 데 약 50년이 소요되었다. 한국의 경우에는 그 기간이 20년 내지 30년일 수 있다.
스탈린: 그 기간이 짧을수록 좋다.[40]

카이로와 얄타의 차이를 한 가지 들자면, 세력이 약화된 중국의 장제스가 얄타회담엔 초대받지 못했다는 점일 것이다. 장제스는 한국을 잘 아는데다 무슨 '야심'에서 비롯됐건 한국의 독립을 옹호해준 인물이었기에 그의 불참이 한국엔 불행이었다는 시각이 있다.[41] 그러나 루스벨트는 카이로회담 직후 사적인 대화에서 장제스도 한국을 25년간 후견하에 두는 것에 합의했다고 말했다.[42]

당시 미 · 영 · 소 3국 가운데 특히 미국은 한국에 대해 무지하고 무관심했다. 당시 미 국무장관이었던 에드워드 스테티니어스(Edward Stettinius, Jr. 1900~1949)는 얄타회담을 앞두고 부하 직원에게 한국이 도대체 어디에 박혀 있는 나라인지 아느냐고 물었다.[43] 게다가 미국은 한국을 깔보고 있었다.

'한국인' 과 '파벌주의' 는 동의어

신복룡은 "한국에 대한 미국의 원초적 무지와 무관심, 그리고 한국에

미국 OSS 교관들과 함께한 광복군. 항일투쟁을 하는 한국 민족주의자들은 좌 · 우 간 노선 대립으로 대외 창구가 일원화되지 않았다. 그래서 국제 사회주의운동가들 사이에서 '한국인'은 '파벌주의'라는 말과 곧 동의어가 되었다.

대한 제국적 오만"에 대해 비판적인 자세를 취하면서도, 미국이 한국을 그토록 비하한 데 대해선 한국인 자신이 상당한 책임을 져야 한다고 했다.

"이미 1920년대에 상하이 임시정부에는 27개의 정당 · 사회단체가 난립하여 최악의 분파주의를 노정했고 이러한 현상은 그 후에도 지속되어 해방 직전 미국 전략국(OSS)의 정보보고서는 임시정부의 분열상과 해방 이후 임시정부 요인들의 수권 능력의 불신에 관한 설명으로 가득 차 있다."[44]

차기벽도 '한국 민족주의 내지 민족운동의 으뜸가는 특징'으로 '내부분열'을 지적하면서 그 이유를 '반(反)봉건투쟁의 미완수와 자신상실(自信喪失)'에서 찾았다.[45]

마이클 브린(Michael Breen)도 항일투쟁을 하는 한국 민족주의자들의 분열상을 지적했다. 그는 "한국 민족주의자들이 아무런 독립 노력을 기울이지 않았다는 뜻이 아니다. 안타까운 것은, 이들은 좌우세력간 노선 대립으로 갈가리 찢겨 있었다는 사실이다. 대외 창구가 일원화되지 않아 10인 10색의 주장을 폈을 뿐인 것이다"며 다음과 같이 말했다.

"서양 강대국들이 지정학적 경제적 이해를 위해 수백만의 병력을 지구 반대편으로 바삐 움직이고 있을 때, 한국의 독립운동세력은 너무나 제각각 목청을 높였던 것이다. 세상을 몰랐던 것일까. 한국 민족주의자들은 너무나 까다로웠고 자기 아집에만 얽매여 있었다. 그들에겐 연합전선 구축이나 일관된 주장을 펼쳐야 한다는 생각이 전혀 없었다. '한국인' 이란 말은 심지어 국제 사회주의운동 세력들 사이에서조차 '파벌주의' 라는 말과 동의어가 되고 있었다. 지도자의 분열이 분단의 한 요인이라는 비난을 피하기 어려운 대목이다."[46]

독립운동세력 내부의 극심한 분열상은 그들이 처해 있던 상황이 그만큼 어렵고 열악했다는 걸로도 볼 수 있지 않을까? 이런 물음은 애써 자위하는 것으로 여겨질 수도 있겠지만, 독립운동가들이 처해 있던 객관적 조건이 최악이었다는 건 분명한 사실이기에 그런 균형 감각을 갖는 것도 필요하지 않겠느냐는 것이다.

무솔리니 처형, 히틀러 자살

1945년 4월 12일 루스벨트가 죽자, 부통령이 된 지 불과 82일 만에 해리 트루먼(Harry Shippe Truman, 1884~1972)이 대통령직을 승계하였다. 트루먼의 등장은 루스벨트가 신봉했던 국제주의의 종식을 전제로 한 미국 외교정책의 전면적 변화를 예고하는 것이었다.

무엇보다도 트루먼은 반소(反蘇)감정이 매우 강해 이미 상원의원 시절에 "독일인들과 소련 사람들이 피가 다 빠질 때까지 싸웠으면 좋겠다"는 독설을 서슴지 않았던 인물이었다. 그는 국제주의적인 협상과 타협을 비도덕적인 것으로 간주하였으며 자유세계의 방위를 위해선 소련이라고 하는 '세계적인 깡패'에 대해 십자군적인 자세를 가져야 한다는 신념의 소유자였다.[47]

트루먼의 대소 강경정책은 약 2년 후에 구체적으로 선을 보이게 되지만, 트루먼의 대통령 취임을 계기로 미국의 외교정책은 소련의 팽창주의를 봉쇄하는 쪽으로 서서히 전환하게 되었다.

이즈음 일제의 몰락과 마찬가지로 유럽 파시즘도 몰락하고 있었다. 무솔리니는 연합군이 진주해오자 변장을 하고 도피행각을 벌였지만 이탈리아 빨치산들에게 잡혀 총살당한 후 밀라노 광장에 거꾸로 매달린 채 전시되는 비참한 운명의 주인공이 되고 말았다.[48] 엄창현은 무솔리니의 최후의 장면에 대해 다음과 같이 말한다.

"1945년 4월 28일 공산계열 파르티잔(Partizan, 빨치산)들이 무솔리니와 그의 정부(情婦) 클라라 페타치를 코머 호숫가에서 살해했다. 얼마 후 그는 그의 정부와 함께 거꾸로 매달렸다. 정부의 치마가 뒤집어지면서 치부가 드러났다. 지나가던 노파가 혀를 끌끌 차면서 드리워진 치마를 다리 사이로 끌어올려 치부를 가려주었다. 히틀러가 무솔리니의 죽음에 어떻게 반응했는지는 알려져 있지 않다. 그러나 확실한 것은 무솔리니의 최후의 장면 때문에 히틀러가 서둘러 자살을 준비했을 것이라는 사실이다."[49]

일제의 몰락과 마찬가지로 유럽의 파시즘도 몰락했다. 무솔리니는 이탈리아 빨치산에게 잡혀 총살당한 후 자신의 정부 클라라와 함께 밀라노 광장에 매달린 채 전시되었다.

히틀러 군대의 폴란드 침공으로 제2차 세계대전이 시작된 지 5년 8개월이 되는 1945년 4월 30일, 히틀러는 베를린의 지하벙커에서 정부 에바 브라운과 함께 자살하였다. 5월 1일, 히틀러가 '전장에서 죽었음'을 알리는 공식 보고를 마지막으로 수행한 괴벨스(Joseph Göels, 1897~1945)는 자기 아내와 여섯 자식들에게 청산가리를 각각 나누어

주었고, 전 가족이 몰사했다.[50)]

5월 7일 독일대표는 연합군 본부가 있는 프랑스 도시 랭스(Reims)에서 공식적으로 무조건 항복 문서에 서명하였다. 이로써 유럽에서의 제2차 세계대전은 공식적으로 종결되었다. 아직 끝나지 않은 태평양전쟁까지 합하면, 이 시기의 전쟁으로 인해 희생된 인명만 해도 3,500만 명에서 5,000만 명에 이른다. 히틀러가 일으킨 전쟁으로 인해 사망한 독일인은 모두 680만 명이었고, 전쟁 막바지에 연합군의 폭격으로 사망한 사람만도 30만 명에 부상자(중상)는 거의 100만 명에 이르렀다.[51)]

종전 후 독일은 히틀러와 그 일당의 죄악을 갚느라고 애써왔다. 가장 큰 피해를 본 유대인들의 입장에선 충분하지 않았을망정, 한국에서 볼 때엔 감동적이기까지 하다. 일본이 제대로 된 배상 · 보상은커녕 자신들의 죄악을 인정조차 않거니와 정치인들이 기회만 닿으면 한국인들을 포함한 아시아인들의 상처에 소금을 뿌려대는 망언을 인기 전술로 쓰는 작태를 오랫동안 질리도록 보아온 탓이다.

04

조선언론보국회와 부민관 폭파 사건

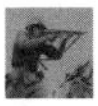

1945년 3월~5월의 항일투쟁

아직 태평양전쟁은 끝나지 않았다. 징용이나 징병을 피해 곳곳에서 산속으로 들어간 사람들은 집단을 형성하고 반일무장투쟁을 전개했다. 1944년 경북 경산에선 징용을 기피한 청장년 27명이 산에 들어가 결심대라는 단체를 조직하고 식량과 죽창, 낫 등의 무기를 휴대하고 산속에 숨어 있었다. 또 1945년 3월 지리산에선 징용 · 징병을 거부한 청년 300명가량이 숨어있었는데, 이들 중 73명이 보광당을 조직해 군사훈련을 실시하면서 무기를 입수하기 위해 인근의 경찰 주재소를 습격하기도 했다.[52]

1945년 4월 함흥형무소 폭동 사건이 일어났다. 함흥형무소에 구금돼 있던 1,000여 명의 재소자들이 폭동을 일으켜 9명의 간수를 살해하고 구치소에 불을 지른 뒤 '조선독립'을 외치다 진압된 사건이다.[53]

1945년 5월엔 경북 청송군에서 '시온산제국 사건'이 일어났다. 이는 일제의 강압에 굴복해 신사참배를 결의하고 전쟁에 협력하던 기성 교회에 강하게 반발한 신자들이 종말론적이고 반일적인 교리를 갖고 있던 '시온산제국'에 가입해 활동하다 관련자 15명이 당국에 체포된 사건이다. 종단의 공식 명칭은 '시온산 성일제국(聖逸帝國)'으로, 장로회 계통 성경학교를 다닌 박동기가 창시한 것으로 알려졌다. 당시 '시온산제국'은 일본 패배, 연합군 승리를 예상했으며, 이에 따라 일제로부터의 독립을 선언하고 헌법도 공포했다. 또 신자 600여 명을 장관, 군사령관, 국회의장, 군수 및 '일본총독(주일본 조선총독)'에 임명했다. 이들은 국가(國歌)를 만들고 연합군 상륙을 환영하기 위해 '시온왕국기' 1,600개도 제작했으나 일제에 발각돼 체포됐다.[54]

조선언론보국회의 결성

일제는 최후의 발악을 남겨두고 있었다. 1945년 6월 8일 일본은 천황(天皇) 임석하의 최고전쟁지도자회의에서 '본토결전(本土決戰)' 방침을 채택했다. 그에 따라 본토 사수를 위한 병력을 59개 사단으로 확충하고 '국민의용군'을 편성해서 미군이 상륙하면 인해전술로 적을 바다로 내쫓기로 했다. 이에 따라 조선의 국민학교 아동도 허수아비를 죽창으로 찌르는 연습을 해야만 했다.[55]

최준이 "단말마(斷末魔)의 일본 제국주의의 앞잡이"라고 비판한 『매일신보』의 작태는 1945년 6월 8일 이른바 '조선언론보국회'라는 것이 탄생함으로써 극을 치닫게 되었다. 조선언론보국회는 "언론의 총력을 결집하고 사상전에 감투"하기 위한 목적으로 결성된 것인데, 임

1945년 6월 8일 일본은 본토결전을 채택하고 '국민의용군'을 편성해 미군이 상륙하면 인해전술로 적을 바다로 내쫓기로 결정했다. 때문에 조선의 국민학생들까지 허수아비를 죽창으로 찌르는 연습을 해야 했다. 사진은 군사훈련을 받고 있는 당시 여고생들의 모습.

종국은 조선언론보국회와 연계된 『매일신보』의 활동에 대해 다음과 같이 말했다.

"조선언론보국회는 1945년 6월 15일 언론총진격 대강연회를 열었다. 이성환, 최린과 일인 2명이 '국민의용대에 대하여' 등의 연제(演題)로 강연했으며, 박남규, 박인덕, 이정섭, 이창수, 최백순, 쓰루야마 외 일인 12명이 시내 18개 극장의 막간을 이용해서 강연하였다. 이어서 언론보국회는 1945년 7월 4일 『경성일보』 『매일신보』 공동주최로 본토결전부민대회를 열었다. 최린의 개회사, 최재서의 낭독으로 '우리 본토에는 황군과 꼭 한몸이 되고 있는 1억의 국민의용대가 있다……'라는 선언문을 채택하고 연설, 황민시 낭독 등의 식순을 진행시켰다. 언론보국회는 또 1945년 7월 20일부터 전선 49개 중요 도시에 언론인 25명을 파견해서 '본토결전과 국민의용대 대강연회'를 열게 하였다."[56]

조선언론보국회를 조직해 회장으로 활동한 최린은 훗날 해방 후 반민특위에 구속돼 민족반역자로 심판대에 올랐다. 특히 그는 재판과정에서 다른 피고인에 비해 비교적 솔직한 참회로 재판부와 방청객들로부터 동정을 샀는데, 심지어 "민족 앞에 죄지은 나를 광화문 네거리에서 사지를 찢어 죽여라"고 사죄해 법정 안을 온통 울음바다로 만들기도 했다.[57]

부민관 폭파 사건

일제의 발악은 1945년 7월까지 계속되었다. 7월 24일 친일파 거두 박춘금(1891~?) 일당이 필승 체제 확립과 내선일체의 촉진을 목표로 대의당(大義黨)을 결성, '아시아민족분격대회'라는 것을 서울 부민관에서 열었다.

박춘금이 누구인가? 그는 1924년 김성수와 송진우를 굴복시킨 '식도원 테러 사건'으로 악명을 떨친 바 있다. 박춘금은 1932년 일본의 제18회 총선거에서 도쿄 제4구에 입후보해 중의원 의원으로 당선되었다. 일본인들의 지지까지 얻어낸 희한한 선거였다. 일본인보다 더 일본인다운 모습을 보인 결과였다고나 할까. 이후 또 한 차례 중의원을 지낸 박춘금은 대의당이라는 친일폭력단체를 만들어 일제의 지원하에 요시찰 인물이나 비협력분자를 응징해 말살하고자 했다.

대한애국청년단 소속의 조문기(1927~2008)는 부민관 폭파 사건을 이끈 주역 중의 한 명이다. 해방 후 그는 민족문제연구소 이사장이 되어 '친일 문제'와 관련한 활동을 활발히 펼쳤다.

전세가 급박해진 1945년 4월 초, 조선총독부는 조선이 전쟁터가 될 것을 대비해 요시찰 인물에 대한 조치계획을 세웠다. 일제는 이 계획을 실천할 하수인으로 박춘금을, 우두머리로 이광수를 내세울 책략을 세웠지만, 이광수가 거절하자 박춘금이 모든 것을 맡아 7월 24일 부민관에서 발대식을 열게 되었다.[58]

이에 대한애국청년단의 조문기(1927~2008), 유만수(1924~1975), 강윤국(1926~?) 등이 발대식장에 다이너마이트를 설치해 폭파시킴으로써 항일의거의 마지막 장을 장식했다. 이로 인해 대의당원 한 명이 현장에서 폭사하고 수십 명이 부상당했다. 일제는 범인 색출에 광분했지만, 뜻을 이루지 못했다. 사건의 전모는 해방 후에야 밝혀졌다.[59]

미 · 영 · 소 3국정상의 포츠담회담

1945년 7월 22일 독일 베를린 교외의 포츠담에서 열린 미국(트루먼), 영국(처칠), 소련(스탈린) 등 3국 정상회담은 일본에 대한 무조건 항복 요구와 소련의 참전(參戰) 문제를 논의했다. 다음 날에 발표된 '포츠담선언'은 "한국이 적당한 시기에 독립되어야 한다"는 '카이로선언'의 내용을 재확인했다. 그러나 미국은 한국 문제에 대한 토의 자체를 거부함으로써 종전 후 신탁통치 문제에 대한 혼란을 초래했다.

7월 15일 포츠담에 도착한 트루먼은 16일 저녁 뉴멕시코 사막에서의 원자폭탄 실험 성공소식을 접했으며, 이 사실을 18일과 24일에 각각 처칠과 스탈린에게 비공식적으로 알렸다.[60]

이즈음 일본 경찰의 자세에 변화가 생겼다. 한승격의 증언이다.

"포츠담선언은 절대 보도하지 못했죠. 근데 포츠담선언을 단파로 들은 사람이 말했다가 몇십 명 붙잡혀 들어가 혼났습니다. ……나가서 강하게만 하지 말아달라고 고등계 주임이 얘기하는 것을 보고 그때 벌써 감이 다르구나 이런 생각이 들었습니다. ……모든 정책이 유화적으로 나갑디다."[61]

1945년 7월 25일 창경원 관리 책임자로 있던 사토는 전 직원을 불러놓고 사람을 해칠 만한 맹수류는 모두 죽여야 한다고 지시했다. 창경원을 미군이 폭격할 경우, 동물들이 우리를 뛰쳐나와 사람을 해치

1945년 7월 22일 독일 베를린 교외의 '포츠담'에서 만난 영국, 미국, 소련의 세 정상. 왼쪽부터 처칠, 트루먼, 스탈린. 이날 회담에서 3국 정상은 일본의 무조건 항복 요구와 소련의 참전 문제를 논의했다.

지 않도록 미리 죽이라는 지령이 도쿄에서 왔다는 것이다. 극비리에 이름을 알 수 없는 극약이 배부됐고, 극약이 들었는지도 모르고 저녁을 먹은 동물들은 코끼리 · 사자 · 호랑이 · 곰 · 뱀 · 악어 · 독수리 등 모두 150여 마리였다.[62] 대체 동물들이 무슨 죄가 있다고!

열흘 후 일본 본토에 원자폭탄이 떨어졌다. 동물이나 인간이나 모두 대량학살의 대상이 되는 동물사 · 인류사의 비극이 일어난 것이다. 하지만 누구를 원망할 것인가? 이 모든 책임은 애당초 평화를 깨부수고 전쟁의 광기에 사로잡혀 대량살육을 일삼아온 일본에 있었다.

제5장

1945년 8·15 해방

01

히로시마 · 나가사키 원자폭탄 투하

사망 21만 명, 피폭 26만 명

1945년 8월 5일까지 일본 내 69개 지역에 대한 미국의 공습으로 225만 채의 건물이 파괴되었고, 900만의 이재민이 발생했으며, 26만 명이 죽었고, 부상자가 41만 명에 이르렀다.[1] 그럼에도 일본의 태도엔 변화가 없었다. 그러나 8월 6일 이후 모든 것이 달라지기 시작했다.

1945년 8월 6일 오전 8시 15분. 미국은 일본 히로시마시 중심부 580미터 상공에서 원자폭탄을 투하했다. 그리고 8일에는 나가사키에 원자폭탄을 투하했다. 히로시마의 총인구 24만 5,000명 중 그날에만 10만 명이 죽었다. 나카사키에 원폭이 투하된 날엔 7만 4,800명이 사망했다.[2] 1945년 말까지 21만 명이 숨지고, 지금도 26만 명의 피폭자가 후유증으로 고생하고 있다.[3]

1975년 10월 기자회견에서 히로히토 국왕은 히로시마, 나가사키

1945년 8월 6일 아침 8시 15분, 미국의 히로시마 원폭 투하로 10만 명이 죽었으며 8월 8일에 시행된 나가사키 원폭 투하로 7만 4,800명이 죽었다. 또한 1945년 말까지 피폭으로 인해 21만 명이 숨졌으며 지금까지 26만 명의 피폭자가 후유증으로 고생하고 있다.

원폭 투하에 대한 감상을 질문받고 "원자폭탄이 투하된 것에 대해서는 유감으로 생각하고 있다. 그러나 전쟁 중이므로 히로시마 시민에 대해서는 안 된 일이지만, 어쩔 수 없는 일이라고 생각하고 있다"고 말했다.[4)]

1981년 히로시마 원폭 투하 36주년을 맞아 다케미 다로 전 일본의사회 회장은 미국의사회보에 기고한 글에서 원폭 투하가 항복을 재촉해서 결과적으로 일본을 구했다는, 그때까지 어떤 일본인도 감히 공언하지 않던 사실을 밝혔다. 최정호는 "주목해야 할 점은 다케미 전 회장이 원폭 투하에 의한 전쟁의 조기 종결이 (일본의 양심적인 인사조차 그렇게 믿고 있는) 100만 명의 미군만을 구조한 것이 아니라 '이치오쿠소오교쿠사이(一億總玉碎, 일억총옥쇄)'의 결의로 수백 수천만 명이 희생될 무모한 전쟁을 계속하려던 '일본을 구했다'는 것을 지적한 점이다"라고 그 의의를 평가했다.[5)]

1995년 일본 NHK가 실시한 조사에서 '히로시마 · 나가사키 원폭 투하가 옳았다'고 생각하는 사람의 비율이 일본 8.2퍼센트, 미국 62.3퍼센트, 한국 80.5퍼센트인 것으로 나타났다. 이에 대해 도쿄대 철학교수 다카하시 데쓰야는 "원폭 투하를 긍정하는 사람이 미국보다도 한국에서 많았던 것은 왜일까?"라고 물으면서 다음과 같이 주장했다.

"원폭 투하가 일본의 패전을 결정적으로 만들어 식민지 지배로부터 해방을 도왔다는 견해나, 전쟁 이후에도 식민지 지배나 침략의 책임을 명확히 인정하지 않는 일본에 대한 비판 등이 이유가 아닐까? 원폭의 참화와 피해의 고통을 이해하기 위해서는 먼저 일본인들이 한국 · 아시아인들에게 안겨준 참화와 고통을 이해하지 않으면 안 된다. 이것도 식민지 지배의 결과인데 피폭자 가운데는 조선인들도 있다.

일본에서든 한국에서든 원폭이라는 악에 대한 이해가 한층 깊어지기를 바란다."[6)]

한국인 사망자 4만~5만 명

1998년 10월 1일 한국인 피폭자 피해보상운동을 벌여온 원폭피해자협회는 일본 정부와 오사카부지사를 제소해, 2001년 6월 1일 오사카지방법원에서 승소했다. 2002년 12월 5일 고등법원에서도 승소했으며, 그달 18일 일본 정부는 상고를 포기했다. 이 운동을 이끌어 온 곽귀훈은 "당시 일본 히로시마와 나가사키에 살고 있던 한국인의 수는 상세히 알 길이 없고 조사할 자료도 없지만 어림잡아 7만~8만 명으로 추산한다"며 다음과 같이 말했다.

"이 7만~8만 명 중 원자탄 투하 당시 폭사한 사람은 4만~5만 명이고, 살아서 귀국한 사람은 2만 3000명, 일본에 남아있는 사람은 7,000명 정도로 추정된다는 것이 정설이다. 일본 전체의 피폭자가 70만 명이니까 그 10분의 1, 즉 1할이 한국인인 셈이다. ……육체는 방사선 피해로 벌집처럼 되었고, 외모는 한센병 환자와 구별이 안 되니 상대해주는 이웃도 없었다. 그러니까 거지 중에도 상거지, 사람들 눈을 피해 깊은 산중에서 움막을 짓고 살기가 일쑤였다. 가난하고 병들고 약 사먹을 돈이 없으니 죽는 수밖에 도리가 없었던 것이다. 그래서 지금 살아남아 협회에 등록되어 있는 피폭자는 2,100명 정도다. 일본의 피폭자가 28만 5,000명이니까 한국인 피폭자는 그 1할인 3만 명 가까이 돼야 하는데 10퍼센트는커녕 1퍼센트도 못 된다. 다 어디로 갔는가? 모두들 천추의 한을 품고 저승으로 간 것이리라. 나는 그

원자폭탄으로 폐허가 된 나가사키의 모습.

들의 참상을 직시하면서 반세기를 살아왔다. 눈뜨고 차마 바라볼 수 없는 참혹한 광경, 눈물 없이 들을 수 없는 그들의 처절한 신세타령. 그들은 외치다 쓰러지면서 '내가 죽거든 시체를 일본 대사관으로 가지고 가라' 는 말을 남기고 죽어갔다."

곽귀훈은 "일본 정부는 1967년 한국인들이 원폭피해자협회를 조직하고 피해보상을 요구하니까 한일협정에서 모두 청산되었다면서 상대도 해주지 않았다"며 "내가 일본 정부에서 받아내려는 금품은, 비록 1원이라도 전쟁 책임을 묻는 보상금이다"고 했다.[7]

2005년 6월 '원폭피해자 진상규명 및 지원을 위한 특별법안' 이 국회에 제출됐다(그러나 지금까지도 법률제정엔 이르지 못하고 있다).

원폭 투하의 정치적 의미

2007년 7월초 나가사키 출신의 규마 후미오(久間章生) 일본 방위상은 "나가사키에 (원폭이) 투하돼 비참한 지경을 당했지만, 그것으로 전쟁이 끝났다라고 머릿속으로 정리하는 것도 어쩔 수 없다고 생각한다. 그것을 가지고 미국을 원망할 생각은 없다"고 말했다. 그의 지역구인 나가사키와 히로시마는 물론, 전국에서 비난과 항의의 목소리가 쇄도했다. 규마의 발언이 역사를 망각하고 미국의 원폭 정당화를 추종한다는 비난이었다. 이런 비난 공세에 밀려 그는 7월 3일 사임했다.[8]

도쿄대 교수 다카하시 데쓰야는 "규마의 발언도, 히로히토 국왕의 발언도 원폭 투하는 '어쩔 수 없다' 라는 점에서 본질적으로 차이가 없다. 그러나 히로히토 국왕의 발언에 대해서는 이번과 같은 격한 항의나 비난이 전혀 없었다. 이것은 무엇을 의미할까?"라고 물으며 다

20만 명 이상의 목숨을 앗아간 미국의 '원폭 투하'는 장기전으로 인한 100만 미군의 생명과 그 이상이 될 수 있는 일본인의 목숨을 구한 '정의의 폭탄'이라 평가된다. 사진은 히로시마에 원자폭탄이 터진 후 뜨거운 화염 폭풍이 일자 생존자들이 황급히 피하는 모습.

음과 같이 답했다.

"히로히토 국왕은 1945년 2월 '국체호지(國體護持, 천황제 유지)'의 보증이 없다며 고노에 후미마로(近衛文磨, 1891~1945) 당시 총리의 조기 종전 제안을 물리쳤다. 그 시점에서 종전 결단을 했다면 오키나와전이나 원폭피해도 없었을 터이기 때문에 그 책임이 거론되는 존재다. 그러나 규마의 발언을 대대적으로 문제 삼은 신문, 텔레비전, 정치가들이 히로히토 국왕의 책임 문제를 다룰 가능성은 거의 없다. 여기에서 일본사회의 결정적 약점이 드러난다. 장관의 망언은 비판할 수 있어도 같은 취지의 국왕의 발언은 비판될 수 없다는 약점이다."[9]

규마의 발언에 대해 비난만 있었던 건 아니다. 미국인은 원폭 투하로 전쟁이 끝나 100만 명의 미군이 구조됐다고 믿고 있으며 많은 한국인과 중국인은 일본이 피해자인 척하는 부당한 주장을 드디어 거두고 '정의의 폭탄' 투하를 뒤늦게나마 인정한 것으로 규마의 발언을 이해한다는 논평도 나왔다.[10]

최정호는 "원폭 투하는 그에 희생된 20만 명의 고귀한 인명의 몇 배가 되는 미군뿐 아니라 그보다 훨씬 더 많은 수십 배의 일본인을 구했다는 점에서 망각해선 안 될 역사의 진실"이라고 지적한 뒤 "원폭이 죽인 것은 한국인 2만 명을 포함한 희생자만이 아니라 그보다도 일본의 침략전쟁을 뉘우치는 양심과 염치심은 아닐까"라고 말했다.[11]

2007년 10월 31일 일본 최고재판소는 히로시마의 미쓰비시중공업으로 강제 징용되었다가 원폭피해를 당했던 한국인들이 제기한 소송에서 일본 정부가 원고들에게 4,800만 엔을 배상하라고 판결했다. 『경향신문』은 "일본의 최상급 법원이 사상 처음으로 징용을 반인도적 행위로 인정하고 일본 정부의 책임을 물은 것이다"며 "만시지탄(晩時之歎)이긴 하지만 그래도 최고재판소가 최소한의 양심을 보여주었다고 평가할 만하다"고 했다.[12]

원폭 2세 환우의 3중고

2008년 5월, 원폭피해자 2세 환우로 '한국 원폭 2세 환우회'를 결성하는 데에 앞장선 김형률(1970~2005)의 삶을 다룬 책 『삶은 계속 되어야 한다』가 부산교육대 교수(사회교육과) 전진성에 의해 출간되었다.

"김 군, 자네 그럼 안 돼! 왜 여기 멀리까지 돈 구걸하러 왔나?" 2005년 5월 도쿄에서 열린 '일본의 과거청산을 요구하는 국제연대협의회' 심포지엄에 참석한 김형률에게 한국원폭피해자협회 회장이 했다는 말이다. 이 말에 큰 충격과 상처를 받은 김형률은 귀국 후 닷새 만에 숨을 거두었다.[13]

원폭 1세가 식민지배의 고통, 원폭피해의 고통, 한 · 일 정부로부터 방치된 고통이라는 '삼중의 고통'을 겪었다면, 원폭 2세 환우는 식민지배의 고통은 없을망정 원폭피해의 고통, 한 · 일 정부로부터 방치된 고통 외에 원폭 피해 1세대로부터도 외면당하는 고통이라는 '삼중의 고통'을 겪고 있다. 전진성은 "원폭 1세들은 원폭의 유전을 인정하지 않고 있습니다. 2세들에게 사회적 불이익이 갈 것을 걱정하는 것이지요. 물론 대다수 원폭 2세들은 건강합니다. 그러나 아픈 원폭 2세가 있는 것도 사실입니다. 김씨는 이를 인권 · 반전 · 평화의 문제로 확장시켰습니다"라고 말했다. 2008년 '한국 원폭 2세 환우회'의 회원 수는 470명에 이른다.[14]

일본인의 '피해자의식'

2008년 6월, 한양대 사학과 교수 임지현은 제임스 오(James J. Orr)의 『일본의 평화운동과 민족주의』에 대한 서평에서 "일본사회의 집단적 기억의 매트릭스를 찬찬히 뜯어보면, 다소 뜻밖의 의식구조를 발견하게 된다. 피해자의식 혹은 희생자의식이 그것이다. 일본 식민주의와 15년 침략전쟁의 피해자인 동아시아 민중으로서는 납득하기 어려운 대목이다. 아무리 의식의 세계에서라지만, 어떻게 가해자가 피해자가

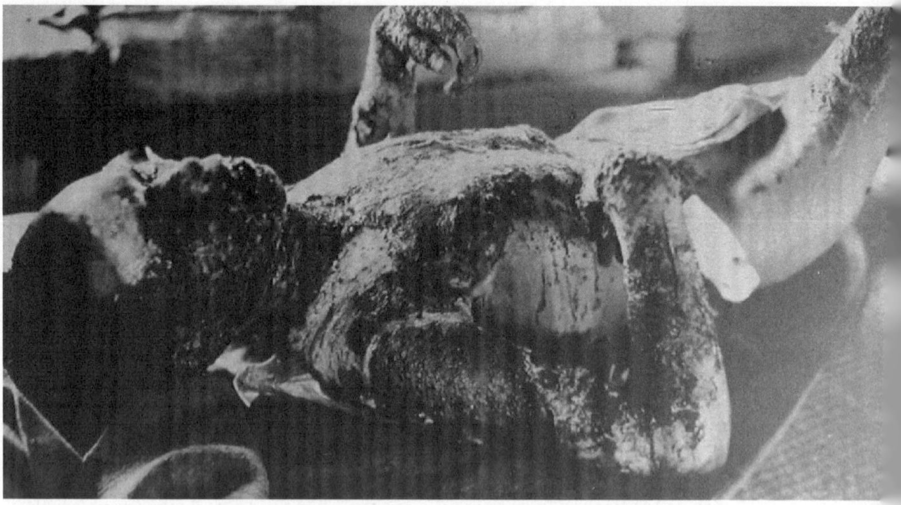

원폭피해자의 모습. 원자폭탄이 터진 장소에서 3킬로미터 떨어진 곳에 있었던 희생자는 고온으로 치명적인 화상을 입고 말았다.

된단 말인가?" 라면서 다음과 같이 말했다.

"미국 버크넬대 동아시아학과 교수인 저자에 따르면, 보수 자민당의 역대 수상들부터 공산당에 이르기까지 일본에서는 누구나 '유일한 피폭국(被爆國)' 이라는 슬로건을 외친다. 세계에서 유일하게 원자폭탄의 피해를 입은 나라가 일본이라는 뜻이다. 이 슬로건에는 히로시마와 나가사키가 원폭의 피해자가 된 역사적 맥락이 삭제되어 있다. 마치 태풍이나 쓰나미 등의 자연재해처럼 느닷없이 원자폭탄의 재앙이 닥친 것이다. 1954년 3월 1일 일본의 참치잡이 어선이 비키니섬에서 실시된 수폭실험의 방사능 낙진에 오염되고, 그해 9월 그 후유증으로 무선사가 죽으면서 본격화된 일본의 반핵평화운동 역시 '희생자의식' 에서 출발했다. '유일한 피폭국' 의 슬로건 아래, 가해자의 기억은 점점 엷어져갔다."

이어 임지현은 "연합군 점령 당국은 일본 민간인들을 군부 지도부와 떼어놓기 위해 평범한 일본인들도 군국주의의 피해자였다는 인상을 조장했다. 특히 '대동아전쟁'의 대안으로 점령 당국이 선호한 '태평양전쟁'이라는 용어는 아시아의 이웃들에 대한 일본의 침략 대신에 태평양 전선에서 일본인들이 겪은 고통을 일본인들의 집단기억에 각인시키는 데 기여했다. '태평양전쟁'이라는 용어 대신에 '15년 전쟁'에 대한 저자의 선호도 같은 맥락에서 이해된다"며 다음과 같이 말했다.

"1960년대 일본의 경제부흥이 제 궤도에 오르고 민족주의에 대한 긍정적 인식이 강화되면서, 전쟁 피해자에 대한 국가의 보상도 새로운 국면에 접어들었다. 저자의 표현을 빌면, 희생자의 신화가 이미 '정치적 자산'이 된 것이다. 급기야는 전몰자들뿐 아니라 만주와 한반도에서 귀환한 귀국 동포들과 지주들의 빼앗긴 자산까지도 보상하는 조치가 취해지기도 했다. 수사의 측면에서뿐만 아니라 재정적인 측면에서도 희생자들은 영웅이 된 것이다. '참회'와 '속죄'에 대한 무성한 수사에도 불구하고, 영웅이 된 이 희생자들에게서 식민지 지배와 '15년 전쟁'의 과거에 대한 고뇌 어린 성찰과 고통 받은 아시아의 이웃들에 대한 진정한 사과를 기대하기란 어려운 것이다. 가해자가 피해자에게 사과할 수는 있지만, 같은 피해자끼리 무슨 사과가 필요하단 말인가!"[15]

숨이 턱 막힌다. 임지현의 말마따나 같은 피해자끼리 무슨 사과가 필요하단 말인가! 제발이지 일의 선후관계나마 따져달라고, 일본인들에게 읍소라도 해야 하는 걸까? 그런다고 달라질 것 같지도 않다. 선

진적인 지식인들은 개화기부터 일제강점기에 이르기까지 조선 지식인들을 사로잡았던 '사회진화론'을 부정적으로 언급하지만, 아직도 세상은 여전히 오직 '힘의 논리'에 의해서만 움직이고 있잖은가.

02

일제의 항복, 건국준비위원회의 출범

30분 만에 그려진 38선

나가사키 원폭 투하로부터 12시간이 지난 1945년 8월 8일 자정 소련은 일본에 대해 선전포고했다. 이날은 스탈린이 얄타회담에서 약속한 180일째가 되는 날이었다. 이어 소련은 9일부터 총 150만의 병력과 대량의 무기를 투입하여 군사작전을 전개하였으며, 1주일 후에는 이미 작전지역의 일부인 북한에 군대를 진주시켰다. 소련의 참전 기간은 불과 6일이었다.

서방 측에서 참전 기간을 거론하면서 "소련은 다 끝난 전쟁에 참전했다"고 보는 시각에 대해 소련은 강한 거부감을 표시하면서 자신들도 충분한 피의 대가를 치렀다고 주장했다. 한국에서의 전사자는 적은 숫자였지만, 만주 등지의 전투에서는 제25군(사령관 I. M. 치스차코프)에서만 총 4,717명의 인명피해(사망 1,500명)가 났다는 것이다.[16]

광복 이후 한반도의 운명을 바꿔버린 38선. 미국의 젊은 두 대령이 30분 만에 작성한 보고서 '38도선 분할점령안'으로 인해 한국은 미·소 강국의 마음대로 '분단의 역사'를 맞이하게 되었다.

미국이 한반도정책에 대해 고민하기 시작한 것은 소련의 대일(對日) 선전포고 이후였다. 소련의 한반도 점령은 향후 군사적으로 일본과 동아시아 전체에 매우 중요한 영향력을 미치게 될 것이라는 걸 뒤늦게 깨달은 것이다.[17)]

8월 10일 일본은 포츠담선언을 수락할 용의가 있다고 미국에 통고했다. 바로 이날부터 일본 군부 일각에선 철저항전을 위한 쿠데타를 계획했으나 실패로 돌아갔다.[18)] 8월 10일 오후 늦게 국무성, 전쟁성, 해군성, 전쟁 관련 부서의 조정기구인 '3성 조정위원회'는 일본군의 항복조건들이 담긴 항복문서 '일반명령 제1호'의 문안작성 임무를 주무부서인 전쟁성 작전국 전략정책단에 긴급명령했다. 이 명령을 받은 전략정책단은 '일반명령 제1호' 가운데 한반도와 극동지역(주로 소련군이 일본군의 항복을 접수할 지역)에 관계된 부분의 초안 작성 임무를 전략정책단 정책과 과장인 찰스 본스틸(Charles Bonesteel, 1909~1977) 대령과 딘 러스크(Dean Rusk, 1909~1994) 대령에게 맡겼다(딘 러스크는 훗날 케네디, 존슨 행정부의 국무부 장관이 되었으며, 찰스 본스틸은 훗날 주한미군 사령관이 되었다).[19)]

한반도의 상황은 급박하게 돌아가고 있었다. 소련군은 이미 8월 9일부터 작전을 개시하여 중국의 서북부, 만주, 남사할린, 쿠릴열도 등지에서 일제히 공격을 시작했고, 일부 병력은 한반도 최북단 동북지역으로의 상륙작전을 준비 중에 있었다. 반면 미군 병력은 한반도로부터 1000킬로미터 남쪽인 오키나와에 진주해 있었다.[20)]

그런 이유 때문이었을까? 두 젊은 대령은 30분 만에 지도를 보고 위도 38선을 분할선으로 잡은 보고서를 작성했고, 이를 링컨 소장에게 올렸다. 보고서는 합참(합동참모본부)과 3성조정위원회, 국무장관 · 전쟁성장관 · 해군장관을 거쳐 최종적으로 대통령에게 보고되었다. 바로 이것이 최종적 '일반명령 제1호' 로 확정되어 맥아더에게 전달되었다.[21)]

일본 분단의 대용품이 된 한국

미국은 8월 14일에 38도선 획정(劃定)안을 소련 측에 전달했다. 미국은 한반도와 국경을 접하고 있으면서 군사적 우위를 점하고 있던 소련이 과연 한반도 분할점령안을 수락할 것인지 우려했지만, 소련은 의외로 바로 그 다음 날 미국의 제안을 수락한다는 전보를 보내왔다. 38도선은 미국과 소련 모두에게 놀라움을 안겨주었다고 한다. 미국은 소련이 이 분할안을 선선히 응낙한 데 대해서 놀랐고, 소련은 위도가 그토록 후하게 남쪽으로 내려간 데 대해 놀랐다는 것이다.[22)]

이 같은 38선 획정설을 가리켜 '졸속 결정설' 또는 '군사적 편의설' 이라고 하는데, 이에 반해 38선이 이미 1945년 7월 25일 포츠담에서 결정되었다는 '포츠담 획정설' 또는 '정치적 의도설' 도 제기되고 있다. 그런가 하면 '정치 · 군사 배합설' 도 제기되는 등 복잡다단한 모습을 보여주고 있다.[23)]

그러나 그 어느 쪽이건 한국이 미 · 소 두 강대국이 그들 마음대로 갖고 노는 장난감과도 같은 비참한 운명의 구렁텅이로 떨어지게 되었다는 건 분명한 사실이다. 정작 분단되어야 할 나라는 전범국가인 일본이었건만, 미국의 대소련 정책의 일환으로 한국이 분단되는 기막힌 일이 벌어지게 되었던 것이다. 일부 학자들이 지적한 바와 같이, "38도선에서의 미 · 소 양국군의 한반도 분단 점령은 일본 분단 점령의

태평양전쟁을 승리로 이끈 후 일본 점령군 최고사령관이 된 맥아더. 애당초 미국의 관심은 일본에 집중되어 있었다. 한국에 대해선 아무런 준비도 없었으며 모든 것을 야전군 사령관에게 맡겨두었다.

대용품이 되고 말았다."[24]

미국 예일대 역사학과 교수 리처드 휠란은 "이 시기 미국 정부는 '차라리 한국이라는 나라가 존재하지 않았다면 이런 고민도 없었을 텐데' 라고 생각했다"고 말했다. 정말 그랬는지는 모르겠지만, 미국의 관심이 일본에 집중되었다는 건 분명했다. 미국은 일본에서 군정을 실시하기 위한 준비 작업으로 약 2,000명의 민정관을 양성했지만 한국에 대해선 아무런 준비도 하지 않은 채 모든 걸 야전군 사령관에게만 맡겼다.[25]

조선총독부의 여운형 접촉

조선총독부는 미국의 단파방송을 통해서 8월 10일에 나온 일본의 무조건 항복 결정(포츠담선언 수락)을 이미 알고 있었다. 그래서 조선에 있는 80여만 명에 이르는 일본 민간인과 군인들의 신변보호와 안전 귀환을 최우선 과제로 삼고 즉각 실행에 돌입했다. 8월 11일 총독부 측에서 경기도지사 이쿠다(生田清三郎)를 통해 조선의 자본가 · 지주 · 명사세력을 대변할 수 있는 송진우와 접촉한 뒤 '행정위원회'를 구성해 줄 것을 요청한 것이다.

송진우는 충칭(重慶, 중경) 임시정부 봉대(奉戴, 공경하여 받들어 모심)와 연합군의 승인을 이유로 그 요청을 거절하였다. 그러자 조선총독부는 8월 14일 송진우와 가까운 김준연(1895~1971)에게도 부탁했는데, 김준연은 송진우의 참여 없이는 응하지 않겠다고 말해 이것 역시 무산되었다.[26]

서중석은 조선총독부의 송진우 접촉은 사실이나 "그것은 명백히 여운형의 경우와는 다른 '하급 수준'의 것"이었으며, "송진우가 총독부의 정권담당 의뢰 또는 치안담당 의뢰를 거절하였다는 설은 한민당 측에서 자신들의 일제시기 행위를 은폐하고 건준(건국준비위원회)과 여운형을 공격하기 위한 수단으로 집요하게 주장하였다"고 했다.[27]

조선총독부는 좌파 및 민중세력을 대변할 수 있는 여운형을 접촉하였다. 1945년 8월 14일 여운형은 당시 총독부 경무국장이었던 니시히로로부터 일본의 패전소식과 함께 15일 아침 정무총감 엔도 류사쿠(遠藤柳作, 1886~1963)의 필동 관저로 와달라는 요청을 받았다. 일본왕의 무조건 항복 발표 직전인 8월 15일 아침 7시 50분경 여운형은 엔도로부터 "일본은 패배하였소. 금명일 중에 이것이 공식으로 발표될 것이오. 이제부터는 우리의 생명이 당신에게 달려 있소"라는 말과 함께 구체적인 행정권 이양 교섭을 받았다. 여운형은 다음과 같은 5개항 보장 조건을 전제로 엔도의 요청을 수락하였다.

첫째, 전국적으로 정치범, 경제범을 즉시 석방할 것. 둘째, 8 · 9 · 10월 3개월의 식량을 보장할 것. 셋째, 치안유지와 건국을 위한 정치활동에 간섭하지 않을 것. 넷째, 청년과 학생을 조직 훈련하는 데 대하여 간섭하지 말 것. 다섯째, 근로자와 농민을 건국사업에 동원하는 데 대하여 간섭하지 말 것.[28)]

건국준비위원회의 발족

송진우는 여운형과의 협력마저 거절했기 때문에 결국 여운형이 행정권 또는 치안유지권을 인수하게 되었다. 여운형은 8월 15일에도 사람을 보내 송진우의 참여를 요청하였고 자신이 직접 찾아가기도 했지만 송진우로부터 "경거망동을 삼가라. 중경(충칭) 정부를 지지하여야 한다"는 말만 들었다.[29)]

송진우가 집요하게 내세운 임정봉대론에 대해 여운형은 "일제의 탄압 아래서 직접 싸워온 거대한 세력은 국외에 있는 것이 아니고 국내에 있는 3,000만 민중"이라고 반박하였다. 여운형은 임정이 해외에 30년간 머물러 있었기 때문에 이렇다 할 업적이 없고, 국내에 인민적 토대를 갖지 못했기 때문에 정부로 군림할 수 없으며, 임정은 많은 해외독립단체가 만든 정부 가운데 하나일 뿐이라고 주장하였다.[30)]

임정봉대론은 이제 두고두고 해방 정국의 갈등과 분열을 낳는 주요 원인이 되지만, 일단 행정권 또는 치안유지권을 인수한 여운형은 이를 실현할 조직구성에 나서게 되었다. 8월 15일 밤 여운형은 자신이 이미 1년 전인 1944년 8월에 결성했던 건국동맹을 모체로 해서 건국

1945년 8월 16일 휘문중학교 운동장에서 건국준비위원회 위원장 여운형을 환영하는 시민들.

준비위원회(건준)를 발족시켰다. 건준 위원장은 여운형, 부위원장은 안재홍이 맡았다.

건국동맹은 1944년 8월 10일 여운형이 주동이 되어 조동호, 현우현, 김진우, 황운, 이석구 등이 조직한 비밀결사체로 전국에 걸쳐 약 7만 명의 맹원을 확보하였다. 건국동맹은 태평양전쟁 말기에 국내에서 조직된 유일한 건국준비 조직으로서 국외의 독립운동단체와도 연결되어 있었다.[31]

건준이란 명칭은 안재홍이 제안한 것이었는데, 건준의 강령은 ① 우리는 완전한 독립국가의 건설을 기한다 ②우리는 전 민족의 정치적 · 사회적 기본요구를 실현할 수 있는 민주 정권의 수립을 기한다 ③우리는 일시적 과도기에 있어서 국내 질서를 자주적으로 유지하며 대중생활의 확보를 기한다 등이었다.[32]

건준은 8월 15일과 16일 전국적으로 정치범 및 경제범을 석방하는 데 입회했다. 당시 석방된 죄수는 남한에서만 약 1만 6,000명이었다. 정치범만 국한시키면 그 이틀 동안 1,100명이 풀려났으며, 1945년 11월까지 7,000명~8,000명 이 석방되었다.[33]

8월 16일 여운형은 서울 휘문중학교 운동장에서 이런 연설을 했다.

"이제 우리 민족은 새 역사의 제 일보를 내딛게 되었습니다. 우리가 지난날의 아프고 쓰라린 것들을 이 자리에서 다 잊어버리고 이 땅에다 합리적이고 이상적인 낙원을 건설하여야 합니다. 이때는 개인의 영웅주의는 단연 없애버리고 끝까지 집단적으로 일사불란한 단결로 나아갑시다. ……우리들은 백기를 든 일본인의 심경을 잘 이해합시다. 물론 우리는 통쾌한 마음을 금할 수 없습니다. 그러나 그들에 대하여 우리들의 아량을 보입시다."[34]

여운형의 연설 가운데 가장 중요한 대목은 "개인의 영웅주의는 단연 없애버리고 끝까지 집단적으로 일사불란한 단결로 나아갑시다"였지만, 사실 그건 결코 그렇게 되지 않으리라는 것을 역설적으로 예고한 것이나 다름없었다. 실제로 해방 정국은 정반대의 방향으로 나아갔다. 일사불란한 단결은 전혀 없었고 끝까지 파벌의 이해관계와 개인의 과도한 인정욕구와 조급한 영웅주의만이 판을 쳤다.

03

해방은 되었건만

'평화의 심벌'로 변신한 히로히토

1945년 8월 15일 아침 서울 시내 각처에는 '금일 정오 중대 방송, 1억 국민 필청(必聽)'이라는 벽보가 나붙었다. 정오 일본의 무조건 항복을 고하는 일왕 히로히토의 떨리는 목소리는 경성중앙방송국의 중계로 라디오를 통해 4분 10초간 국내에서도 들을 수 있었다. 히로히토는 '항복'이란 말은 쓰지 않았지만, "짐은 제국 정부로 하여금 미 · 영 · 소 · 중 4국에 대하여 그 공동선언을 수락할 뜻을 통고케 하였다"는 말이 곧 항복 선언이었다.[35)]

히로히토는 전범 중의 전범으로 응징당해야 마땅했다. 그러나 그런 일은 일어나지 않았다. 일본을 반소(反蘇)의 거점으로 쓰기 위해 히로히토 체제를 원했던 미국의 계략과 전쟁 도발을 가능케 했던 일본 특유의 광기 또는 굴종 문화 때문이었다. 신동준은 "8 · 15 항복 뒤 히로

1945년 8월 15일 정오 무조건 항복을 선언하는 히로히토 천황의 육성 방송을 듣는 조선 거주 일본인들.

히토는 재빨리 대원수의 군복을 벗고 말쑥한 신사복 차림으로 나타나면서 평화의 심벌로 변신하였다. 종전의 대임을 완수하고 총사직한 스즈키 내각의 뒤를 이어 8월 17일 히가시쿠니 황족내각이 성립하였다"며 다음과 같이 말했다.

"일본 정치사에서 황족내각의 성립이란 처음 있는 일이었다. 이제까지 일억총옥쇄(一億總玉碎)를 내세운 본토결전 체제에서 무조건 항복이란 대전환에 즈음하여 민군(民軍)의 동요와 미국 점령군과 충돌 마찰을 방지하기 위해서는 일부 불순 내각의 망동을 억제할 수 있는 천황 권위가 필요하다고 인식한 것이 황족내각을 탄생시킨 배경이었다. 히가시쿠니 수상은 전국 방송망을 통하여 일본의 패전은 전 국민의 책임이라는 '일억총참회론'을 구호로 내세워 패전 책임을 국민에게 넘기고 종전이 오로지 히로히토의 성덕과 자비로 실현되었다는 것을 국민에게 인식시켰다. 그럼으로써 히로히토를 선두로 한 지배층의 전쟁 책임 비판을 봉쇄코자 열을 올렸으며, 각 언론기관도 이를 적극 지지하였다. 정부와 언론의 이런 운동은 만백성을 구사일생(九死一生)으로 구출해준, 자비와 온정이 넘치는 히로히토를 돋보이게 할수록 잔악한 군벌의 모습이 더욱 부각되도록 짜여 있었던 것이다."[36]

이후 히로히토는 "퇴위(退位)하지 않기로 맥아더 원수와 약속했다"느니, "황실 전범(典範)에는 퇴위 조항이 없다"느니 하며 죽는 날까지 퇴위를 거부하고 왕 노릇을 계속했다. 1975년 7월에는 외국인 기자들과 가진 회견에서 "태평양전쟁 개시는 보필자의 책임 아래 행해졌으며 종전(終戰)은 자기 결단으로 성사시켰다"는 거짓말까지 하기도 했다.[37]

이와 관련하여, 김철은 마루야마 마사오가 말한 일본 파시즘 특유의 '억압 이양' 체제를 지적하면서, "천황은 이 억압 체제의 정점에 있지만, 그의 배후에는 이른바 '열성조(列聖祖)'가 버티고 있다. 결국 천황에게도 자신의 행위에 대한 책임은 없다"고 지적했다. 그는 "천황제 파시즘의 독특한 양태, 즉 어느 누구도 자신의 행위에 대해 책임을 지지 않는 '무책임의 체계'"가 낳은 결과에 대해 다음과 같이 말했다.

"이탈리아나 독일의 파시즘이 '위대한 지도자'의 지도 원리에 의해 통솔되고, 그의 몰락에 따라 쇠퇴하는 것과는 달리, 천황제 파시즘은 '책임의 끊임없는 전가'에 의해 그 구조가 지속될 뿐 아니라, 그 기원의 모호함 또는 은폐를 통하여 더욱 깊숙이 내면화되는 것이기도 하다."[38]

독일·이탈리아와는 달리 앞으로도 계속 일본을 경계해야 할 이유가 바로 여기에 있다. 책임의 명백한 주체가 없는 나라는 무슨 짓을 저지를지 모르며, 선량한 일본 민중은 그런 '무책임의 체계'에 영향력을 행사하기 어렵기 때문이다.

8월 15일의 신화

2007년 8월 교토대 대학원 교육학연구과 교수 사토 다쿠미(佐藤卓已)는 한국에서 번역 출간된 책 『8월 15일의 신화』에서 일본이 8 · 15를 종전기념일로 삼은 것은 패자의 굴욕을 지우고 희생자 추모를 위한 날임을 강조하기 위해 정부와 언론이 조작한 것이라고 주장했다.

미국과 옛 소련의 대일전승기념일은 9월 2일이며 러시아와 중국, 몽골은 9월 3일을 항전승리기념일로 정했다. 일본 정부가 포츠담선언을 수락한다고 미국과 영국에 답한 날이 8월 14일이며 육해군에 전쟁을 중지하라는 정전명령을 내린 날이 8월 16일, 전함 미주리호에서 항복문서에 조인한 날은 9월 2일이다. 그렇다면 8월 15일은 어떤 날인가?

8월 15일은 일본 천황이 포츠담선언을 수락했다고 국민에게 라디오방송을 한 날이다. 국제법상 아무런 의미가 없는 이날이 어떻게 '종전기념일'이 됐는가? 사토 다쿠미는 엄밀히 말해 8월 15일에 전쟁이 끝났다는 인식은 도쿄 중심, 특히 황궁 주변의 역사관일 뿐이며, 8월 15일을 종전일로 기념하면서 9월 2일의 항복일은 잊혔다고 했다.

"일본 국민 반성의 날은 사라졌고, 8 · 15 종전의 기억만이 남았다. 전쟁에 대한 기억은 반성에서 평화로 바뀌었다. 그것은 '패전=점령의 기억'을 '종전=평화'로 바꾸기 위해 진행된 것이라 할 수 있다."

그는 한국의 광복절에 대해서도 "한국에서 8 · 15가 가지는 의미는 이해하지만 왜 일왕 육성 방송의 날을 광복 시점으로 삼는가. 한국의 정통성을 계승한 임시정부는 일본에 전쟁을 선언했는데 '대일본 선전포고 해제일'은 언제인가"라고 물었다.[39]

이 책이 출간되기 4개월 전 사토는 한국언론정보학회에서 책의 주

1945년 9월 2일 도쿄만에 있는 미군 전함 미주리호에서 항복문서에 서명하는 일본대표.

요 내용을 요약 발표했다. 원용진에 따르면, "종전기념일을 상대화하는 일은 일본 중심적 사고라는 비판도 나왔다. 일본 종전기념일의 변경 주장은 한국 등 이웃 국가를 감안하지 않은 것이라는 지적이었다. 만약 종전기념일이 9월 2일로 바뀌면 한국의 해방, 광복, 일제치하의 저항 등의 의미는 빛이 바래질 거라는 반박도 있었다."[40]

36년 동안 죽어간 우리 민족의 수가 400여 만!

"36년 동안 죽어간 우리 민족의 수가 400여 만! 200자 원고지 2만 매를 쓴다 해도 내가 쓸 수 있는 글자 수는 얼마인가!"

피를 토하는 심정이라고나 할까. 소설가 조정래가 대하소설 『아리랑』을 시작하면서 자신의 의지를 어느 부분 믿을 수가 없어서 써 붙인 글이라고 한다. 자신에 대한 경고문이었다는 것이다.[41] 희대의 독재자이자 살인마인 스탈린이 "한 사람의 죽음은 비극이지만, 100만 명의 죽음은 통계학상의 문제다"라고 했다지만, 한국인이 겪은 피해는 너무 끔찍했다.

하종문은 "15년의 침략전쟁 기간에 가해자인 일본에서는 300만 명의 사망자가 발생했고, 아시아 각지에서는 무려 2,000만이 넘는 사람들이 죽어갔다. 어찌 보면 1945년 8월 15일까지 15년간은 전쟁이 아니라 차라리 '학살극'이라 부르는 게 나을 성싶다"고 했다.[42]

조선인의 수난은 광복 후에도 끝나지 않았다. 사할린 징용 피해자 한원수는 "쇠채찍으로 맞아가며 개처럼 일했다"고 말했다. 그는 "광복된 지 닷새 만인 1945년 8월 15일, 소련군이 진주했다. 그것을 보고 일부 사람들이 '고향에 못 가게 되는 것 아니냐며 탈출을 시도한 적이 있었다. 배가 출항하자 소련군은 폭격을 가했고 배에 탄 700여 명은 그 자리에서 몰사하고 말았다. 결국 이번엔 소련군 아래에서 막노동 일꾼으로 살아가기 시작했다"고 증언했다.[43]

2003년 4월, 중국 하이난 섬(海南島) 조선인 학살 사건을 추적하고 있는 재일교포 김정미와 일본인 사토 쇼진이 보름간 일정으로 하이난 섬을 다녀왔다. 일제 말기 이곳에 징용으로 끌려왔다가 1945년 패망 직후 집단학살당한 조선인 1,000여 명의 억울한 죽음을 규명하기 위해서다.

일제 말기 서대문형무소 등 전국 형무소에 수감돼 있던 한국인들이 형기 단축이라는 조선총독부의 감언이설에 속아 '조선보국대(朝鮮報國隊)'란 이름으로 하이난 섬에 끌려왔다. 그리고 비행장 건설, 항만

공사, 철도 공사, 철광 채굴 등에 동원됐다가 패망 직후 일본군에 의해 학살되었다.

조사단에 의하면 한국 정부는 이 문제를 외면했다. 이들은 "정부가 자기 나라 국민들의 목숨을 이렇게 외면할 수 있느냐"고 개탄하면서 2004년 오사카 인권박물관에서 '하이난섬에서 일본은 무엇을 했는가–침략 · 학살 · 약탈'을 주제로 기획전을 열었다.[44]

조선인 B · C급 전범, 해방되지 못한 영혼

전후 연합군의 군사법정에서 포로학대 등의 혐의로 처벌받은 B · C급 전범(戰犯) 5,700여 명 가운데는 조선인 148명이 포함돼 있다. 그들 대부분(129명)이 반강제적으로 동원된 포로감시원들이었다. 태평양전쟁이 한창이던 1942년 5월 일본 육군은 말레이, 자바 등에서 펼친 남방작전에서 붙잡은 26만 명이 넘는 연합군 포로들을 감시하기 위해 조선에서 3,000명의 포로감시원을 모집했다. 계약기간이 2년이라는 점과 징병으로 끌려가지 않는다는 점이 주요 지원 이유였다.

전쟁이 끝난 뒤 이 조선인들 중 129명이 포로학대를 이유로 전범 처리됐고 23명은 형장의 이슬로 사라졌다. A급 전범으로 교수형에 처해진 일본인은 겨우 7명이었는데도 말이다. 조선인 포로감시원들은 군인도 아닌 군무원 신분이었지만, 전범자로 처리된 비율은 악명 높았던 일본 헌병의 처리 비율(4.3퍼센트)과 맞먹을 정도였다. 게다가 기시 노부스케(岸信介) 전 상공대신, 아베 겐키(安培原基) 전 내무대신 등 A급 전범 용의자들은 1948년께 일찌감치 석방됐고, 천황의 전쟁 책임은 불문에 붙인 점을 감안하면 전후 전쟁범죄재판은 한편의 거대

전후 전범을 처리하기 위해 열린 도쿄전범재판. A급 전범으로 교수형을 당한 일본인은 겨우 7명에 지나지 않은데다 핵심 전범 용의자들이 일찌감치 죄를 면죄 받고, 천황의 전쟁 책임을 불문에 붙인 점을 감안할 때, 이 재판은 한낱 사기극에 지나지 않는다고 할 수 있다.

한 사기극이었던 셈이다.[45)]

1955년 B · C급 전범 출신 한국인 70여 명은 일본에서 '한국 출신 전범자 동진회'를 설립해 자신들의 억울한 처지를 알리기 시작했으며, 1991년 일본 정부를 상대로 법정투쟁을 시작했다. 8년에 걸친 법정투쟁 끝에 최고재판소는 1999년 12월 최종판결에서 이들의 청구를 기각했지만, 한국인 전범들이 "반강제적으로 포로감시원에 응하게 됐다. 무기 또는 극형을 받음으로써 심각하고 심대한 희생 또는 손해를 입었다"고 인정했다.

2006년 6월 '강제동원피해 진상규명위원회'는 B · C급 전범들을 식민지시대의 일본 강제동원 피해자로 공식 인정했다. 내부 논의과정에서 반대 의견도 있었다. 그중에는 "3,000명이 갔는데 전범이 된 사람은 129명뿐이다. 무언가 특별히 한 짓이 있는 건 아닌가?"라는 의견을 말한 위원도 있었다고 한다. 이러한 공식 인정 이후, 그간 쉬쉬하고 감추던 유족들도 공개적으로 유족회를 결성했다.[46)]

2006년 8월 12일에는 〈KBS 스페셜, 해방되지 못한 영혼－조선인 B · C급 전범〉이라는 다큐멘터리가 방영되기도 했다. 도쿄대학에서 일본 현대사를 공부한 KBS 이호경 PD가 방송사상 최초로 B · C급 전범 문제를 정면으로 다룬 것이다. 그보다 먼저 1980년대에 PD 정수웅이 MBC에서 〈포로감시원〉이라는 선구적인 프로그램을 만들었지만 B · C급 전범 문제를 다루지는 않았다.[47)]

2007년 7월 1일 재일한일역사자료관 주최의 강연회가 열린 일본 도쿄 미나토구 재일한국문화원 건물 3층 세미나실에선 '친일파', '대일협력자' 라는 한국의 차가운 시선 속에서 일본 정부의 사죄와 보상을 요구하며 반세기 이상 싸워온 B · C급 전범 출신인 이학래(당시 82세)의 강연회가 열렸다. 이학래는 한국과 일본 정부에 요구하고 싶은 것을 묻는 질문에 "제 마음의 밑바탕에는 민족적 송구감이 있습니다. 민족운동을 하다가 목숨을 잃은 사람들이 많은데……. 한국 정부에는 특별히 요구할 게 없습니다"라고 말했다.

이학래와 B · C급 전범들은 일본 정부를 상대로 한 긴 싸움에서 재일본조선인총연합회나 재일본대한민국민단으로부터 외면당했다. 대신 일본의 양심적 인사들이 물심양면으로 지원을 아끼지 않았다. 이학래 등은 일본 입법부가 법을 만들어 보상과 명예회복을 해주기를 기대하고 있으나, 일본에서 거주하는 한국인 전범 생존자는 모두 82

살~90살의 고령자로 2007년 현재 9명으로 줄었다.[48)]

탁경현 위령비 논란

2008년 5월, 일본 자살특공대 가미카제 대원으로 덧없이 생을 마감한 한국인 탁경현(1920~1945)의 넋을 위로하는 위령비가 그의 고향 경남 사천시에 건립됐다가 돌연 철거되는 일이 벌어졌다. 위령비 건립은 '친한파'로 널리 알려진 여배우 구로다 후쿠미(黑田福美)가 주도했다. 구로다는 "한국 이름을 갖고도 일본인으로 죽어간 조선 청년을 혼이라도 고향으로 돌아가게 하자"고 호소했다. 이에 많은 재일교포들이 호응했다. 사천시도 위령비 건립 부지를 제공하는 등 적극 협조했다.

5월 10일 구로다 등 일본인들과 재일민단 관계자, '태평양전쟁 오키나와 유족회' 회원 등이 참석한 가운데 위령비 제막식을 열 예정이었으나, 시민단체 회원 50여 명이 현장에 나타나 농성하는 바람에 제막식 행사가 무산됐다. 이들은 "탁씨는 조선인이지만 당시 일본을 위해 목숨을 버린, 반민족행위를 한 사람", "강제징용 희생자들과 다르다"고 주장했다. 구로다는 위령비 근처까지 갔다가 접근이 어렵게 되자 일행과 함께 경찰 저지선 앞에서 묵념만 올리고 되돌아갔다. 그러고 나서 사흘 뒤인 13일, 사천시는 "비석이 파손당할 우려가 있다"면서 위령비를 철거해버렸다.[49)]

탁경현은 누구인가? 1945년 5월 10일 밤, 일본 가고시마현 지란 비행기지 인근의 식당 도미야에서 있었던 실화를 묘사한 논픽션 『반딧불 돌아오다』(아카바네 레이코 지음, 2001년)의 한 장면을 보자.

"잠시 묵상에 잠겨 있던 미쓰야마가 갑자기 큰 목소리로 노래를 시작했다. 아리랑, 아리랑, 아라리요, 아리랑 고개로 넘어간다. 쥐어짜듯 비통한 목소리였다. 도메와 두 딸도 따라 부르기 시작했지만 이내 노래는 사라지고 오열이 방 안을 메웠다. 어느새 네 사람은 어깨동무를 하고 있었다."

미쓰야마는 다음 날이면 불귀의 객이 될 가미카제 특공대원이었고, 도메는 그가 유일하게 정을 붙였던 단골식당의 주인 아주머니였다. 다음 날 아침 미쓰야마는 예정대로 250킬로그램의 폭탄을 전투기에 싣고 출격했고, 560킬로미터를 날아가 오키나와 해상에서 25년의 짧은 생을 마감했다. '대일본제국 육군 소위' 미쓰야마 후미히로(光山文博)의 본명이 바로 탁경현이다.[50)]

2008년 5월 26일 구로다는 '(한국인) 귀향기념비 건립위원회' 사업이 난관을 겪고 있는데 대해 아쉬움을 표시하면서 "태평양전쟁에서 희생당한 한국인들의 넋을 기리고 싶습니다. 한국인 여러분, 모두 도와주세요"라고 말했다. 한국어에 능숙한 구로다는 "17년 전 어느날 꿈에 한 젊은이가 나타나 '나는 조선인으로 태평양전쟁에서 일본 이름을 달고 죽었다'며 원혼을 풀어달라고 하더라"면서 "꿈이 너무 생생해 조사를 시작하다가 기념비 설립을 마음먹게 됐다"고 기념비 건립사업을 시작한 계기를 설명했다. 구로다는 가미카제 관련 자료를 모두 뒤진 끝에 그 젊은이가 경남 사천시에서 태어나 25세의 나이로 일본 자살특공대에 투입돼 오키나와 앞바다에서 사망한 탁경현이라고 확신했다.

구로다는 "위령비를 먼발치에서 바라보고 묵념만 드린 채 일본으로 돌아왔다"며 "사흘 뒤 기념비까지 철거됐다는 소식을 듣고 정말 많이 속상했다"고 토로했다. 그는 "기념비는 탁씨 한 사람이 아니라 태평양전쟁에 희생된 모든 한국인들을 위한 것"이라며 "일본에서는 이 기념비가 한·일 양국의 미래를 변화시키는 계기가 될 것으로 기대하고 있는 만큼 한국분들이 더 넓은 마음으로 희생자들의 영혼을 위로해주었으면 한다"고 간절한 소망을 전했다.[51]

2008년 6월 예영준은 "지란 비행장에서 일왕이 내린 술 한 잔에 일기일함(一機一艦)의 결의를 다지고 목숨을 버린 자살특공대는 모두 1,036명이었다. 그 속엔 탁경현을 포함한 조선인 11명도 들어 있다. 탁경현은 견습사관 시절부터 조선인임을 밝혔다고 한다. 그의 혼은 야스쿠니 신사에 모셔져 이따금 일본 총리의 참배를 받기도 한다. 비행모를 착용한 그의 사진도 신사 한쪽의 유슈칸(遊就館)에 걸려 있다"며 다음과 같이 말했다.

"지난달 탁경현의 기일에 맞춰 그의 고향인 경남 사천에 위령비를 세우려던 일본인들이 있었다. 그들은 위령비 건립이 한·일 간 화해를 위한 작은 시발점이 될 것이라고 믿었던 듯하다. 탁경현을 모델로 한 영화 〈호타루〉(다카쿠라 켄 주연)에서처럼 말이다. 영화에서는 가미카제 특공대에서 조선인 소위의 부하였던 일본인 생존자가 상관의 유품을 안고 한국을 찾고, 처음엔 완강히 거부하던 유족들이 유품을 받아들임으로써 화해가 이뤄졌다. 하지만 현실의 결말은 정반대였다. 주민들과 관련 단체들의 반대시위에 부닥쳐 행사는 취소되고 위령비는 철거됐다. 고향에서조차 탁경현은 일제 협력자일 뿐이었다. 한·일 간의 진정한 화해는 아직 때가 무르익지 않았음을 이번 사건은 일러준다. 그 전에 선행되어야 할 진심어린 사죄와 용서의 씻김굿이 아직 완결되지 않았기 때문이다. 자원했건, 마지못해 끌려갔건 탁경현 또한 역사의 희생양임에 틀림없다. 죽음을 하루 앞둔 불면의 밤에 조국을 그리며 '아리랑'을 불렀던 그가 이튿날 '천황폐하만세'를 부르고 죽음의 항로로 돌진해야 했던 건 분명 비극이다. 질곡과 광기의 역사 앞에서 무릇 인간의 운명은 왜소하고 나약한 법이다. 탁경현의 덧없는 죽음은 그래서 연민의 대상으로 다가온다."[52]

한국인의 혼은 결코 꺾지 못했다

해외 유민 수는 1910년~1920년에는 36만 4,000명, 1921년~1930년은 47만 6,000명, 1931년~1945년은 242만 8,000명으로 총 326만 8,000여 명에 이르렀다.[53] 이미 1920년대에 조소앙은 인구증가율의 감소를 한국 민족의 자존권(自存權)으로 보아 큰 문제로 여겼다. 그는 국외 이주의 이유를 일본의 침입과 경제적 기반의 붕괴라고 하면서 이러한 실정을 "유태인과 아일랜드인의 표류도 이에 못 미친다"고 개탄했다.[54] 박명림은 "일본의 식민통치는 한국인의 12퍼센트를 해외로 이주시킬 정도로 억압적이고 착취적이었다"며 다음과 같이 말했다.

"우리는 이를 '한국판 디아스포라'라고 부를 수 있을 것이다. 식민통치는 기본생계를 위협할 수준까지 다다라 한국인들은 식민통치가 지속되면 될수록 커지는 생존위협과 억압을 피해 해외로 탈출하지 않으면 안 되었다. 오늘날 한국민들이 유대인을 제외하고는 동족 중 무려 500만 명에 달할 만큼 많은 수와 비율의 해외 이주 국민을 갖게 된 연유는 여기에 있었다."[55]

역사교과서는 1920년대 이래 만주와 중국에서 '무장독립전쟁'이 줄기차게 벌어졌다고 기술하고 있다. 1985년판 국정교과서는 "연합군이 일본에 원자탄을 투하하여 1945년 8월 15일 일본이 무조건 항

내부갈등과 분열로 민족적 역량을 탕진하기는 했지만, 일제의 식민지배 36년간 끈질기게 저항하고 독립을 시도한 불굴의 한국인들. 광복이 되자 거리로 뛰쳐나와 서울역 광장 일대를 뒤덮고 있다.

복합으로써 광복군은 그해 9월에 국내 진입을 실행하려던 계획을 실현하지 못한 채 광복을 맞게 되었다"고 했다.

그러나 이영훈은 "이런 이야기들은 모두 과장이거나 실태와 동떨어진 서술"이라며 "만주 벌판에서 독립군이 일본군과 독자의 힘으로 전투를 벌인 것은 3·1운동 직후인 1920년 한 해였다"고 주장했다. 1930년대가 되면 중국 공산당의 통제를 받는 항일연군과 팔로군에 속한 조선 청년들의 무장투쟁이 전개되지만, 그것은 어디까지나 일본과 중국 간 전쟁의 일환이었다는 것이다.[56)]

그렇게 볼 수도 있을 것이다. 어디 그뿐이랴. 독립운동을 한다면서도 내부갈등도 극심했다. 그렇지만 동시에 한국만큼 끈질기게 저항을 계속한 나라는 드물다는 것도 분명한 사실이다. 리콴유는 일본의 지배를 받은 다른 아시아 국가들이 변변한 저항 한번 못했지만 한국은 예외였다며 다음과 같이 말했다.

"한국인은 일본이 한국을 통치하기 시작했을 때부터 저항을 멈추지 않았다. 일본은 한국인의 풍습, 문화, 언어를 말살하려 했지만, 민족적 자부심을 갖고 있었던 한국인은 굳은 결의로 야만적인 압제자에게 항거했다. 일본은 수많은 한국인을 죽였지만 그들의 혼은 결코 꺾지 못했다."[57)]

결코 자위(自慰)가 아니다. 한국인들은 잘 싸웠다. 그러나 우리 내부적으로는 엄격해야 하기에 독립운동세력이 이렇다 할 저항도 못했으면서 내부갈등과 분열로 역량을 탕진한 것에 대해선 있었던 그대로 말할 수 있어야 한다. 비판이 아니라 이해를 위해서다. 무조건 미화한다고 해서 국민적 자긍심이 생겨나는 건 아니잖은가. 이와 관련된 마무리 발언은 '맺는말'에서 하기로 하자.

| 맺는말 |

'식민지 근대화론' '친일파' 논쟁을 넘어서

'식민지 수탈론'과 '식민지 근대화론'

한국 근대사 연구에서 학계의 주류적 경향은 근대주의론과 내재적 발전론에 입각한 것인데, 이 두 경향을 일컬어 '식민지 수탈론'이라고 한다. 이른바 '식민지 근대화론'의 반대 입장이다. 정연태에 따르면, 근대주의론은 국민국가 수립, 자본주의 공업화, 시민사회 성립이라는 서구의 역사 경험으로부터 자본주의적 근대화라는 근대 변혁의 과제를 도출하지만, 북한 사회주의 체제에 대항하여 남한 자본주의 체제의 정통성을 옹호하는 이데올로기로 이용될 소지가 다분하다. 반면 내재적 발전론은 발전의 기본 동력을 안과 아래로부터의 계기, 즉 민중에게서 발견하고, 그 전개 양태를 민족해방운동에서 찾음으로써 체제 변혁적인 지향을 담고 있다.[1]

고석규는 근대주의론과 내재적 발전론은 "각각 체제 옹호와 체제 변혁이란 근본적인 지향의 차이를 보이지만, 민족주의를 배경으로 한다는 점에서는 같다"며 다음과 같이 말했다.

"이들은 자본주의 맹아론을 토대로 식민사관의 정체성론과 타율성론을 극복하고자 하였고, 민족운동을 자주적 근대화의 기본 동력으로 주목하였다. 그런 바탕에서 일제의 침략 만행과 야만적 수탈을 강력 비판하였다. 이 같은 근대사상(近代史像)은 한국사회의 민족 자존의식과 반일주의적 정서에 기초하여 역사학계의 지배적 위치를 점해왔다."[2]

그간 민족주의 사학계는 일제의 '조선사회 정체론'을 반박하기 위해 조선 후기에 이미 자본주의가 내재적으로 싹트기 시작했다는 '자본주의 맹아론' 또는 '내재적 발전론'을 제기해왔다. 이에 맞선 것이 '식민지 근대화론'으로, 이는 한국의 근대화가 일제강점기부터 본격화됐다는 시각이다. 이는 크게 보아 진보 · 민족주의 성향의 사학자들과 '안병직 사단'으로 불리는 일군의 경제학자들이 벌이고 있는 논쟁이기도 하다.

이영훈의 '식민지 근대화론'

'식민지 근대화론'을 주장하는 학자들은 조선왕조의 멸망이 어떤 강력한 외세의 작용에 의해서라기보다는 스스로 해체된 것에 가깝다고 주장한다. 조선 후기는 '내재적 발전'이 아니라 '내재적 파탄' 상태였으며, 그만큼 국가적 위기상태가 심각했다는 것이다. 따라서 당연히 고종은 근대적 계몽군주라기보다는 무능한 역사의 패배자였다는 결론에 도달하게 된다.[3]

예컨대, 서울대 교수 이영훈은 "조선왕조의 멸망은 외세의 작용보다는 모든 체력이 소진된 나머지 스스로 해체된 것이다"라고 주장한다. 이영훈은 "1860년대부터 본격화한 위기는 1905년 조선왕조의 멸망이 어떤 강력한 외세의 작용에 의해서라기보다 그 모든 체력이 소진된 나머지 스스로 해체되었다고 해도 좋을 정도로 심각한 것이었다"며 "이 새로운 19세기 역사상은 그들의 역사가 왜곡된 것은 제국주의의 침입 때문이라고 굳게 믿어온 한국의 많은 역사학자들을 당혹하게 만들고 있으며, 한국의 역사학은 커다란 위기에 봉착해 있다"고 말한다.[4)]

이영훈은 "근년에 새롭게 알려진 여러 경제지표는 역사란 발전하지 않을 수도 있음을, 심지어는 후퇴할 수도 있는 것임을 보여주고 있다"며 "오늘날 한국의 경제사 연구자들은 어떠한 정치적 주의나 도덕적 명분도 역사의 객관적 연구에 도움이 되지 않고 오히려 심각한 장애가 될 수 있다는 평범한 진리를 재확인하고 있다"고 주장한다.[5)]

이영훈은 「국사교과서에 그려진 일제의 수탈상과 그 신화성」이라는 글에서 "나는 역사가로서, 역사의 신이 주관하는 법정에 선 증인과 같은 심정으로, 오직 진실만을 말하리라는 선서에 기초하여 말할 뿐이다"며 다음과 같이 주장했다.

"책임의식과 성찰이 배제된 역사의식은, 다시 말해 다른 민족과 인간에 대한 비난과 분노만의 역사의식은, 국가 간에 또 사회구성원 간에 갈등과 대립만을 야기할 뿐이다. 거기서는 배려와 협동의 미덕을 상실한 인간들이 거칠게 충동할 뿐이다. 나는 오늘날 한국사회의 각 층위에서 전개되고 있는 갈등과 대립의 현장을 목도하면서, 우리 한국인들이 이미 그러한 충돌의 소용돌이에 깊숙이 빠진 것이 아닌가 하는 두려움을 느낀다."[6)]

이영훈의 선의는 믿어 의심치 않거니와 주장의 상당 부분에 동의할 수 있지만, '식민지 근대화론'의 문제는 경제지표 중심의 경제사 연구에 원초적인 함정이 있는 게 아니냐는 의문을 제기할 수 있겠다. 진실이 계량적으로 확연하게 입증될 수 있으리라고 보는 '경제적 편견'도 문제다. 그러한 편견으로 인해 문제를 제기하는 방법론상의 수사학에서 이영훈이 우려하는 '사회구성원 간 갈등과 대립'을 필요 이상으로 조장하는 효과를 낳고 있는 건 아닐까?

허수열의 '개발 없는 개발'

'식민지 근대화론'에 대한 다른 학자들의 반론을 들어보자.

왕현종은 "일제의 지배구조를 외면하고 당시 변화를 객관적으로 설명한다는 것은 모순"이라고 비판했고, 허수열은 "식민지 지배라는 시대적 본질을 외면한 수량적 통계가 어떤 의미가 있는가"라고 비판했다.[7]

허수열은 "일제의 공업자산 중 남한에 있었던 것은 25퍼센트에 불과했고, 그나마 광복 후의 혼란과 6·25전쟁 때 대부분 파괴됐다"며 식민지 근대화론을 반박했다. 일제가 남긴 물적 자산이라는 것도 1960년 시점에서 미국 원조액의 7분의 1에 불과했으며, 1911년 777달러였던 조선의 1인당 국내총생산(GDP)은 1937년 1,482달러까지 올라갔지만 이후 다시 떨어지기 시작해서 1945년에는 616달러로 급락했다는 것이다.[8]

'개발 없는 개발'을 지적하는 허수열은 "물론 일제시대에 도입된 각종 근대적 제도들이 해방 후 한국사회의 형성에 적지 않게 기여했음에 틀림없다. 그러나 그것은 또 다른 측면에서의 많은 부정적 측면을 수반하는 것이었기 때문에 쉽게 평가하기 어렵다"며 다음과 같이 주장했다.

"수량화하여 다루기 어려운 것들 중에서 지금까지도 매우 부정적인 영향을 끼치고 있는 가장 대표적인 것은 남북 분단과 민족 갈등을 들 수 있을 것이다. 일제시대에 활약했던 많은 조선인 기업가들은 해방 후 친일파라는 멍에를 숙명처럼 짊어지고 다녀야 했고, 그런 것들이 오늘날 한국의 기업이나 기업가에 대한 부정적 시각을 형성하는 데에 일조했다. ……최남선, 서정주 등의 뛰어난 역사학자와 시인도 이런 굴레에 끼여 자신의 업적을 정당하게 평가받지 못하고 있다. 조선인들이 자신의 역사를 부정당하고, 말과 글을 빼앗기고, 자신의 성과 이름마저 박탈당했을 뿐만 아니라 항상 피지배민족으로서의 차별과 멸시를 받으며 살아가야 했으며, 때로는 자신의 생각이나 사상마저 전향을 강요당함으로써 역사의 죄인이 되게 만든 시대가 바로 일제시대였던 것이다. 철도가 깔리고 도로가 뚫리고, 전화와 전기가 들어오고, 많은 공장과 저수지가 생겼으며 또 학교가 들어서고 도시가 발전한 것만 보고 일제시대를 문명화의 시대라고 보아서는 안 된다. 조선인들의 입장에서 보면 일제시대는 더 없는 야만의 시대였던 것이다."[9]

인구 증가를 어떻게 볼 것인가?

의학이 발달하지 못했던 19세기(나라에 따라선 20세기 중반)까지만 해도 무슨 큰 전염병만 돌았다 하면 수십만에서 수백만 명의 인구가 순식간에 죽어나가는 건 흔한 일이었다. 전쟁과 더불어 전염병이 가장 강력한 인구 조절 장치였다고나 할까. 그래서 인구 증가는 발전의 증거로 거론되곤 했다.

식민지 근대화론을 지지하는 복거일은 식민지 조선의 인구가 1910년부터 1942년까지 94.4퍼센트 늘어난 사실을 거론하며 "식민통치의 본질적 제약과 폐해에도 불구하고 식민통치 아래서 조선 사람들은 상당히 잘 살았다"고 주장한 바 있다. 이에 대해 신용하는 다음과 같이 반박했다.

"1945년 한국인 1인당 미곡 소비량은 1910년에 비해 거의 50~60퍼센트로 떨어졌습니다. 착취당했다는 증거죠. 그런데 왜 인구는 늘어났는가. 서양의학의 도입 때문이죠. 19세기 정조시대에 조선의 인구가 약 800만 명 정도였습니다. 강제합방 때 약 1,700만 명 정도였어요. 두 배 이상으로 늘어난 거죠. 갑오개혁을 통해 서양의학이 도입되고 종두법이 실시됐습니다. 서양의학 덕분에 유아 사망률이 크게 줄어 1894년~1910년의 짧은 기간에 인구가 비약적으로 늘었어요. 일제강점기에도 이 추세가 지속됐죠. 일제가 수탈을 안 해 인구가 증가한 것이 아닙니다. 시간이 좀 지났다고 총독부 홍보자료를 일본 우익의 선전대로 해석하는 것은 과학적인 연구태도가 아닙니다. 사실과는 크게 다른 주장입니다. 일제강점 36년 동안 한국은 수탈당했고 국가발전이 근본적으로 저지당했어요. 한국이 1910년 일제 식민지가 되지 않고 독립국가로 1945년까지 갔다면 5배, 10배는 더 잘 살았을 것입니다."[10)]

"5배, 10배는 더 잘 살았을 것"이라는 신용하의 주장은 감정이 격해져서 나온 말로 이해하면 되겠다. 그런데 신용하의 반박내용은 오히려 좀 소극적인 것 같다. 일제가 수탈을 안 해서 인구가 증가한 것이 아니라고 반박하기보다는, 오히려 일제가 수탈을 하기 위해 인구증가를 위해 애썼다고 보는 게 진실에 더 가까운 게 아닐까? 조선강점 때부터 대륙 침략을 꿈꾸었던 일제에겐 늘 '더 많은 인구'가 필요했다.

앞서 보았듯이, 1930년대 말 전쟁에 광분한 일제에 의해 전시 체제가 공고해지면서부터 다산(多産)과 어린이 건강이 집요할 정도로 강조되었다.[11] 이후 일제는 "낳아라! 불려라! 길러라!"라는 표어를 내걸고 10명 이상의 자녀를 낳은 가정에 대한 표창식을 거행하며 출산을 장려했다.[12] 사정이 그와 같은 바 인구와 식민지 근대화론은 연결시키지 않는 게 좋을 것 같다.

'식민지 근대화론'의 두 가지 수준

식민지 근대화론은 '자본주의 체제 이행논쟁'과도 관련이 있다. 이와 관련, 조태성은 "이 주제는 1930년대 모리스 돕(Maurice Dobb)과 폴 스위지(Paul M. Sweezy)의 역사적 대논쟁에서 보듯 좌파 경제학의 핵심 쟁점 가운데 하나다. 알려졌다시피 모리스 돕은 '경영형 부농의 등장'을, 폴 스위지는 '시장관계로의 편입'을 중세 봉건에서 자본주의로 넘어가는 체제 이행의 원인으로 꼽았다. 흔히 전자는 내부 동력을 원인으로 본다는 점에서 내인론, 후자는 외부로부터의 충격을 강조했다는 점에서 외인론으로 불린다"며 다음과 같이 말했다.

"아주 단순화하자면 식민지 근대화론은 '일본 근대화=모리스 돕 논리'로, '한국·중국 근대화=폴 스위지 논리'로 설명할 수 있다는 것이다. 재미있는 점은 이론적 배경이 이렇기에 한국 식민지 근대화론자의 대부로 꼽히는 안병직 서울대 명예교수의 원래 학문적 출발점은 종속이론이었다는 사실이다. 이런 배경 때문에 식민지 근대화론을

'친일파의 논리' 로만 치부하는 것은 그야말로 '국내용 립서비스' 로 전락할 위험을 안고 있다. 우리 학자들이 해외 학술대회에 참가했을 때 부딪히는 벽도 여기에 있다. 한국식 민족주의적 접근법을 펼치면 외국 학자들은 '학술논리' 로 받아들이기보다 '제3세계 정치운동' 쯤으로 이해하면서 '아직도 저런 철 지난 소리를 하느냐' 는 반응을 보인다는 것이다."[13]

박섭은 '식민지 근대화론' 에는 구별되는 두 가지의 수준이 들어있다고 말한다. 하나는 근대화에서의 조선총독부의 역할을 인정한다는 것이며 다른 하나는 근대화에서의 조선총독부의 역할을 절대시하는 것이다. 박섭은 후자의 용법은 식민지가 되지 않았으면 근대화되지 못했을 것이라는 것으로도 연결된다고 말했다. 전자의 용법을 채택하는 박섭은 "외국의 가치를 정당하게 평가하고 한국인에게 자기반성을 촉구하는 것은 식민지 근대화론의 한 장점이다. 하지만 자기반성이 지나쳐서는 안 될 것 같다. 한국이 식민지가 됐던 것은 한국인이 무능했기 때문이기도 했지만 일본의 집요한 공격이 있었기 때문이기도 했다. 상대의 책임을 정확히 물으면 자신의 역량도 분명해질 것 같다"고 말했다.[14]

정연태는 식민지 근대화론에 대해 비판적인 자세를 취하는 동시에 식민지 수탈론자가 식민지 근대화론의 합리적 문제제기조차 수용하는 데 인색하다면 바람직하지 못하다며 다음과 같이 말했다.

"예컨대 일제의 지배는 한국사회의 내재적 발전 수준에 의하여 일면 규정되지 않을 수 없으며, 한인도 수탈당하기만 한 것이 아니라 능동적으로 대응하여(정치적 저항뿐만 아니라 경제적 대응까지 포함하여) 자기 발전을 도모했다는 식민지 근대화론의 지적은 음미할 만한 것이다. 식민지 시기 역사도 한국사의 일부이고 그 속에서도 한국사회가 발전했다면 한인의 대응과 고민을 이해하는 것은 매우 중요하기 때문이다. 조선은 아프리카나 아메리카 식민지 같은 수준도 아니었고 일본과의 격차도 그다지 크지 않았던 상황에서, 일제가 제 마음대로 지배했고 수탈할 수는 없었으며, 대다수 한국인은 저항하면서도 적응하고 수탈당하면서도 자기성장을 도모했던 것이다. 그럼에도 불구하고 적지 않은 식민지 수탈론자들은 제국주의 및 민족해방운동 만능론을 연상케 하는 역사인식 틀에서 벗어나지 못하고 있다."[15)]

'식민지 근대성'과 '식민지 비교연구론'

식민지 근대성(colonial modernity)이라는 제3의 입장도 있다. 이는 식민지 수탈론과 식민지 근대화론의 한계를 극복하기 위해 제시된 입장으로, 식민주의와 근대성의 관계는 식민지 수탈론이 이해하는 것과는 달리 양립이 가능하다고 보는 반면 근대성에 대한 이해와 평가에서 식민지 근대화론과는 다르다. 유선영은 "A(식민지배)+B(근대화)=AB(식민지 근대화)"인 반면 "A+B=C(식민지 근대성)"로 정리했다.[16)] 강내희는 '식민지 근대화론'과 '식민지 근대성' 테제의 차이에 대해 다음과 같이 말했다.

"두 입장은 식민지사회도 근대화가 가능하다고 본다는 점에서 유사한 점이 있기는 하지만, 근대성 평가에 있어서는 분명히 노선이 다르다. 식민지 근대화론은 근대성을 이념으로서 수용하는 반면 식민지 근대성 논점은 근대성을 비판적으로 검토하고 있기 때문이다. 근대성에 대한 기본 태도라는 측면에서 보면, 식민지 근대화론은 '식민지 근대성' 테제보다 식민지 수탈론에 더 가깝다. ……근대화, 자본주의화를 보편적 가치로만 여기는 것은 근대성의 양면성 혹은 복잡성을 축소하는 문제가 있다. 억압과 탄압, 수탈과 착취의 자행이 없는 식민지배는 없을 것이다. 그러나 물적 기반 없는 수탈행위는 불가능하다는 점에서 이 수탈에 '발전'의 측면이 있다는 사실을 인정할 필요도 있다. '식민지 근대성' 테제는 이런 양면성을 포착하려는 시도이며, 모순의 관점에서 자본주의화 과정을 이해하려는 것이다."[17]

'식민지 근대화론'과 '식민지 수탈론' 사이의 대립을 넘어서기 위해 제시된 연구방법론으론 '식민지 비교연구론'이 있다. 강만길은 "역설적이지만 '식민지 근대화론'은 한국사학계 일반이 이제까지 갖고 있던 구태의연한 역사상에 대해 근본적인 재고를 촉구하고 있다. 그만큼 한국사학계의 역사인식이 낙후되고 현실의 변화조차 제대로 쫓아가지도 못하고 있다는 점을 냉정하게 인정해야 한다"며 다음과 같이 주장했다.

"'식민지 근대화론'은 통계분석에 입각한 '경제발전'을 강조함으로써 주체의 문제, 계급적 성격, 식민지 자본주의의 질적 성격과 발전 전망, 삶의 질에 대한 문제를 총체적으로 분석하지 않고 있다. …… 식민지에 대한 '수탈론'과 '근대화론'의 한계 지점을 돌파하려면, '전지구적(global)' 관점에서 근대·자본주의·식민지·민족 등을 인식해야 한다. 그동안의 '식민지 사회 성격 논쟁'이나 '식민지 근대화 논쟁'의 지평은 일국적 차원이었으며 기껏해야 일본과 조선, 식민지 본국과 식민지의 관계를 끌어들이는 차원이었다는 비판적인 문제의식에 귀를 기울여야 할 것이다. 이러한 분석틀에 대한 근본적인 재점검과 함께 역사 사례에 대한 시야를 넓혀 각국의 식민지 경험을 비교

분석할 필요도 있다."[18]

'내재적 발전론' 대 '식민지 근대화론' 논쟁은 일본이 자신들의 통치가 한국의 산업화에 기여했다고 워낙 떠들어대기 때문에 한국에서 정상적인 논쟁이 가능하지 않은 점도 있다. 일본의 음모에 이용될 염려 때문에 차분한 논쟁이 이루어지기 어려운 것이다.

식민지 근대화론은 고종에 대한 평가와도 관련되지만 둘의 관계로 인해 나타나는 양상은 복잡하다. 고종을 부정적으로 평가한다고 해서 식민지 근대화론을 인정하는 것도 아니고, 고종을 긍정 평가한다고 해서 식민지 근대화론을 부정하는 것도 아니다. 그 유형은 크게 보아 "①고종 긍정평가→식민지 근대화 긍정 ②고종 긍정평가→식민지 근대화 부정 ③고종 부정평가→식민지 근대화 긍정 ④고종 부정평가→식민지 근대화 부정"의 4가지 유형으로 나눌 수 있다.

'친일파' '친일 청산' 논쟁

'식민지 수탈론' 대 '식민지 근대화론' 논쟁은 일제강점기에 대한 평가와 관련된 최대의 논쟁이지만, 이는 주로 학계에서 벌어진 논쟁이다. 보통사람들도 깊은 관심을 보인 최대의 논쟁은 단연 '친일파', '친일 청산' 논쟁이다.

이와 관련, 김상태는 "그동안의 친일파 연구는 거의 대부분 누가 친일파이고 그의 친일행적이 무엇인지 조사 정리해 대중에게 알리는 수준에 머물러왔다. 물론 해방 직후 친일파 청산을 이루지 못했고, 1950년대 이후 오랫동안 친일 문제가 은폐되어 대중 사이에서 잊혀져왔다는 뼈아픈 현실을 고려하면, 또 친일파 연구가 아직 양적으로

나 질적으로나 턱없이 부족한 상황이라는 점을 고려하면 너무나 당연한 일이기도 하다"며 다음과 같이 주장했다.

"그러나 더 이상 친일파 문제를 '윤리적' 관점에서 '비난' 하는 것, 다시 말해서 당대 최고의 엘리트나 경제인이 사리사욕에 눈이 어두워 양심과 지조를 버리고 민족을 배신했다는 투의 시각은 역사 연구의 올바른 태도는 아닌 것 같다. 그런 친일파들이 전혀 없었다는 것이 아니라, 있다 하더라도 그들은 '역사적' 맥락에서는 별로 중요치 않다는 말이다. 어차피 그런 인간들은 어느 시대 어느 사회를 막론하고 다 있게 마련이다. 즉 그것은 개인 윤리, 더 나아가서는 품성 문제이지 역사적인 문제라고 보기는 어렵다. 따라서 엘리트든 경제인이든 자발적으로 친일하게 되는 시대상황과 사상적 근거를 확인해서 '역사적' 맥락에서 '비판' 해야 한다. 아울러 친일의 시기, 강도, 조건, 논리 등을 기준으로 친일파들을 범주화할 필요가 있다. 단순히 '친일파' 라는 세 글자로 지칭하기에는 각 개인이나 세력이 친일로 나가게 되는 계기가 매우 다양할 것이기 때문이다."[19]

또 박노자는 "요즘 『친일인명사전』의 편찬 작업을 진행하고 있다는 이야기를 들으면서 상당히 묘한 감정을 갖게 된다"며 "민족이라는 단어는 물론 민족에 대한 개념과 정의와 이론을 거의 다 일본에서 수입했던 일제 당시에는 조선의 많은 지성인들이 지금과 상당히 다르게 민족을 이해하고 있었다는 사실도 유념해야 되지 않을까?"라는 의문을 제기하였다.[20]

박명림은 개혁과 반개혁, 선과 악, 정의와 불의의 이분법을 넘어 정의의 부분성에 눈뜰 때 새로운 개혁과 공존의 철학이 형성될 것이라고 주장했다. 삶의 세대적 시간적 지평에서 볼 때 좌파(자손)에 대한 연좌제적 의식을 철폐하자면서 친일파(자손)에 대한 연좌제적 의식을 지속하는 것은 옳지 않다는 것이다.[21]

임지현은 역사를 심판함으로써 정의가 구현될 수 있다는 생각은 순진한 생각일 뿐이며, 역사적 진실의 정치성은 심판의 대상이 아니라 드러냄의 대상이라고 주장했다. 법정의 심판을 통해 과거를 단죄하고 청산한다는 방식을 넘어, 과거를 드러내어 살아있는 사회적 기억으로 만들 때 과거는 극복될 수 있다는 것이다.[22]

'공적 불신, 사적 신뢰'의 '각개약진 문화'

이상과 같이 간단하게나마 핵심만 소개한 '식민지 근대화론', '친일파' 논쟁은 우리의 올바른 역사인식을 위해 매우 소중한 것이긴 하지만, 일제강점기가 우리에게 남긴 문화적 유산을 온전히 규명하기엔 한계가 있는 것 같다. 물론 그 문화적 유산은 부정적인 것만은 아니며 부정과 긍정의 양면성이 있다. 이걸 제대로 아는 것이 우리가 일제강점기의 역사를 공부하는 것에서 얻을 수 있는 최대의 실사구시(實事求是)적 지혜는 아닐까?

어느 나라를 막론하고 식민통치를 겪은 나라엔 집단의식 차원의 상흔(傷痕)이 있기 마련이다. 예컨대, 알제리를 보자. 이 나라의 해방 투사를 자임했던 프란츠 파농(Frantz Fanon, 1925~1961)은 "이 나라 주민들이 느끼는 소외가 얼마나 엄청난 것인가를 공포에 가까운 심정으로 바라보"았으며, 그들이 자기 나라 안에서도 '영원한 소외자'가 되어버린 채 "완전한 자아 상실의 상태 속에서 살아가고 있다"고 개탄했다.[23]

미국의 흑인은 어떤가. 프랜시스 후쿠야마(Francis Fukuyama)는

"미국의 노예제는 흑인들의 개인적 존엄성만을 박탈한 것이 아니라 협동행위를 어렵게 만듦으로써 사회적 응집력마저 박탈"하였으며, 그 결과 "흑인 하층민은 오늘날 인류 역사상 가장 철저히 원자화된 사회를 보여주고 있"다고 말했다.[24)]

한국에게도 그런 부정적인 문화적 유산이 전혀 없는 건 아니지만, 결코 그 정도까지는 아니었다. 오히려 정반대로 자신들을 지배하는 '쪽발이'를 경멸하고 증오하는 자의식을 계속 키워왔다. 오히려 과잉이어서 문제라면 문제였을 정도였다.

일제강점기가 우리에게 남긴 최대의 문화적 유산은 '공적 불신, 사적 신뢰'로 대변되는 각개약진(各個躍進) 문화다. 각개약진이란 적진을 향해 병사 각 개인이 지형지물을 이용하여 개별적으로 돌진하는 걸 뜻하는 군사용어다. 각개약진은 한국적 삶의 기본 패턴이다. 공적 영역과 공인에 대한 불신이 워낙 강해 사회적 문제조차 혼자 또는 가족 단위로 돌파하려는 경향이 매우 강하다는 뜻이다.

일제의 식민통치는 그런 각개약진 문화를 조성하는 데에 초점이 맞춰졌는데, 이는 내부분열을 조장하는 것으로 나타났다. 가장 대표적인 게 엘리트 '포섭 전략'이었다. 일제는 "구한국 시대의 지배 계급이었던 양반관료층을 그대로 보호해주"었을 뿐만 아니라 "심지어는 토지조사사업을 통해서 이전의 지배 계급에 대한 경제적 기반으로서 토지자산을 법적으로 확보해주는 등 세습적 상류 계층의 보호를" 도모하였던 것이다.[25)]

물론 이는 조선 내부의 저항을 원천봉쇄하기 위한 내부분열책에 다름 아니었다. 심지어 일제는 공산주의 사상을 억압하는 동시에 그것까지 조선의 민족해방운동의 분열과 내부갈등을 부추기는 데에 이용하였다. 똑같은 독립운동을 하더라도 좌익독립운동세력에게 혹독한 탄압을 집중시킴으로써 독립운동세력 내부의 좌우(左右) 반목을 조장하였던 것이다. 뿐만 아니라 일제의 반공주의는 혹독한 탄압을 통해 식민지 민중의 사회적 활동을 비교적 안전이 보장되는 연고주의에 의존케 하는 결과를 초래함으로써 이후 한국사회의 공공영역 발달에 심대한 악영향을 미쳤다.[26]

'카타르시스 저널리즘'의 기원

일제강점기의 『조선일보』와 『동아일보』가 오늘날에도 주류 신문으로 활약하고 있는 현실이 시사하듯이, 언론 · 문학을 포함한 문화적 관행과 의식도 좋은 의미에서건 나쁜 의미에서건 그 시기의 영향을 많이 받았다.

새로운 문물을 다른 나라에서 받아들인 나라들이 대부분 그렇듯이, 한국에서도 문학은 도구적 성격이 강했다. 계몽의 도구이건 사회주의 전파의 도구이건, 도구라는 점에선 같다. 그런 점에서 이광수와 카프 문인들과의 거리는 의외로 멀지 않다. 문인들이 친일의 길을 걷게 된 것은 바로 문학의 도구적 성격과 그로 인해 증폭된 문학의 사회적 위상과 관련이 있다.

문학은 도구인 동시에 다른 학문과 저널리즘의 짐까지 떠맡아야 하는 운명에 처해졌다. 표현의 자유가 통제당하면서 사학(史學)이 정치학을 대체하고, 이어 문학이 사학을 대체하는 일이 벌어졌기 때문이다. 문학이 학문의 중심적 위치를 차지하게 되는 세월은 한 세대 이상 지속된다. 해방 후 그 정도까지는 아니더라도 할 말을 직설적으로 표현할 수 없어 문학적 우회를 해야 하는 세월이 또 한 세대 이상 지속된다. 이게 한국인의 소통방식과 형식에 미친 영향은 무엇일까? 깊이 고민해볼 만한 주제라 하겠다.

표현의 자유가 보장되지 않으면, 어떤 사안에 대해 세세하게 논리적으로 따질 수가 없다. 사석에서만 격정적으로 토로하거나 안에 가둔 채 삭혀야만 한다. 공개적으로 표현을 하더라도 가급적 문학적으로 해야 한다. 문학은 우회적 표현을 할 수 있으면서도 깊은 공감을 이끌어낼 수 있는 최상의 방법이 아닌가.

일제강점기에 왜곡될 대로 왜곡된 사회 발달로 인해 저널리즘이 문학을 집어삼켰지만, 실은 문학이 저널리즘을 집어삼킨 것으로도 볼 수 있다. 문학과 저널리즘의 긴밀한 관계는 '전통' 으로 자리 잡아 오늘에까지 지속되고 있으며, 이는 문학적 커뮤니케이션이 저널리즘에 심대한 영향을 미치는 결과를 초래했다. 그건 좋거나 나쁘거나 하는 차원의 것이 아니라 명암(明暗)을 가진 한국 저널리즘의 독특한 정체성이 되었다.

그 정체성의 주요 요소는 카타르시스 기능이다. '카타르시스 저널리즘' 이라 해도 좋을 정도다. 일제강점기는 지났건만 오늘날에도 한국 신문들은 자주 비분강개(悲憤慷慨)하거니와 각종 수사법의 구사에 매우 능하다. 출판 쪽도 논술의 필독서라며 문학전집을 공격적으로 판촉한다. 문학의 사회성이 한국만큼 강한 나라도 드물다. 이문열과 황석영으로 대표되는 한국 문단의 좌우(左右)진영 모두 끊임없이 정치에 적극 개입하고 간섭한다. 비록 문학시장은 영상매체와 인터넷의 침공으로 고통받고 있을망정 문인은 여전히 한국 지식계의 최고봉으로 건재하다.

출세주의와 기회주의의 번성

일제의 강점은 이미 충분히 강력한 중앙집권제를 더욱 강력하게 만들었다. 더욱 효율적인 통제와 착취를 위해 그랬을 것이다. 일본인들은 한국인들에게 관료 체제에 진입할 수 있는 아주 작은 구멍을 만들어 주었다. 그 구멍의 흡입력이 만들어냈을 소용돌이의 모습은 상상하기 어렵지 않다. 이와 관련, 그레고리 헨더슨(Gregory Henderson, 1924~1988)은 "일본인들은 공식적으로 고등교육을 확대된 관료기구의 고속도로로 이용했으며 더욱이 자신들이 독점했는데 그것이 오히려 조선인들의 식욕을 돋우는 역할을 했다"고 말했다.[27]

그런 집요한 분열공작으로 인해 적어도 관료 문화에 관한 한 일제치하에서 근대적 진보는 기대하기 어려웠으며 오히려 퇴보만이 있었다. 공직을 민중 위에 군림하면서 출세의 도구로 인식하는 의식과 문화는 일제 36년간에 걸쳐 지속되는 동시에 식민 체제의 성격으로 인해 더욱 악화되었다.

우리는 일제 36년의 유산을 '잔재'라는 말로 가볍게 넘기려 들지만, 과연 그것이 잔재에 지나지 않는 것일까? 혹 그것은 '잔재'의 수준을 넘어선 '현재를 재생산하는 실질적 원리'[28]로서 여전히 해방 후의 삶에도 막대한 영향을 미쳤던 건 아닐까? 김진균과 정근식은 "식민지적 근대의 경험은 지배자였던 일본 제국주의에 '대립하면서 닮는' 과정이었다. 따라서 식민지 체제의 극복은 신체에 각인된 근대적 식민지 권력의 해체를 수반해야 한다"고 말했다.[29]

그러나 해방은 일제치하에서 형성된 의식과 문화에 아무런 변화를 주지 못했다. 미군정치하에서 다시 입신출세의 길을 걸은 사람들이 친일세력이었기 때문에 더욱 그랬다. 게다가 일제치하의 경제라는 건

원래 일본에 종속적인 기형구조를 갖고 있었던 것이라 해방과 함께 와해되었고, 남북 분단으로 인해 또 한번의 치명타를 맞게 되었다. 거기에 해방 정국의 혼란까지 가세하였으니 경제 사정은 일제 때보다 더욱 어려워질 수밖에 없었고, 이는 착취와 부정부패를 심화시켰다.

노무현이 대통령 취임사에서 대한민국 역사를 "정의가 패배하고 기회주의가 득세한 역사"라고 말한 것도 바로 그런 역사 인식에서 비롯된 것이었으리라. 그러나 과연 노무현 자신은 기회주의로부터 자유롭다고 말할 수 있는 걸까?

기회주의를 나쁘게만 보지 말고, 오히려 그것이 한국적 삶의 조건일 수 있다는 데에 주목해보자. "출세한 사람치고 기회주의자 아닌 자 없다"[30]는 속설은 한국사회가 '기회주의의 천국'이었음을 말해주는 게 아닌가. 기회주의에 대해 너그러워지자는 게 아니다. 기회주의적 처신을 둘러싼 역사적 · 사회적 조건과 배경을 제대로 이해할 때에 비로소 기회주의에 대한 감식안을 갖게 되리라는 말이다. 그래야 악성적인 기회주의에 놀아나거나 휘둘리는 최악의 상황도 피해갈 수 있을 게 아닌가?

기회주의의 역사적 · 사회적 이유

한국사회엔 기회주의가 난무할 수밖에 없는 몇 가지 역사적 · 사회적 이유가 있다.

첫째, 역사의 격랑이다. 지배세력도 자주 바뀌는데다 반대세력의 저항이 만만치 않은 상황에서 모두가 다 지배세력의 일원이 되거나 목숨을 걸고 싸우는 투사가 될 수 없으니 일반 민중의 입장에서도 기회주의는 불가피한 점이 있었다.

둘째, 압축적 근대화와 그에 따른 '역사의 지체' 현상이다. 한국사회의 발전은 각 부문 간 극심한 괴리를 전제로 이루어졌다. 부문 간 불균형은 그 자체로서도 그렇지만 그걸 시정하려는 노력에 있어서도 불연속적 변화를 수반하기 마련이다.

셋째, 과도한 외부 환경의 영향이다. 이는 지정학적인 것에서부터 학술적인 것에 이르기까지 바깥바람을 많이 탈 수밖에 없다는 걸 의미한다. 그러니 내부의 일관된 흐름이나 신조가 별 힘을 쓰지도 못하거니와 힘을 갖기도 어렵다.

넷째, 공적 영역에 대한 불신이다. 민중의 공적 영역에 대한 기억은 착취일 뿐 그것에 삶을 의탁할 만한 신뢰를 가질 수 없었다. '잿더미'에서 일어난 한국 경제의 놀라운 발전 자체가 공적 영역은 여전히 폭압과 감시의 주체로 선 가운데 '만인에 대한 만인의 투쟁' 방식에 의해 이루어졌다.

다섯째, 한국의 독특한 '소용돌이 문화'다. 소용돌이란 무엇인가? 그건 어느 한 곳을 향해 맹렬한 기세로 돌진하는 모습과 힘을 가리킨다. 브레이크가 없다. 극단으로 치닫고야 만다. 소용돌이에 말려들면 빠져나오는 게 불가능하다. 자주 쓰이는 '전쟁의 소용돌이' 운운하는 표현을 생각해보라. 평화로운 때라고 해서 소용돌이가 없는 게 아니다. 입시전쟁도 소용돌이 현상이요 유행이니 신드롬이니 하는 것도 소용돌이 현상이다. 좋건 나쁘건, 이 모든 현상들은 '중앙과 정상을 향한 맹렬한 돌진'이라고 하는 점에선 똑같은 것이다.

기회주의를 강요당할 수밖에 없었거나 기회주의의 수익성이 워낙 높았기 때문에 그걸 껴안지 않을 수 없었던 한국 근현대사는 한국인들로 하여금 각개약진에 일로매진하게 만들었다. 각개약진은 문화를 넘어서 아예 한국인의 유전자가 되었다고 해도 과언이 아니다. 심심하면 벌어지는 집단적 열광의 또 다른 비밀도 바로 여기에 있다. 집단적 열광은 각개약진에 지친 심신을 달래기 위한 집단주의 축제다.

한국의 각개약진 문화엔 명암이 있다. 그건 세계에서 가장 빠른 경제 발전을 이뤄낸 원동력이기도 했다. 공적 영역은 믿을 수 없고 믿을 거라곤 오직 나와 내 가족뿐이었으니 목숨 걸고 일하지 않으면 안 되었던 것이다. 기회주의를 비난했던 노무현이 다른 자리에선 "우리 부모 세대와 우리 세대는 위대하다. 그 열악한 환경 속에서도 세계 최고의 업적을 이뤄냈다"고 찬탄한 것도 바로 그런 역설을 지적한 걸로 볼 수 있다.

그렇지만 각개약진 체제하에선 모든 문제를 개인과 가족 단위에서 해결해야 하기 때문에 삶이 더할 나위 없이 피곤하고 살벌하기까지 하다. 당연히 행복도도 매우 낮다. 사회 전반에 '불안증후군'이 감돌고 있다. 잘 나가는 각 분야의 엘리트마저 불안을 느껴 계속 움켜쥐려는 삶을 살고 있다. 이른바 '노블레스 오블리주(Noblesse Oblige)'는 신기루가 될 수밖에 없다.

'각개약진 게임'을 넘어서

고위 공직 내정자들의 재산 공개가 있을 때마다 충격을 받고 자기 비하를 하는 사람들이 많다. "저들은 저렇게 돈이 많은데 나는 뭔가" 하는 생각 때문이다. 한국인은 평등주의가 강하면서도 현실 적응력이 워낙 탁월하기 때문에 '세상 탓'을 하다가도 종국엔 '내 탓'으로 결론을 맺는 사람들이다.

그런 현실적인 삶의 지혜라고 하는 관점에서 보자면, 돈 많은 고위 공직자들은 축복과 더불어 존경을 받아 마땅한 사람들이다. 그간 살아온 내력을 보자면 그렇게 많은 돈을 모을 기회가 없었을 것 같은데 언제 무슨 수로 그렇게 큰돈을 모았는지 그 놀라운 재테크 재주에 감탄을 금할 수 없다. 대부분 부동산 투기 혐의를 받기도 하지만, 법망을 교묘히 피해가면서 그렇게 하는 일은 쉬웠겠는가.

비아냥이 아니다. 좀 거시적으로 보자면, 우리 시대에 권력 · 금력 · 명예의 3분법이 붕괴된 현실에 주목할 수 있겠다. 우리는 잘난 사람들이 권력 · 금력 · 명예 중 어느 한 가지만 갖는 것이 바람직하다는 생각을 해왔지만, 이제 그건 더 이상 지켜질 수 없는 세상이 되고 말았다. 권력 · 금력 · 명예는 하나로 통합되고 말았다.

권력과 금력의 통합은 꽤 오래 되었지만, 명예까지 넘어간 건 최근의 일이다. 이는 대학을 보면 잘 알 수 있다. 대학의 기업화가 진전되면서 대학의 명예 생산 기능에 큰 변화가 일어났다. 명예가 권력과 금력에 완전히 종속되고 말았다. 이제 권력 없는 명예나 금력 없는 명예는 생각하기 어렵게 되었다. 오직 명예만 갖고 있는 사람도 그 명예를 밑친 삼아 권력이나 금력까지 갖는 게 익숙한 풍경이 되었다.

교수나 언론인이 되었으면 끝까지 자신의 일에 충실할 일이지 왜 이름이 좀 알려졌다 하면 정치권이나 공직을 기웃거리는가? 뒤늦게 자신의 적성을 재발견한 것인가? 아니면 대학과 언론도 정치판과 전혀 다를 바 없는 동종 업계라고 생각하기 때문인가? 그것도 아니면 자신이 나서서 국가와 민족을 구해야겠다는 사명감 때문인가?

아무래도 "호랑이와 사자가 싸우면 누가 이겨?"라는 질문에 그 답이 있는 것 같다. 아직도 우리 아이들은 그런 질문을 하길 좋아한다. 비교할 수 없는 걸 비교하면서 서열을 매기길 좋아한다. 아이들은 뭐든지 등수를 매겨야만 직성이 풀리는 각개약진 문화의 거울인 셈이다.

그런 각개약진형 위계질서 게임에서 권(權)·관(官)은 상층부에 있다. 로비를 할 일조차 없는 평범한 시민들이나 권·관 알기를 우습게 알지, 한국형 위계질서 게임에 참여할 정도로 출세한 사람들에게 권·관은 위대하다. 그 위대성은 민주화의 무풍지대로 머무르면서 시공간을 초월해 보석처럼 찬란하게 빛난다. 권·관의 위대성은 개혁 대상이 아니다. 오히려 개혁을 빙자해 그 위대성을 더 키운다.

권·관의 위대성이 약화된다고 해서 민(民)이 그 자리를 채울 수 있는 건 아니다. 이미 권·관의 상당 부분을 지배하고 있는 금력이 기다리고 있다. 대학과 더불어 사회적 명예 생산 기능을 담당하는 언론은 권·관엔 도전할망정 금력의 포로가 된지 오래다.

이 같은 권력·금력·명예의 수직계열화 구조하에서 다양성은 죽고 생존경쟁과 삶의 방식은 단순해진다. 그 생생한 증거가 연간 사교육비 20조 원 돌파 기록이다. 이제 '행복은 성적순'이라는 사실을 비공식적인 상식의 지위에서 공식적인 국정지표로 승격시키는 게 옳지 않을까?

일제 36년이 한국의 각개약진 문화의 모든 걸 결정했다고 말할 수는 없지만, 큰 영향을 미친 건 분명하다. 그간 우리는 이런 측면을 무시한 채 일제강점기를 '독립투쟁' 위주로 묘사함으로써 우리 자신을 위로하고, '식민지 근대화론', '친일파' 논쟁을 통해 우리의 자존심을 세우려는 데에 너무 많은 에너지를 쏟아왔다.

물론 그건 필요한 일이었지만, 이젠 시대의 변화에 따라 변할 줄 아는 슬기가 필요한 시점에 이른 것 같다. 일제 36년의 유산이 '잔재'의 수준을 넘어선 '현재를 재생산하는 실질적 원리'로 기능하는 걸 재평가하고 성찰해보면서 사회의 운영 원리에 대한 감수성을 키우면서 새로운 대안을 모색해보는 건 어떨까?

| 주석 |

제1장

1) 유성운, 「책갈피 속의 오늘: 1939년 독일-소련 상호불가침 조약」, 『동아일보』, 2007년 8월 23일자.

2) 사토 쇼닌, 「국민국가 일본의 영토와 주변」, 강덕상 · 정진성 외, 『근 · 현대 한일관계와 재일동포』, 서울대학교출판부, 1999, 331쪽.

3) 딕 모리스, 홍수원 옮김, 『파워게임의 법칙』, 세종서적, 2003, 268~272쪽.

4) 미즈노 나오키, 「조선 식민지 지배와 이름의 '차이화' : '내지인과 혼동하기 쉬운 이름' 의 금지를 중심으로」, 한국사회사학회, 『사회와 역사 제59집』, 문학과지성사, 2001, 147쪽.

5) 이한수, 「동화와 배제, 두 얼굴의 일 식민주의」, 『조선일보』, 2007년 5월 5일, D7면.

6) 윤치호, 김상태 편역, 『윤치호 일기 1916~1943: 한 지식인의 내면세계를 통해 본 식민지시기』, 역사비평사, 2001, 452쪽.

7) 윤치호, 김상태 편역, 『윤치호 일기 1916~1943: 한 지식인의 내면세계를 통해 본 식민지시기』, 역사비평사, 2001, 454~455쪽.

8) 양태호, 「창씨개명의 사상적 배경」, 정운현 편역, 『창씨개명』, 학민사, 1994, 121쪽.

9) 고명수, 『나의 꽃밭에 님의 꽃이 피었습니다: 민족의 청년 한용운』, 한길사, 2000, 279쪽.

10) 김상태 편역, 『윤치호 일기 1916~1943: 한 지식인의 내면세계를 통해 본 식민지시기』, 역사비평사, 2001, 464~465쪽.

11) 김윤식, 『이광수와 그의 시대 2』, 솔, 1999, 342~343쪽.

12) 정운현, 「정직한 역사 되찾기: 親日의 군상 (5) 시인 朱耀翰」, 『서울신문』, 1998년 9월 7일, 6면.

13) 김태수, 『꽃가치 피어 매혹케 하라: 신문광고로 본 근대의 풍경』, 황소자리, 2005, 138쪽.

14) 김태수, 『꽃가치 피어 매혹케 하라: 신문광고로 본 근대의 풍경』, 황소자리, 2005, 137쪽.

15) 송우혜, 『윤동주 평전』, 푸른역사, 2004, 324쪽.

16) 윤치호, 김상태 편역, 『윤치호 일기 1916~1943: 한 지식인의 내면세계를 통해 본 식민지시

기』, 역사비평사, 2001, 457쪽.

17) 윤치호, 김상태 편역, 『윤치호 일기 1916~1943: 한 지식인의 내면세계를 통해 본 식민지시기』, 역사비평사, 2001, 461쪽.

18) 김태수, 『꽃가치 피어 매혹케 하라: 신문광고로 본 근대의 풍경』, 황소자리, 2005, 139쪽.

19) 이승엽, 「내선일체운동과 녹기연맹」, 『역사비평』, 통권 50호(2000년 봄), 208쪽.

20) 이승엽, 「내선일체운동과 녹기연맹」, 『역사비평』, 통권 50호(2000년 봄), 203쪽.

21) 이승엽, 「내선일체운동과 녹기연맹」, 『역사비평』, 통권 50호(2000년 봄), 208쪽.

22) 김태수, 『꽃가치 피어 매혹케 하라: 신문광고로 본 근대의 풍경』, 황소자리, 2005, 144쪽.

23) 김태수, 『꽃가치 피어 매혹케 하라: 신문광고로 본 근대의 풍경』, 황소자리, 2005, 149쪽.

24) 전경목, 「『혼불』을 통해서 본 전통기의 종족제도와 신분제도」, 전북대 전라문화연구소, 『혼불과 전통문화』, 신아출판사, 2003, 293쪽.

25) 윤치호, 김상태 편역, 『윤치호 일기 1916~1943: 한 지식인의 내면세계를 통해 본 식민지시기』, 역사비평사, 2001, 470쪽.

26) 윤치호, 김상태 편역, 『윤치호 일기 1916~1943: 한 지식인의 내면세계를 통해 본 식민지시기』, 역사비평사, 2001, 473쪽.

27) 손정목, 『일제강점기 도시사회상연구』, 일지사, 1996, 210~211쪽.

28) 윤치호, 김상태 편역, 『윤치호 일기 1916~1943: 한 지식인의 내면세계를 통해 본 식민지시기』, 역사비평사, 2001, 471쪽.

29) 다카사키 소지, 이규수 옮김, 『식민지 조선의 일본인들: 군인에서 상인, 그리고 게이샤까지』, 역사비평사, 2006, 168쪽.

30) 박노자, 『우리가 몰랐던 동아시아』, 한겨레출판, 2007, 306쪽.

31) 가노 미키요, 「'일본인 처' 라는 문제: 한국 가부장제와 관련해서」, '한일 연대21' 엮음, 『한일 역사인식 논쟁의 메타히스토리: '한일 연대21' 의 시도』, 뿌리와이파리, 2008, 310~321쪽; 유석재, 「조선인 가미카제 가해자였나 피해자였나」, 『조선일보』, 2008년 3월 1일자.

32) 손정목, 『일제강점기 도시사회상연구』, 일지사, 1996, 213~214쪽.

33) 김태수, 『꽃가치 피어 매혹케 하라: 신문광고로 본 근대의 풍경』, 황소자리, 2005, 44~45쪽.

34) 최정호, 『우리가 살아온 20세기 1』, 미래M&B, 1999, 154쪽.

35) 유종호, 『나의 해방전후 1940~1949』, 민음사, 2004, 41쪽.

36) 공제욱, 「의복통제와 '국민' 만들기」, 공제욱 · 정근식 편, 『식민지의 일상, 지배와 균열』, 문과학사, 2006, 176쪽.

37) 이이화, 「한국사바로보기 (17) 복식을 통해 보는 여권 신장의 의미」, 『경향신문』, 2004년 9월 9일자.

38) 김태수, 『꽃가치 피어 매혹케 하라: 신문광고로 본 근대의 풍경』, 황소자리, 2005, 362쪽.

39) 공제욱, 「의복통제와 '국민' 만들기」, 공제욱 · 정근식 편, 『식민지의 일상, 지배와 균열』, 문과학사, 2006, 185~186쪽; 고부자, 『우리 생활 100년 · 옷』, 현암사, 2001, 109~110쪽.

40) 전진식, 「"일제, 여성속옷까지 지배했다": 일본인 하세가와 석사논문」, 『한겨레』, 2007년 2

월 21일, 9면.

41) 송우혜, 『윤동주 평전』, 푸른역사, 2004, 277~278, 280~281쪽.

42) 장신, 「1930년대 언론의 상업화와 조선·동아일보의 선택」, 『역사비평』, 통권 70호(2005년 봄), 173쪽.

43) 최영태, 「조선일보 폐간을 둘러싼 논란과 진실」, 『역사비평』, 통권 66호(2004년 봄), 225쪽.

44) 「언론권력: 제2부 추악한 과거 (1) 조선일보의 친일 곡필」, 『한겨레』, 2001년 3월 28일, 1면.

45) 김을한, 『한국신문사화』, 탐구당, 1975, 140쪽.

46) 정진석, 『언론조선총독부』, 커뮤니케이션북스, 2005, 173~176쪽.

47) 박용규, 「일제 말기(1937~1945)의 언론통제정책과 언론구조변동」, 『한국언론학보』, 제46-1호(2001년 겨울), 208쪽.

48) 유석재, 「"조선·동아는 당국 비방하는 신문": 일제 헌병대 1940년 비밀문건 발굴」, 『조선일보』, 2005년 6월 28일, A4면.

49) 조선일보사 사료연구실, 『조선일보 사람들: 일제시대편』, 랜덤하우스중앙, 2004, 571쪽.

50) 「언론권력: 제2부 추악한 과거 (1) 조선일보의 친일 곡필」, 『한겨레』, 2001년 3월 28일, 1면.

51) 주동황·김해식·박용규, 『한국언론사의 이해』, 전국언론노동조합연맹, 1997, 40~41쪽.

52) 최준, 『한국신문사』, 일조각, 1987, 334쪽.

53) 조선일보사 사료연구실, 『조선일보 사람들: 일제시대편』, 랜덤하우스중앙, 2004, 576~577쪽.

54) 김상태 편역, 『윤치호 일기 1916~1943: 한 지식인의 내면세계를 통해 본 식민지시기』, 역사비평사, 2001, 453~454쪽.

55) 김상태 편역, 『윤치호 일기 1916~1943: 한 지식인의 내면세계를 통해 본 식민지시기』, 역사비평사, 2001, 455쪽.

56) 김상태 편역, 『윤치호 일기 1916~1943: 한 지식인의 내면세계를 통해 본 식민지시기』, 역사비평사, 2001, 459쪽.

57) 김상태 편역, 『윤치호 일기 1916~1943: 한 지식인의 내면세계를 통해 본 식민지시기』, 역사비평사, 2001, 460쪽; 박용규, 「일제 말기(1937~1945)의 언론통제정책과 언론구조변동」, 『한국언론학보』, 제46-1호(2001년 겨울), 211쪽.

58) 정진석, 『역사와 언론인』, 커뮤니케이션북스, 2001, 257쪽.

59) 조선일보사 사료연구실, 『조선일보 사람들: 일제시대편』, 랜덤하우스중앙, 2004, 578쪽.

60) 김상태 편역, 『윤치호 일기 1916~1943: 한 지식인의 내면세계를 통해 본 식민지시기』, 역사비평사, 2001, 468쪽.

61) 김상태 편역, 『윤치호 일기 1916~1943: 한 지식인의 내면세계를 통해 본 식민지시기』, 역사비평사, 2001, 469쪽.

62) 김상태 편역, 『윤치호 일기 1916~1943: 한 지식인의 내면세계를 통해 본 식민지시기』, 역사비평사, 2001, 469~470쪽.

63) 주동황·김해식·박용규, 『한국언론사의 이해』, 전국언론노동조합연맹, 1997, 45~46쪽.

64) 주동황·김해식·박용규, 『한국언론사의 이해』, 전국언론노동조합연맹, 1997, 44~47쪽.

65) 정운현, 「정직한 역사 되찾기: 친일의 군상 (9) 시인 金東煥」, 『서울신문』, 1998년 10월 19일, 6면.

66) 정운현, 「정직한 역사 되찾기: 친일의 군상 (27) 崔麟」, 『서울신문』, 1999년 3월 15일, 13면.

67)이동욱, 『민족계몽의 초석 방응모』, 지구촌, 1998, 182~183쪽.

68) 「언론권력: 제2부 추악한 과거 (1) 조선일보의 친일 곡필」, 『한겨레』, 2001년 3월 28일, 1면.

69) 김동민, 「친일잡지 『조광』과 방일영, 그리고 김대중 주필」, 『인물과 사상 11』, 개마고원, 1999, 213쪽.

70) 나윤도, 「겨레의 맥박으로 89년 (12) 대한매일신보에서 서울신문까지」, 『서울신문』, 1993년 3월 16일, 6면.

71) 정운현, 「정직한 역사 되찾기: 친일의 군상(24회)」, 『서울신문』, 1999년 2월 8일, 13면.

72) 최준, 『한국신문사』, 일조각, 1987, 332쪽.

73) 최준, 『한국신문사』, 일조각, 1987, 332쪽.

74) 최서영, 『한국의 저널리즘: 120년의 역사와 사상』, 커뮤니케이션북스, 2002, 337쪽.

75) 최준, 『한국신문사』, 일조각, 1987, 334~335쪽.

76) 김영희, 「일제 지배시기 한국인의 신문접촉 경향」, 『한국언론학보』, 제46-1호(2001년 겨울), 59~61쪽.

77) 김도형, 「"황민정책 무비판적으로 썼다"」, 『한겨레』, 2007년 5월 1일, 15면.

78) 유종호, 『나의 해방전후 1940~1949』, 민음사, 2004, 40쪽.

79) 송건호, 『한국현대사 2: 송건호 전집 4』, 한길사, 2002, 31쪽.

80) 김팔봉, 「일제 암흑기의 문단」, 강진호 엮음, 『한국문단 이면사』, 깊은샘, 1999, 285쪽.

81) 최서영, 『한국의 저널리즘: 120년의 역사와 사상』, 커뮤니케이션북스, 2002, 328~329쪽.

82) 송건호, 『한국 민족주의의 탐구』, 한길사, 1977, 116쪽.

83) 한윤정, 「다시 쓰는 한반도 100년 (23) 매년 '축제' 같았던 中망명객들의 기념식」, 『경향신문』, 2002년 1월 19일, 7면.

84) 한윤정, 「다시 쓰는 한반도 100년 (23) 매년 '축제' 같았던 中망명객들의 기념식」, 『경향신문』, 2002년 1월 19일, 7면.

85) 한상도, 『대륙에 남긴 꿈: 김원봉의 항일역정과 삶』, 역사공간, 2006, 182~186쪽.

86) 한윤정, 「다시 쓰는 한반도 100년 (23) 매년 '축제' 같았던 中망명객들의 기념식」, 『경향신문』, 2002년 1월 19일, 7면.

87) 김희곤, 「실록 대한민국임시정부: '윤봉길 거사' 직후 7곳 옮겨다녀-제2부 (1) 새로운 근거지를 찾아서」, 『조선일보』, 2005년 3월 9일자.

88) 김희곤, 「실록 대한민국림시정부: 제3부 (1) 重慶에 정착, 통합정부를 이루다」, 『조선일보』, 2005년 4월 6일자; 추헌수, 『한민족의 독립운동과 임시정부의 위상』, 연세대학교출판부, 1995, 138~139쪽; 노경채, 『한국독립당연구』, 신서원, 1996, 74~75쪽.

89) 배경한, 「삼균주의와 삼민주의」, 『쑨원과 한국: 중화주의와 사대주의의 교차』, 한울아카데미, 2007, 212~229쪽; 노경채, 『한국독립당연구』, 신서원, 1996, 82~83쪽.

90) 염인호, 『김원봉연구: 의열단, 민족혁명당 40년사』, 창작과비평사, 1992, 253~254쪽.
91) 한상도, 「실록 대한민국림시정부: 제3부 (2) 임시정부의 국군, 광복군」, 『조선일보』, 2005년 4월 13일자; 추헌수, 『한민족의 독립운동과 임시정부의 위상』, 연세대학교출판부, 1995, 141쪽.
92) 김희곤, 「실록 대한민국림시정부: 제3부 (1) 重慶에 정착, 통합정부를 이루다」, 『조선일보』, 2005년 4월 6일자.
93) 김희곤, 「실록 대한민국림시정부: 제3부 (1) 重慶에 정착, 통합정부를 이루다」, 『조선일보』, 2005년 4월 6일자.
94) 김용석, 「다시 쓰는 한반도 100년 (24) 군비부족에 허덕인 광복군」, 『경향신문』, 2002년 1월 26일, 7면.
95) 추헌수, 『한민족의 독립운동과 임시정부의 위상』, 연세대학교출판부, 1995, 146쪽.
96) 김용석, 「다시 쓰는 한반도 100년 (24) 군비부족에 허덕인 광복군」, 『경향신문』, 2002년 1월 26일, 7면.
97) 한상도, 「실록 대한민국림시정부: 제3부 (2) 임시정부의 국군, 광복군」, 『조선일보』, 2005년 4월 13일자.
98) 지호일, 「만세운동 · 광복군 …… '남(男) 못잖은 항일투쟁' : 3 · 1절 88돌-여성독립운동가 열전」, 『국민일보』, 2007년 3월 1일, 3면.
99) 조은성, 「"광복군이란 게 창피하다"」, 『시민의신문』, 2005년 7월 4일자.
100) 남종호, 「모택동 자서전의 시대배경」, 해방군문예출판사 편, 남종호 역, 『모택동 자서전』, 다락원, 2002, 198쪽.
101) 남종호, 「모택동 자서전의 시대배경」, 해방군문예출판사 편, 남종호 역, 『모택동 자서전』, 다락원, 2002, 200~201쪽.
102) 김승채, 「제2장 중국혁명과 농민」, 서진영 외, 『모택동과 중국혁명: 중국혁명의 전개와 사상적 노선』, 태암, 1989, 105~106쪽.
103) 남종호, 「모택동 자서전의 시대배경」, 해방군문예출판사 편, 남종호 역, 『모택동 자서전』, 다락원, 2002, 203쪽.
104) 한중일3국공동역사편찬위원회, 『미래를 여는 역사: 한중일이 함께 만든 동아시아 3국의 근현대사』, 한겨레출판, 2005, 152~153쪽.
105) 한중일3국공동역사편찬위원회, 『미래를 여는 역사: 한중일이 함께 만든 동아시아 3국의 근현대사』, 한겨레출판, 2005, 155쪽.
106) 이창위, 「패전 60년, 다시 불거진 일왕 전쟁책임론: 히로히토, 독가스 사용 · 731 부대 마루타 실험 허가했다」, 『신동아』, 2005년 8월호.
107) 데이비드 베레비, 정준형 옮김, 『우리와 그들: 무리짓기에 대한 착각』, 에코리브르, 2007, 326쪽.
108) 김삼웅, 『일제는 조선을 얼마나 망쳤을까』, 사람과사람, 1998, 246~253쪽.
109) 이창위, 「패전 60년, 다시 불거진 일왕 전쟁책임론: 히로히토, 독가스 사용 · 731 부대 마루타 실험 허가했다」, 『신동아』, 2005년 8월호.

110) 에드워드 베르, 유경찬 옮김, 『히로히토: 신화의 뒤편』, 을유문화사, 2002, 240쪽.

111) 김삼웅, 「일제의 만행과 잔학상」, 김삼웅 · 이헌종 · 정운현 공편, 『친일파 그 인간과 논리』, 학민사, 1990, 190~191쪽.

112) 에드워드 베르, 유경찬 옮김, 『히로히토: 신화의 뒤편』, 을유문화사, 2002, 244쪽.

113) 김호경, 「광복절 특집 '시사다큐' …… 日 '심장부' 에 살아있는 731부대」, 『국민일보』, 2002년 8월 14일, 18면.

114) 정일성, 『황국사관의 실체: 일본 군국주의는 되살아나는가』, 지식산업사, 2000, 40~41쪽.

115) 에드워드 베르, 유경찬 옮김, 『히로히토: 신화의 뒤편』, 을유문화사, 2002, 486~487쪽.

116) 김호경, 「광복절 특집 '시사다큐' ……日 '심장부' 에 살아있는 731부대」, 『국민일보』, 2002년 8월 14일, 18면.

117) 박용채, 「日법원 '731부대 세균전' 첫 인정-도쿄지법, 中유족 손배소송은 기각」, 『경향신문』, 2002년 8월 28일, 10면.

118) 「"日帝 소록도서 생체실험 자행"-유필우의원 증거자료 공개」, 『세계일보』, 2004년 10월 25일, 2면.

119) 최정기, 『감금의 정치』, 책세상, 2005, 54쪽.

120) 길윤형, 「1942년 6월 소록도 '이춘상 사건' 을 아십니까」, 『한겨레』, 2005년 1월 31일, 9면.

121) 정근식, 「'식민지적 근대' 와 신체의 정치: 일제하 나(癩) 요양원을 중심으로」, 한국사회사학회, 『사회와 역사』, 통권 제51집(1997년 봄), 253쪽.

122) 길윤형, 「1942년 6월 소록도 '이춘상 사건' 을 아십니까」, 『한겨레』, 2005년 1월 31일, 9면.

123) 정근식, 「일제 말기의 소록도갱생원과 이춘상 사건」, 『역사비평』, 통권 72호(2005년 가을), 354쪽.

124) 한승동, 「뼛속까지 드리운 '식민' 의 그늘」, 『한겨레』, 2007년 5월 4일, 책 · 지성섹션 7면.

제2장

1) 김학준, 『러시아혁명사』, 문학과지성사, 1979, 291쪽.

2) Walter Laqueur, 『Fascism: Past Present Future』, New York: Oxford University Press, 1997, p.71.

3) 한중일3국공동역사편찬위원회, 『미래를 여는 역사: 한중일이 함께 만든 동아시아 3국의 근현대사』, 한겨레출판, 2005, 145쪽.

4) 조지프 나이, 양준희 옮김, 『국제분쟁의 이해: 이론과 역사』, 한울아카데미, 2000, 100쪽.

5) 변은진, 「일제의 파시즘전쟁(1937~45)과 조선 민중의 전쟁관」, 역사문제연구소, 『역사문제연구 3』, 역사비평사, 1998, 191~193쪽.

6) 앨런 브링클리, 황혜성 외 공역, 『미국인의 역사 3』, 비봉출판사, 1998, 142~143쪽; 정일성, 『일본 군국주의의 괴벨스 도쿠토미 소호』, 지식산업사, 2005, 269쪽.

7) 마이클 하워드 · 로저 루이스, 차하순 외 옮김, 『20세기의 역사』, 가지않은길, 2000, 243~

244쪽.

8) 이주영, 『미국사』, 대한교과서주식회사, 1987, 293쪽.

9) 이덕주, 『식민지 조선은 어떻게 해방되었는가』, 에디터, 2003, 268쪽; 권오신, 『미국의 제국주의: 필리핀인들의 시련과 저항』, 문학과지성사, 2000, 256쪽.

10) 권오신, 『미국의 제국주의: 필리핀인들의 시련과 저항』, 문학과지성사, 2000, 256쪽; 고정휴, 「실록 대한민국림시정부: 제3부 (3) 美 · 中의 승인을 위한 戰時외교」, 『조선일보』, 2005년 4월 20일자.

11) 이덕주, 『식민지 조선은 어떻게 해방되었는가』, 에디터, 2003, 271~272, 278~280쪽; 이창위, 『우리의 눈으로 본 일본제국 흥망사』, 궁리, 2005, 82쪽.

12) 하워드 진, 『살아있는 미국역사』, 추수밭, 2008, 206쪽.

13) 웨인 패터슨, 정대화 옮김, 『하와이 한인 이민 1세: 그들 삶의 애환과 승리(1903~1973)』, 들녘, 2003, 299~300쪽.

14) Walter Laqueur, 『Fascism: Past Present Future』, New York: Oxford University Press, 1997, p.71.

15) 고정휴, 「실록 대한민국림시정부: 제3부 (3) 美 · 中의 승인을 위한 戰時외교」, 『조선일보』, 2005년 4월 20일자.

16) 최인진, 『한국신문사진사』, 열화당, 1992, 263쪽.

17) 최정호, 『우리가 살아온 20세기 1』, 미래M&B, 1999, 149~150쪽.

18) 최인진, 『한국신문사진사』, 열화당, 1992, 263쪽.

19) 양현혜, 『윤치호와 김교신: 근대조선에 있어서 민족적 아이덴티티와 기독교』, 한울, 1994, 100쪽.

20) 정운현, 「정직한 역사 되찾기: 親日의 군상 (5) 시인 朱耀翰」, 『서울신문』, 1998년 9월 7일, 6면.

21) 윤치호, 김상태 편역, 『윤치호 일기 1916~1943: 한 지식인의 내면세계를 통해 본 식민지시기』, 역사비평사, 2001, 489~490쪽.

22) 고정휴, 「실록 대한민국림시정부: 제3부 (3) 美 · 中의 승인을 위한 戰時외교」, 『조선일보』, 2005년 4월 20일자.

23) 신용하, 「다시 보는 한국역사 (10 · 끝) 카이로선언과 김구」, 『동아일보』, 2007년 6월 10일자.

24) 교과서포럼, 『대안교과서 한국 근 · 현대사』, 기파랑, 2008, 127~131쪽.

25) 정병준, 『우남 이승만연구: 한국 근대국가의 형성과 우파의 길』, 역사비평사, 2005, 213쪽.

26) 교과서포럼, 『대안교과서 한국 근 · 현대사』, 기파랑, 2008, 127~131쪽; 고정휴, 「실록 대한민국림시정부: 제3부 (3) 美 · 中의 승인을 위한 戰時외교」, 『조선일보』, 2005년 4월 20일자.

27) 이주영, 「'한국 근 · 현대사' 교과서의 역사인식: 식민통치와 독립운동의 시대를 중심으로」, 역사학회 편, 『한국 근 · 현대사 교과서의 '독립운동사' 서술과 쟁점』, 경인문화사, 2006, 26~27쪽.

28) 김정현, 「일제의 '대동아공영권' 논리와 실체」, 『역사비평』, 계간 26호(1994년 가을), 71쪽.

29) 한윤정, 「다시 쓰는 한반도 100년 (13) 방위청연구소 입수한 '원본'」, 『경향신문』, 2001년 11

월 10일, 7면.

30) 한윤정, 「다시 쓰는 한반도 100년 (13) 방위청연구소 입수한 '원본'」, 『경향신문』, 2001년 11월 10일, 7면.

31) 권오신, 『미국의 제국주의: 필리핀인들의 시련과 저항』, 문학과지성사, 2000, 257~264쪽.

32) 신동준, 『근대일본론: 군국 일본의 국가제도와 그 운용자들』, 지식산업사, 2004, 35쪽.

33) 손정목, 『한국지방제도 · 자치사연구 (상): 갑오경장~일제강점기』, 일지사, 1992, 310쪽.

34) 김영희, 『일제시대 농촌통제정책 연구』, 경인문화사, 2003, 359쪽.

35) 반민족문제연구소, 『청산하지 못한 역사 1: 한국현대사를 움직인 친일파 60』, 청년사, 1994, 64~65쪽.

36) 박노자, 『나를 배반한 역사』, 인물과사상사, 2003, 61쪽.

37) 최정호, 『우리가 살아온 20세기 1』, 미래M&B, 1999, 150쪽.

38) 리콴유, 류지호 옮김, 『리콴유 자서전』, 문학사상사, 1999, 65쪽.

39) 리콴유, 류지호 옮김, 『리콴유 자서전』, 문학사상사, 1999, 66쪽.

40) 리콴유, 류지호 옮김, 『내가 걸어온 일류국가의 길』, 문학사상사, 2001, 672쪽.

41) 윤해동, 『식민지 근대의 패러독스』, 휴머니스트, 2007, 25~26쪽.

42) 권명아, 『역사적 파시즘: 제국의 판타지와 젠더 정치』, 책세상, 2005, 352, 355쪽.

43) 권명아, 『역사적 파시즘: 제국의 판타지와 젠더 정치』, 책세상, 2005, 365쪽.

44) 권재현, 「이준식-권명아 교수 논문 "中日전쟁 결과가 親日지식인 양산"」, 『동아일보』, 2004년 5월 22일자.

45) 권명아, 『역사적 파시즘: 제국의 판타지와 젠더 정치』, 책세상, 2005, 370쪽.

46) 김재용, 『협력과 저항: 일제 말 사회와 문학』, 소명출판, 2004, 126쪽.

47) 이창위, 『우리의 눈으로 본 일본제국 흥망사』, 궁리, 2005, 98쪽.

48) 이덕주, 『식민지 조선은 어떻게 해방되었는가』, 에디터, 2003, 286~287쪽.

49) 빅터 데이비스 핸슨, 남경태 옮김, 『살육과 문명: 서구의 세계 제패에 기여한 9개의 전투』, 푸른숲, 2002, 615~617, 639쪽.

50) 이덕주, 『식민지 조선은 어떻게 해방되었는가』, 에디터, 2003, 290~291쪽.

51) 한중일3국공동역사편찬위원회, 『미래를 여는 역사: 한중일이 함께 만든 동아시아 3국의 근현대사』, 한겨레출판, 2005, 143쪽.

52) 송건호, 『한국현대사 2: 송건호 전집 4』, 한길사, 2002, 28쪽.

53) 박중현, 「오키나와 주민의 피맺힌 깨달음」, 『한겨레』, 2005년 4월 20일, 8면.

54) 최정호, 「히로시마 나가사키와 '역사의 망각'」, 『동아일보』, 2007년 8월 9일자.

55) 루스 베네딕트, 김윤식 · 오인석 옮김, 『국화와 칼: 일본문화의 틀』, 을유문화사, 1995.

56) 앤드류 새먼, 「해외서평: 미군은 용맹스럽지 않았고 일본은 魂에만 의존했다」, 『조선일보』, 2008년 4월 26일자.

57) 빅터 데이비스 핸슨, 남경태 옮김, 『살육과 문명: 서구의 세계 제패에 기여한 9개의 전투』, 푸른숲, 2002, 577쪽.

58) 이창위, 『우리의 눈으로 본 일본제국 흥망사』, 궁리, 2005, 159~171쪽.

59) 예영준, 「60년간 필리핀 정글서 은신 생활 일본군 패잔병 두 명 찾았다」, 『중앙일보』, 2005년 5월 28일, 14면.

60) 이창위, 『우리의 눈으로 본 일본제국 흥망사』, 궁리, 2005, 24~32쪽.

61) 윤건차, 「반성하지 않는 폭주기관차 일본」, 『황해문화』, 제48호(2005년 가을), 40~41쪽; 마루야마 마사오, 김석근 옮김, 『현대정치의 사상과 행동』, 한길사, 1997, 158~159쪽.

62) 마루야마 마사오, 김석근 옮김, 『현대정치의 사상과 행동』, 한길사, 1997.

63) 알렉스 커, 이나경 옮김, 『치명적인 일본』, 홍익출판사, 2002, 68쪽.

64) 이중연, 『'황국신민' 의 시대』, 혜안, 2003, 99쪽.

65) 김환표, 『쌀밥전쟁: 아주 낯선 쌀의 역사』, 인물과사상사, 2006, 35쪽.

66) 윤치호, 김상태 편역, 『윤치호 일기 1916~1943: 한 지식인의 내면세계를 통해 본 식민지시기』, 역사비평사, 2001, 473쪽.

67) 윤치호, 김상태 편역, 『윤치호 일기 1916~1943: 한 지식인의 내면세계를 통해 본 식민지시기』, 역사비평사, 2001, 481쪽.

68) 손정목, 『일제강점기 도시사회상연구』, 일지사, 1996, 216쪽.

69) 김환표, 『쌀밥전쟁: 아주 낯선 쌀의 역사』, 인물과사상사, 2006, 36쪽.

70) 파냐 이사악꼬브나 샤브쉬나, 김명호 역, 『식민지 조선에서: 어느 러시아 지성이 쓴 역사현장기록』, 한울, 1996, 181쪽.

71) 윤택림, 『인류학자의 과거여행: 한 빨갱이 마을의 역사를 찾아서』, 역사비평사, 2004, 158~159쪽.

72) 파냐 이사악꼬브나 샤브쉬나, 김명호 역, 『식민지 조선에서: 어느 러시아 지성이 쓴 역사현장기록』, 한울, 1996, 182쪽.

73) 강만길, 『역사는 이상의 현실화 과정이다: 강만길 사론집』, 창작과비평사, 2002, 159쪽.

74) 강만길, 『역사는 이상의 현실화 과정이다: 강만길 사론집』, 창작과비평사, 2002, 158쪽.

75) 손정목, 『한국지방제도 · 자치사연구 (상): 갑오경장~일제강점기』, 일지사, 1992, 302쪽.

76) 전주문화재단, 『일제의 전주 침탈과 식민시대 구술실록(1907~1945): 전주 근대생활 조명, 100년(1907~2006) 제1권』, 전주문화재단, 2007, 104쪽.

77) 손정목, 『일제강점기 도시사회상연구』, 일지사, 1996, 221쪽.

78) 손정목, 『일제강점기 도시사회상연구』, 일지사, 1996, 222~223쪽.

79) 전주문화재단, 『일제의 전주 침탈과 식민시대 구술실록(1907~1945): 전주 근대생활 조명, 100년(1907~2006) 제1권』, 전주문화재단, 2007, 462쪽.

80) 정혜경, 「일제 강제동원 진상규명 어떻게 되고 있나 (2) 동원과정과 피해보상」, 『국민일보』, 2004년 10월 18일, 13면.

81) 정혜경, 「일제 강제동원 진상규명 어떻게 되고 있나 (2) 동원과정과 피해보상」, 『국민일보』, 2004년 10월 18일, 13면.

82) 강재언 · 김동훈, 하우봉 · 홍성덕 옮김, 『재일 한국 · 조선인-역사와 전망』, 소화, 2000, 55

쪽; 박경식, 박경옥 옮김, 『조선인 강제연행의 기록』, 고즈윈, 2008, 71쪽.

83) 이범진, 「"한국인 이중징용, 고이소 총리가 지시": 1944년 일본 각료회의 극비문서 발견」, 『주간조선』, 2004년 9월 30일자.

84) 박경식, 박경옥 옮김, 『조선인 강제연행의 기록』, 고즈윈, 2008, 71~72쪽.

85) 박경식, 박경옥 옮김, 『조선인 강제연행의 기록』, 고즈윈, 2008, 87~91쪽.

86) 정혜경, 「일제 강제동원 진상규명 어떻게 되고 있나 (2) 동원과정과 피해보상」, 『국민일보』, 2004년 10월 18일, 13면.

87) 정혜경, 「일제 강제동원 진상규명 어떻게 되고 있나 (2) 동원과정과 피해보상」, 『국민일보』, 2004년 10월 18일, 13면.

88) 정혜경, 「일제 강제동원 진상규명 어떻게 되고 있나 (2) 동원과정과 피해보상」, 『국민일보』, 2004년 10월 18일, 13면.

89) 염복규, 「'국민학교'와 '초등학교'」, 『중앙일보』, 2007년 4월 27일, 23면.

90) 김혜경, 『식민지하 근대가족의 형성과 젠더』, 창비, 2006, 214쪽.

91) 염복규, 「'국민학교'와 '초등학교'」, 『중앙일보』, 2007년 4월 27일, 23면.

91) 이강숙 · 김춘미 · 민경찬, 『우리 양악 100년』, 현암사, 2001, 86~87쪽.

93) 김려실, 『투사하는 제국 투영하는 식민지: 1901~1945년의 한국영화사를 되짚다』, 삼인, 2006, 218쪽.

94) 최유리, 「일제 말기 황민화정책의 성격: 일본어 보급운동을 중심으로」, 한국근현대사연구회 편, 『한국근현대사연구 제2집』, 한울, 1995, 244쪽.

95) 한국사사전편찬회 편, 『한국근현대사사전 1860~1990』, 가람기획, 1990, 194~195쪽.

96) 박진한, 「무사도의 창안과 현대적 변용: 근대 일본의 '국민도덕' 만들기」, 『역사비평』, 통권 74호(2006년 봄), 363~364쪽.

97) 김소희, 「〈아리랑〉에서 〈파업전야〉까지」, 한국역사연구회, 『우리는 지난 100년 동안 어떻게 살았을까 1』, 역사비평사, 1998, 87쪽.

98) 황문평, 『한국 대중연예사』, 부루칸모로, 1989, 16쪽.

99) 이영재, 『제국 일본의 조선영화: 식민지 말의 반도-협력의 심정, 제도, 논리』, 현실문화, 2008, 256쪽.

100) 강성률, 『친일영화』, 로크미디어, 2006, 140~142쪽.

101) 이준식, 「문화 선전 정책과 전쟁 동원 이데올로기: 영화 통제 체제의 선전 영화를 중심으로」, 방기중 편, 『일제 파시즘 지배정책과 민중생활』, 혜안, 2004, 234쪽.

102) 이준식, 「문화 선전 정책과 전쟁 동원 이데올로기: 영화 통제 체제의 선전 영화를 중심으로」, 방기중 편, 『일제 파시즘 지배정책과 민중생활』, 혜안, 2004, 193쪽.

103) 유선영, 「황색식민지의 서양영화 관람과 소비의 정치, 1934~1942」, 공제욱 · 정근식 편, 『식민지의 일상, 지배와 균열』, 문과학사, 2006, 453쪽.

104) 김태수, 『꽃가치 피어 매혹케 하라: 신문광고로 본 근대의 풍경』, 황소자리, 2005, 171쪽.

105) 최덕교 편저, 『한국잡지백년 2』, 현암사, 2004, 550쪽.

106) 강성률, 『친일영화』, 로크미디어, 2006, 75쪽.
107) 강성률, 『친일영화』, 로크미디어, 2006, 154쪽.
108) 이근태, 「일제시대의 대중가요」, 추억의 음악감상실 가요 114.
109) 정운현, 「정직한 역사 되찾기: 親日의 군상 (5) 시인 朱耀翰」, 『서울신문』, 1998년 9월 7일, 6면.
110) 선성원, 『우리가 정말 알아야 할 우리 대중가요』, 현암사, 2008, 22~24쪽.
111) 문학수, 「獨유학생 안익태 친일 거듭 주장 "만주국 축가 작사한 日외교관 집서 생활"」, 『경향신문』, 2006년 4월 1일, 7면.
112) 김지원, 「정치보다 음악을 택한 안익태」, 『한국일보』, 2007년 3월 3일, 18면.
113) 이경분, 『잃어버린 시간 1938~1944: 세계적인 음악가 안익태의 숨겨진 삶을 찾아서』, 휴머니스트, 2007, 232쪽.
114) 임철순, 「안익태를 위하여」, 『한국일보』, 2008년 5월 3일자.

제3장

1) 유병은, 『방송야사』, KBS 문화사업단, 1998, 99쪽; 쓰가와 이즈미, 김재홍 옮김, 『JODK, 사라진 호출부호』, 커뮤니케이션북스, 1999, 105쪽.
2) 유병은, 『방송야사』, KBS 문화사업단, 1998, 55~56쪽; 최창섭, 『방송원론』, 나남, 1985, 43~47쪽.
3) 이내수, 『이야기 방송사 1924~1948』, 씨앗을뿌리는사람, 2001, 67쪽.
4) 진성호, 「"독립운동에 VOA(미국의 소리) 활용했다"」, 『조선일보』, 1994년 8월 31일자.
5) 진성호, 「"독립운동에 VOA(미국의 소리) 활용했다"」, 『조선일보』, 1994년 8월 31일자.
6) 유영익, 『이승만의 삶과 꿈: 대통령이 되기까지』, 중앙일보사, 1996, 196쪽.
7) 이한우, 『거대한 생애 이승만 90년(상)』, 조선일보사, 1995, 185쪽.
8) 정병준, 『우남 이승만연구: 한국 근대국가의 형성과 우파의 길』, 역사비평사, 2005, 402쪽.
9) 진성호, 「"독립운동에 VOA(미국의 소리) 활용했다"」, 『조선일보』, 1994년 8월 31일자.
10) 윤치호, 김상태 편역, 『윤치호 일기 1916~1943: 한 지식인의 내면세계를 통해 본 식민지시기』, 역사비평사, 2001, 495쪽.
11) 심지연, 『허헌 연구』, 역사비평사, 1994, 85쪽.
12) 정진석, 『인물 한국언론사: 한국언론을 움직인 사람들』, 나남, 1995, 336쪽.
13) 유병은, 『방송야사』, KBS 문화사업단, 1998, 244쪽.
14) 김갑식, 「일제 감시 뚫고 독립심고취 방송인 동우회 기념식」, 『동아일보』, 2002년 9월 6일, 22면.
15) 정병욱, 「조선식산은행원, 식민지를 살다」, 『역사비평』, 통권 78호(2007년 봄), 348쪽.
16) 유성운, 「일제강점기 조선은 '욕망의 식민지' : 고려대 '식민지 근대를 가다' 학술대회」, 『동아일보』, 2006년 11월 14일, A23면.

17) 문제안, 「이제부터 한국말로 방송한다」, 문제안 외, 『8 · 15의 기억: 해방공간의 풍경, 40인의 역사체험』, 한길사, 2005, 28~29쪽.

18) 정진석, 『한국 현대언론사론』, 전예원, 1985, 251~252쪽.

19) 최유리, 「일제 말기 황민화정책의 성격: 일본어 보급운동을 중심으로」, 한국근현대사연구회 편, 『한국근현대사연구 제2집』, 한울, 1995, 244쪽; 한윤정, 「다시 쓰는 한반도 100년 (14) 일제의 '황민화 기본방책' 문건」, 『경향신문』, 2001년 11월 17일, 7면.

20) 이승원 · 오선민 · 정여울, 『국민국가의 정치적 상상력』, 소명출판, 2003, 211쪽.

21) 양현혜, 『윤치호와 김교신: 근대조선에 있어서 민족적 아이덴티티와 기독교』, 한울, 1994, 99쪽.

22) 양현혜, 『윤치호와 김교신: 근대조선에 있어서 민족적 아이덴티티와 기독교』, 한울, 1994, 100쪽.

23) 민족문제연구소, 「황국의 영웅, 조국의 배신자 (44) 박희도(1889~1951)」, 『노동일보』, 2002년 8월 6일자.

24) 정운현, 「정직한 역사 되찾기: 친일의 군상(24회)」, 『서울신문』, 1999년 2월 8일, 13면.

25) 정운현, 「정직한 역사 되찾기: 친일의 군상-前 이화여대 총장 金活蘭」, 『서울신문』, 1998년 11월 16일, 6면.

26) 임우경, 「식민지 여성과 민족-국가 상상」, 태혜숙 외, 『한국의 식민지 근대와 여성공간』, 여이연, 2004, 54쪽.

27) 임우경, 「식민지 여성과 민족-국가 상상」, 태혜숙 외, 『한국의 식민지 근대와 여성공간』, 여이연, 2004, 61쪽.

28) 한윤정, 「다시 쓰는 한반도 100년 (14) 일제의 '황민화 기본방책' 문건」, 『경향신문』, 2001년 11월 17일, 7면.

29) 강만길, 『역사는 이상의 현실화 과정이다: 강만길 사론집』, 창작과비평사, 2002, 161쪽.

30) 이중연, 『'황국신민'의 시대』, 혜안, 2003, 29~30쪽.

31) 김중순, 유석춘 역, 『문화민족주의자 김성수』, 일조각, 1998, 193쪽.

32) 주동황 · 김해식 · 박용규, 『한국언론사의 이해』, 전국언론노동조합연맹, 1997, 46쪽.

33) 주동황 · 김해식 · 박용규, 『한국언론사의 이해』, 전국언론노동조합연맹, 1997, 47쪽.

34) 정운현, 「정직한 역사 되찾기: 친일의 군상-前 이화여대 총장 金活蘭」, 『서울신문』, 1998년 11월 16일, 6면.

35) 이정식, 『몽양 여운형: 시대와 사상을 초월한 융화주의자』, 서울대학교출판부, 2008, 471쪽.

36) 최재봉, 「이광수 · 최남선 '1943년 학병권유 대담' 첫 발굴 …… 사회는 마해송」, 『한겨레』, 2007년 3월 3일, 2면.

37) 황종연, 「조선 청년 엘리트와 황국신민 아이덴티티 수행: 아시아태평양전쟁기 조선인 학병에 관한 노트」, '한일 연대21' 엮음, 『한일 역사인식 논쟁의 메타히스토리: '한일 연대21'의 시도』, 뿌리와이파리, 2008, 263쪽.

38) 김세환, 『끝나지 않는 식민지 학문 100년』, 박이정, 2004, 43쪽.

39) 김건우, 『사상계와 1950년대 문학』, 소명출판, 2003, 71쪽.

40) 김건우, 『사상계와 1950년대 문학』, 소명출판, 2003, 68쪽.

41) 김세환, 『끝나지 않는 식민지 학문 100년』, 박이정, 2004, 44~45쪽.

42) 이창호, 「"최남선 친일은 민족 위한 것" 강 전총리 발언 논란」, 『세계일보』, 2006년 6월 13일, 9면.

43) 이동현, 「강영훈 씨 '최남선 친일' 옹호 논란 "육당은 조선군사력 키우려 학병 지원 찬성"」, 『문화일보』, 2006년 6월 12일, 8면.

44) 김창훈, 『한국외교 어제와 오늘』, 다락원, 2002, 18~19쪽; 히라야마 타쯔미, 이성환 옮김, 『한반도 냉전의 기원』, 중문, 1999, 49쪽.

45) 양동주, 「해방 후 좌익운동과 민주주의민족전선」, 박현채 외, 『해방전후사의 인식 3』, 한길사, 1987, 84쪽.

46) 히라야마 타쯔미, 이성환 옮김, 『한반도 냉전의 기원』, 중문, 1999, 56~57쪽; 김창훈, 『한국외교 어제와 오늘』, 다락원, 2002, 19쪽.

47) 이완범, 「한반도 신탁통치 문제 1943~46」, 박현채 외, 『해방전후사의 인식 3』, 한길사, 1987, 220쪽; 한국정신문화연구원 현대사연구소 편, 『격동기 지식인의 세 가지 삶의 모습』, 한국정신문화연구원 현대사연구소, 1999, 285~286쪽.

48) 신용하, 「다시 보는 한국역사 (10 · 끝) 카이로선언과 김구」, 『동아일보』, 2007년 6월 10일자; 정운현, 「'카이로선언' 막후에 백범 있었다」, 『대한매일』, 1999년 6월 22일, 6면.

49) 신용하, 「다시 보는 한국역사 (10 · 끝) 카이로선언과 김구」, 『동아일보』, 2007년 6월 10일자.

50) 고정휴, 「실록 대한민국림시정부: 제3부 (3) 美 · 中의 승인을 위한 戰時외교」, 『조선일보』, 2005년 4월 20일자.

51) 김학준, 「분단의 배경과 고정화 과정」, 송건호 외, 『해방전후사의 인식 1』, 한길사, 개정 제2판 1995, 72~73쪽.

52) 한윤정, 「다시 쓰는 한반도 100년 (14) 일제의 '황민화 기본방책' 문건」, 『경향신문』, 2001년 11월 17일, 7면.

53) 한윤정, 「다시 쓰는 한반도 100년 (14) 일제의 '황민화 기본방책' 문건」, 『경향신문』, 2001년 11월 17일, 7면.

54) 한윤정, 「다시 쓰는 한반도 100년 (14) 일제의 '황민화 기본방책' 문건」, 『경향신문』, 2001년 11월 17일, 7면.

55) 한윤정, 「다시 쓰는 한반도 100년 (14) 일제의 '황민화 기본방책' 문건」, 『경향신문』, 2001년 11월 17일, 7면.

56) 이범진, 「"한국인 이중징용, 고이소 총리가 지시": 1944년 일본 각료회의 극비문서 발견」, 『주간조선』, 2004년 9월 30일자.

57) 이상호, 「"일제 징용선 희생자 훨씬 많다": 진상규명위, 6척 격침 추가확인」, 『경향신문』, 2006년 9월 6일, 11면.

58) 윤완준 · 이재명, 「일군, 마셜제도서 170명 학살: 61년 만에 밝혀진 징용 한인 억울한 죽음」,

『동아일보』, 2006년 10월 26일, A2면

59) 윤완준 · 이재명, 「손들고 항복하는 사람도 무차별 사살: 일제, 남태평양 밀리섬 징용한인 170여 명 학살」, 『동아일보』, 2006년 10월 26일, A12면.

60) 박용채, 「15세 전후 소년까지 일제말 무차별 징용」, 『경향신문』, 2007년 2월 20일, 16면.

61) 이고은, 「60여 년 만의 파푸아뉴기니 '한인 희생자' 위령제」, 『경향신문』, 2007년 3월 28일, 6면.

62) 이세형, 「강제징용된 한국인 해외 추모비 세운다」, 『동아일보』, 2008년 1월 8일자.

63) 김민구, 「정글서 찾아낸 실종 미군 치아 1개: 美태평양사령부, 유족에 돌려주려 6주간 발굴 작업」, 『조선일보』, 2008년 5월 31일자.

64) 박석분 · 박은봉, 『여성인물사: 한국편』, 새날, 1994, 62쪽.

65) 방선주, 「일본군 '위안부'의 귀환: 중간보고」, 한국정신대문제대책협의회 진상조사연구위원회 엮음, 『일본군 '위안부' 문제의 진상』, 역사비평사, 1997, 232쪽.

66) 강만길, 「일본군 '위안부'의 개념과 호칭 문제」, 한국정신대문제대책협의회 진상조사연구위원회 엮음, 『일본군 '위안부' 문제의 진상』, 역사비평사, 1997, 15쪽.

67) 강만길, 『역사는 이상의 현실화 과정이다: 강만길 사론집』, 창작과비평사, 2002, 160~161쪽.

68) 홍성철, 『유곽의 역사』, 페이퍼로드, 2007, 139쪽.

69) 신용하, 『일제 식민지 근대화론 비판』, 문학과지성사, 1998, 33쪽.

70) 이용기, 「전쟁에 끌려간 사람들」, 한국역사연구회, 『우리는 지난 100년 동안 어떻게 살았을까 2』, 역사비평사, 1998, 279쪽.

71) 한국정신대문제대책협의회 · 정신대연구회 편, 『강제로 끌려간 조선인 군위안부들 2』, 한울, 1997, 11쪽.

72) 정진성, 「일본군 위안소 정책의 수립과 전개」, 한국정신대문제대책협의회 진상조사연구위원회 엮음, 『일본군 '위안부' 문제의 진상』, 역사비평사, 1997, 102쪽.

73) 박홍규, 「이 책을 읽기 전에」, 도츠카 에츠로, 박홍규 편역, 『'위안부'가 아니라 '성노예'이다: 일본인 국제인권변호사 도츠카의 10년 유엔 활동 기록』, 소나무, 2001, 23쪽.

74) 안수찬, 「한 · 중 · 일 함께쓰는 역사 함께여는 미래 (8) 일본군의 성폭력」, 『한겨레』, 2005년 4월 13일, 6면.

75) 김정인, 「세계사 유례없는 '전쟁범죄'」, 『한겨레』, 2005년 4월 13일, 6면.

76) 조혜원, 「일제시대 위안부 동원 '강제와 사기였다': 제3자인 미군 비밀문서 통해 확인돼 서울대 정진성 교수팀 발표」, 『여성신문』, 2003년 1월 17일자.

77) 김정인, 「세계사 유례없는 '전쟁범죄'」, 『한겨레』, 2005년 4월 13일, 6면.

78) 유재동, 「대답없는 외침: 1992년 위안부 할머니들 첫 수요집회」, 『동아일보』, 2007년 1월 8일, A31면.

79) 심규선, 「'고노 담화'를 흔드는 어리석음」, 『동아일보』, 2007년 2월 1일, A35면.

80) 고태성, 「"우리에게 전쟁은 끝나지 않았다": 미하원 첫 '위안부 청문회'」, 『한국일보』, 2007년 2월 17일, 1, 4면.

81) 류재훈, 「미, 일에 "군 위안부 범죄 인정" 이례적 촉구」, 『한겨레』, 2007년 3월 28일, 5면.

82) 「사설: 일본의 정신적, 도덕적 나이는 몇 살인가」, 『조선일보』, 2007년 4월 5일, A35면.
83) 「사설: 정신 나간 아베 총리, 어이없는 부시 대통령」, 『조선일보』, 2007년 4월 30일, A31면.
84) 「사설: 미 의회, "위안부는 20세기 최대 인신매매"」, 『조선일보』, 2007년 6월 28일자.
85) 「사설: 미국 하원 만장일치로 위안부 일본 사과 요구」, 『조선일보』, 2007년 8월 1일자.
86) 이왕구, 「안연선 씨 '위안부 문제 기억하기……' 논문 발표」, 『한국일보』, 2007년 11월 13일자.
87) 한국정신대문제대책협의회 · 정신대연구회 편, 『강제로 끌려간 조선인 군위안부들 2』, 한울, 1997, 12~13쪽.

제4장

1) 박덕규, 「'민족시인' 윤동주 (下) 가슴 아픈 죽음과 그 이후」, 『경향신문』, 2006년 2월 14일, 22면.
2) 송우혜, 『윤동주 평전』, 푸른역사, 2004, 439쪽.
3) 이건청, 『윤동주: 신념의 길과 수난의 인간상』, 건국대학교출판부, 1994, 58~59쪽.
4) 박덕규, 「'민족시인' 윤동주 (下) 가슴 아픈 죽음과 그 이후」, 『경향신문』, 2006년 2월 14일, 22면.
5) 마광수, 『윤동주 연구』, 철학과현실사, 2005, 38~39쪽.
6) 이건청, 『윤동주: 신념의 길과 수난의 인간상』, 건국대학교출판부, 1994, 73쪽.
7) 박헌호, 『이태준과 한국 근대소설의 성격』, 소명출판, 1999, 89쪽.
8) 김철훈, 「윤동주 '亞평화 · 화해의 상징' 으로 부활」, 『한국일보』, 2006년 6월 28일, 28면.
9) 하종오, 「오늘의 책: 1월 16일-이육사전집」, 『한국일보』, 2008년 1월 16일자.
10) 하종오, 「오늘의 책: 1월 16일-이육사전집」, 『한국일보』, 2008년 1월 16일자.
11) 조창환, 『이육사: 투사의 길과 초극의 인간상』, 건국대학교출판부, 1998, 68쪽.
12) 김광일, 「'광야' 의 시인 李陸史 탄생 100주년 …… 외동딸 沃非씨 첫 인터뷰」, 『조선일보』, 2004년 8월 2일자.
13) 김희곤, 『새로 쓰는 이육사 평전』, 지영사, 2000, 5쪽.
14) 이상주, 「親日작가 · 작품 첫 일괄공개, 내주 발행 『실천문학』에 42명 · 572편 수록」, 『경향신문』, 2002년 8월 9일, 19면.
15) 이상주, 「실천문학 '친일문학' 발표 안팎-'식민주의 · 파시즘 옹호' 잣대로」, 『경향신문』, 2002년 8월 9일, 13면.
16) 조운찬, 「평론가 김재용 교수 '협력과 저항' -"친일문학은 강요 아닌 자발적 선택"」, 『경향신문』, 2004년 7월 27일, 12면.
17) 김재용, 『협력과 저항: 일제 말 사회와 문학』, 소명출판, 2004, 95쪽.
18) 임순만, 「미당 "살기 위해 친일했다"시 전문지 통해 공개인정」, 『국민일보』, 1992년 2월 29일, 11면.
19) 이영훈, 『대한민국 이야기: '해방전후사의 재인식' 강의』, 기파랑, 2007, 226쪽.

20) 이광수, 「청년에게 아뢰노라」, 『이광수 전집 10』, 삼중당, 1971, 207쪽.
21) 김철, 『구체성의 시학: 김철 평론집』, 실천문학사, 1993, 272~278쪽.
22) 「사설: 어느 노교수의 역사를 읽는 눈」, 『조선일보』, 2005년 9월 8일, A35면.
23) 정선태, 『심연을 탐사하는 고래의 눈: 한국 근대문학의 형성과 그 외부』, 소명출판, 2003, 243쪽.
24) 앨런 브링클리, 황혜성 외 공역, 『미국인의 역사 3』, 비봉출판사, 1998, 169쪽.
25) 황영식, 「지평선: 오키나와의 분노」, 『한국일보』, 2007년 12월 29일자.
26) 박중현, 「오키나와 주민의 피맺힌 깨달음」, 『한겨레』, 2005년 4월 20일, 8면; 황영식, 「지평선: 오키나와의 분노」, 『한국일보』, 2007년 12월 29일자.
27) 김도형, 「1945년 오키나와 집단자살 진실은」, 『한겨레』, 2007년 5월 7일, 13면.
28) 이헌재, 「책갈피 속의 오늘: 1945년 거대전함 야마토 침몰」, 『동아일보』, 2008년 4월 8일자.
29) 안수찬, 「한 · 중 · 일 함께쓰는 역사 함께여는 미래 (9) 오키나와 전쟁」, 『한겨레』, 2005년 4월 20일, 8면.
30) 안수찬, 「한 · 중 · 일 함께쓰는 역사 함께여는 미래 (9) 오키나와 전쟁」, 『한겨레』, 2005년 4월 20일, 8면; 한 · 중 · 일3국공동역사편찬위원회, 『미래를 여는 역사: 한중일이 함께 만든 동아시아 3국의 근현대사』, 한겨레출판, 2005, 178~179쪽.
31) 박중현, 「오키나와 주민의 피맺힌 깨달음」, 『한겨레』, 2005년 4월 20일, 8면.
32) 김도형, 「1945년 오키나와 집단자살 진실은」, 『한겨레』, 2007년 5월 7일, 13면.
33) 김철훈, 「"역사 왜곡 못 참는다" 성난 오키나와: 종전 직전 일본군 집단자결 강요 사실 교과서 삭제」, 『한국일보』, 2007년 10월 1일자.
34) 김범수, 「태평양전쟁 말기 오키나와 주민 집단자살: 법원 "일본군 깊이 관여" 판결」, 『한국일보』, 2008년 3월 30일자.
35) 이중연, 『'황국신민' 의 시대』, 혜안, 2003, 43쪽.
36) 최정호, 『우리가 살아온 20세기 1』, 미래M&B, 1999, 155~156쪽.
37) 이덕주, 『식민지 조선은 어떻게 해방되었는가』, 에디터, 2003, 341~342쪽; 변은진, 「전시파시즘하 국내 민족해방운동의 변화」, 강만길 외, 『통일지향 우리민족해방운동사』, 역사비평사, 2000, 236쪽.
38) 김창훈, 『한국외교 어제와 오늘』, 다락원, 2002, 19~20쪽.
39) 신복룡, 『한국정치사』, 박영사, 1997, 404쪽.
40) 김학준, 「해방과 분단」, 이우진 · 김성주 공편, 『현대한국정치론』, 사회비평사, 1996, 35쪽.
41) 이현희, 『우리나라 현대사의 인식방법: 도전과 선택』, 삼광출판사, 1998, 98~103쪽; 신복룡, 『한국정치사』, 박영사, 1997, 402쪽.
42) 히라야마 타쯔미, 이성환 옮김, 『한반도 냉전의 기원』, 중문, 1999, 58쪽.
43) 돈 오버도퍼, 이종길 옮김, 『두 개의 한국』, 길산, 2002, 27쪽.
44) 신복룡, 『한국정치사』, 박영사, 1997, 397~398쪽.
45) 차기벽, 「제2장 일제의 식민통치와 한국민족주의 사상」, 안청시 편, 『현대한국정치론』, 법문

사, 1998, 57쪽.
46) 마이클 브린, 김기만 옮김, 『한국인을 말한다』, 홍익출판사, 1999, 243~244쪽.
47) 이우진, 「미국의 한국 점령정책」, 이우진 · 김성주 공편, 『현대한국정치론』, 사회비평사, 1996, 68쪽; 이우진, 「미국의 대한반도 정책(1945~1948)」, 한국정신문화연구원 현대사연구소 편, 『한국현대사의 재인식 1: 해방정국과 미소군정』, 오름, 1998, 28쪽.
48) 김정환, 『20세기를 만든 사람들』, 푸른숲, 1995, 265~269쪽.
49) 엄창현, 「'환상의 콤비' -무솔리니와 히틀러」, 『사회평론 길』, 1996년 4월, 192쪽.
50) 데니스 웨프먼, 김기연 옮김, 『인물로 읽는 세계사: 히틀러』, 대현출판사, 1993, 171쪽.
51) 조지프 나이, 양준희 옮김, 『국제분쟁의 이해: 이론과 역사』, 한울아카데미, 2000, 143쪽; Roger Eatwell, 『Fascism: A History』, New York: Penguin Books, 1995, pp.186, 193.
52) 한홍구, 『대한민국사: 단군에서 김두한까지』, 한겨레신문사, 2003, 300~302쪽.
53) 조일준, 「1945년 4~5월 일제패망 예견 독립준비 · 폭동 일으켰다 실패, 시온산 제국 · 함흥 형무소 사건 진상 확인」, 『한겨레』, 2004년 2월 28일, 20면.
54) 김창호, 「일제말 기독교계 '시온산 제국' 독립선언 · 헌법공포 등 反日운동」, 『중앙일보』, 2004년 2월 28일자.
55) 최정호, 「히로시마 · 나가사키와 '역사의 망각'」, 『동아일보』, 2007년 8월 9일자.
56) 임종국, 반민족연구소 엮음, 『실록 친일파』, 돌베개, 1996, 250쪽.
57) 정운현, 「정직한 역사 되찾기: 친일의 군상 (27) 崔麟」, 『서울신문』, 1999년 3월 15일, 13면.
58) 김인덕, 『우리는 조센진이 아니다: 격랑의 민족사가 낳은 재일조선인 이야기』, 서해문집, 2004, 89~91쪽.
59) 정재정 · 염인호 · 장규식, 『서울 근현대 역사기행』, 혜안, 1998, 184쪽.
60) 이완범, 『삼팔선 획정의 진실』, 지식산업사, 2001, 98~107쪽; 이완범, 「한반도 신탁통치문제 1943~46」, 박현채 외, 『해방전후사의 인식 3』, 한길사, 1987, 222쪽; 김창훈, 『한국외교 어제와 오늘』, 다락원, 2002, 20~21쪽.
61) 한국정신문화연구원 현대사연구소 편, 『격동기 지식인의 세 가지 삶의 모습』, 한국정신문화연구원 현대사연구소, 1999, 285~286쪽.
62) 남종영, 「1411년 코끼리의 귀양, 1945년 창경원 대학살: [매거진 Esc] 커버스토리 코식이가 쓰는 동물원대백과사전」, 『한겨레』, 2007년 10월 19일자.

제5장

1) 폴 존슨, 이희구 · 배상준 옮김, 『세계현대사 II: 상대주의 비판의 관점에서 본 1920~1990』, 한마음사, 1993, 283쪽.
2) 폴 존슨, 이희구 · 배상준 옮김, 『세계현대사 II: 상대주의 비판의 관점에서 본 1920~1990』, 한마음사, 1993, 285~286쪽.
3) 다카하시 데쓰야, 「세계의창: 8월의 원폭 투하와 오늘의 일본」, 『한겨레』, 2007년 8월 13일자.

4) 다카하시 데쓰야, 「세계의창: 8월의 원폭 투하와 오늘의 일본」, 『한겨레』, 2007년 8월 13일자.
5) 최정호, 「히로시마 · 나가사키와 '역사의 망각'」, 『동아일보』, 2007년 8월 9일자.
6) 다카하시 데쓰야, 「세계의창: 8월의 원폭 투하와 오늘의 일본」, 『한겨레』, 2007년 8월 13일자.
7) 곽귀훈, 「광복 48주년 특별기고: 한국인 피폭자 보상 길 연 곽귀훈씨의 40년 투쟁기: "단돈 1원이라도 일본의 전쟁 책임 묻고 싶었다"」, 『신동아』, 2003년 8월, 118~131쪽.
8) 다카하시 데쓰야, 「세계의창: 8월의 원폭 투하와 오늘의 일본」, 『한겨레』, 2007년 8월 13일자.
9) 다카하시 데쓰야, 「세계의창: 8월의 원폭 투하와 오늘의 일본」, 『한겨레』, 2007년 8월 13일자.
10) 최정호, 「히로시마 · 나가사키와 '역사의 망각'」, 『동아일보』, 2007년 8월 9일자.
11) 최정호, 「히로시마 · 나가사키와 '역사의 망각'」, 『동아일보』, 2007년 8월 9일자.
12) 「사설: 日법원의 한인 피폭자 배상 판결 의미」, 『경향신문』, 2007년 11월 3일자.
13) 전진성, 『삶은 계속되어야 한다: 원폭 2세 환우 김형률 평전』, 휴머니스트, 2008, 31쪽.
14) 안수찬, 「인권으로 승화한 '원폭 2세 김형률'에 대한 기억」, 『한겨레』, 2008년 5월 24일자; 안수찬, 「'히로시마 피해자' 2세 환우 문제해결 '앞장': 24일 김형률 3주기 추모식」, 『한겨레』, 2008년 5월 24일자.
15) 임지현, 「일본의 빛나간 추억 …… 被爆은 면죄부인가」, 『조선일보』, 2008년 6월 14일자.
16) 김학준, 『북한 50년사: 우리가 떠안아야 할 반쪽의 우리 역사』, 동아출판사, 1995, 65쪽; 이완범, 『삼팔선 획정의 진실』, 지식산업사, 2001, 282~284쪽; 안정애, 「붉은 군대는 조선에서 우리의 질서를 강요하지 않을 것이다……」, 이재범 외, 『한반도의 외국군 주둔사』, 중심, 2001, 300쪽.
17) 돈 오버도퍼, 이종길 옮김, 『두 개의 한국』, 길산, 2002, 27~28쪽.
18) 최정호, 「히로시마 · 나가사키와 '역사의 망각'」, 『동아일보』, 2007년 8월 9일자.
19) 브루스 커밍스, 김자동 옮김, 『한국전쟁의 기원』, 일월서각, 1986, 168~169쪽; 브루스 커밍스 · 존 할리데이, 양동주 옮김, 『한국전쟁의 전개과정』, 태암, 1989, 18쪽; 하리마오, 「아! 38선」, 『38선도 6 · 25한국전쟁도 미국의 작품이었다!』, 새로운사람들, 1998, 29~30쪽.
20) 하리마오, 「아! 38선」, 『38선도 6 · 25한국전쟁도 미국의 작품이었다!』, 새로운사람들, 1998, 30~31쪽.
21) 브루스 커밍스, 김자동 옮김, 『한국전쟁의 기원』, 일월서각, 1986, 168~169쪽; 브루스 커밍스 · 존 할리데이, 양동주 옮김, 『한국전쟁의 전개과정』, 태암, 1989, 18쪽; 하리마오, 「아! 38선」, 『38선도 6 · 25한국전쟁도 미국의 작품이었다!』, 새로운사람들, 1998, 30~31쪽.
22) 신복룡, 「미국은 당초 4대국 분할을 획책했다」, 『한국사 새로 보기』, 풀빛, 2001, 226~227쪽; 고정휴, 「8 · 15 전후 국제정세와 정치세력의 동향」, 강만길 외, 『통일지향 우리 민족해방운동사』, 역사비평사, 2000, 265~266쪽.
23) 이완범, 『삼팔선 획정의 진실』, 지식산업사, 2001, 17~20쪽; 김헌식, 『색깔논쟁: 한국사회 색깔론의 생산 구조와 탈주』, 새로운사람들, 2003, 119~120쪽; 신복룡, 『한국사 새로 보기: 아무도 의심하지 않았던 역사의 진실』, 풀빛, 2001, 225~226쪽.
24) 김창훈, 『한국외교 어제와 오늘』, 다락원, 2002, 21쪽.

25) 돈 오버도퍼, 이종길 옮김, 『두 개의 한국』, 길산, 2002, 28쪽.

26) 브루스 커밍스, 김자동 옮김, 『한국전쟁의 기원』, 일월서각, 1986, 109~110쪽.

27) 서중석, 『한국현대민족운동연구: 해방후 민족국가 건설운동과 통일전선』, 역사비평사, 1991, 199쪽.

28) 지명관, 「8 · 15의 날」, 『한국을 움직인 현대사 61장면』, 다섯수레, 1996, 36쪽.

29) 서중석, 『한국현대민족운동연구: 해방후 민족국가 건설운동과 통일전선』, 역사비평사, 1991, 202쪽; 강만길, 『고쳐 쓴 한국현대사』, 창작과비평사, 1997, 205쪽.

30) 구종서, 「보수우익 세력의 형성과정」, 한배호 편, 『한국현대정치론 I: 제1공화국의 국가형성, 정치과정, 정책』, 나남, 1990, 89~90쪽.

31) 김재명, 「안재홍: 민족애 실천했던 온건파 지식인」, 『한국현대사의 비극-중간파의 이상과 좌절』, 선인, 2003, 244쪽.

32) 김재명, 「안재홍: 민족애 실천했던 온건파 지식인」, 『한국현대사의 비극-중간파의 이상과 좌절』, 선인, 2003, 244쪽; 여연구, 신준영 편집, 『나의 아버지 여운형』, 김영사, 2001, 143쪽.

33) 송광성, 『미군점령4년사: 우리나라의 자주 · 민주 · 통일과 미국』, 한울, 1995, 84쪽; 서중석, 『한국현대민족운동연구: 해방 후 민족국가 건설운동과 통일전선』, 역사비평사, 1991, 200쪽.

34) 김송달, 「마침내 기다리던 해방을 맞이하다」, 『한국 근현대 100년사』, 거름, 1998, 50~51쪽.

35) 김삼웅, 「1945년: 일왕 히로히토, 항복 방송」, 『사료로 보는 20세기 한국사』, 가람기획, 1997, 173쪽.

36) 신동준, 『근대일본론: 군국 일본의 국가제도와 그 운용자들』, 지식산업사, 2004, 44쪽.

37) 신동준, 『근대일본론: 군국 일본의 국가제도와 그 운용자들』, 지식산업사, 2004, 55쪽.

38) 김철, 『국문학을 넘어서』, 국학자료원, 2000, 43~44쪽.

39) 사토 다쿠미, 원용진 · 오카모토 마사미 옮김, 『8월 15일의 신화: 일본역사 교과서, 미디어의 정치학』, 궁리, 2007; 김일주, 「패전국 일본 '종전일' 있어도 '항복일'은 없다」, 『한겨레』, 2007년 8월 11일자; 유상호, 「"8 · 15종전기념일은 日의 여론조작"」, 『한국일보』, 2007년 8월 11일자; 정양환, 「"日패전 굴욕 희석시키려 종전기념일 8 · 15로 조작"」, 『동아일보』, 2007년 8월 11일자.

40) 원용진, 「옮긴이의 말」, 사토 다쿠미, 원용진 · 오카모토 마사미 옮김, 『8월 15일의 신화: 일본역사 교과서, 미디어의 정치학』, 궁리, 2007, 303~304쪽.

41) 조정래, 『아리랑 : 조정래 대하소설(12)』, 해냄, 2001, 322쪽.

42) 하종문, 「군국주의 일본의 전시동원」, 『역사비평』, 통권 62호(2003년 봄), 156쪽.

43) 이범진, 「"한국인 이중징용, 고이소 총리가 지시": 1944년 일본 각료회의 극비문서 발견」, 『주간조선』, 2004년 9월 30일자.

44) 김기철, 「'일제의 하이난섬 학살' 추적 김정미 · 사토 씨」, 『조선일보』, 2003년 4월 29일자.

45) 우쓰미 아이코, 이호경 옮김, 『조선인 BC급 전범, 해방되지 못한 영혼』, 동아시아, 2007, 152쪽; 이왕구, 「"전범자 낙인 찍힌 채 …… 조국도, 일본도 우릴 외면했다"」, 『한국일보』, 2007년 8월 11일자.

46) 우쓰미 아이코, 이호경 옮김, 『조선인 BC급 전범, 해방되지 못한 영혼』, 동아시아, 2007,

318~319, 325쪽.

47) 우쓰미 아이코, 이호경 옮김, 『조선인 BC급 전범, 해방되지 못한 영혼』, 동아시아, 2007, 326~327쪽.

48) 김도형, 「강제로 얻고도 떼지 못한 '전범 딱지' : 일제 포로감시원 동원됐던 이학래 씨 일본 강연」, 『한겨레』, 2007년 7월 3일자.

49) 정권현, 「철거된 '일(日)징병 특공대원 위령비'」, 『조선일보』, 2008년 5월 28일자.

50) 예영준, 「분수대: 탁경현」, 『중앙일보』, 2008년 6월 3일자.

51) 양지선, 「"태평양 전쟁 희생된 한국인 넋 기리고 싶어" …… 日배우 구로다 씨 기념비 추진」, 『국민일보』, 2008년 5월 29일자.

52) 예영준, 「분수대: 탁경현」, 『중앙일보』, 2008년 6월 3일자.

53) 김혜경, 『식민지하 근대가족의 형성과 젠더』, 창비, 2006, 94쪽.

54) 한시준, 「조소앙의 민족문제에 대한 인식」, 한국근현대사연구회 편, 『한국근현대사연구』, 제5집(1996), 193쪽.

55) 박명림, 「근대화 프로젝트와 한국 민족주의」, 역사문제연구소 편, 『한국의 '근대'와 '근대성' 비판』, 역사비평사, 1996, 318쪽.

56) 이영훈, 『대한민국 이야기: '해방전후사의 재인식' 강의』, 기파랑, 2007, 190~192쪽.

57) 리콴유, 류지호 옮김, 『리콴유 자서전』, 문학사상사, 1999, 91쪽.

맺는말

1) 정연태, 「21세기의 한국근대사 연구와 신근대사론의 모색」, 한국역사연구회 엮음, 『20세기 역사학, 21세기 역사학』, 역사비평사, 2000, 125~163쪽.

2) 고석규, 「다시 생각하는 한국의 식민지 근대성과 민족주의」, 『문화과학』, 제31호(2002년 가을), 98~117쪽.

3) 권재현, 「조선왕조는 경제부터 몰락했다」, 『동아일보』, 2004년 9월 18일, B6면; 안철홍, 「사관이냐, 실증이냐 '근대화 논쟁' 재점화」, 『시사저널』, 2004년 9월 23일, 90~91면.

4) 이선민, 「"19세기 조선은 체력 다해 스스로 무너졌다": '수량경제사로 다시 본 조선후기' 펴낸 이영훈 교수」, 『조선일보』, 2004년 10월 9일, A23면; 최영창, 「"19세기 조선경제는 붕괴직전 상황": 이영훈 교수, 사학계의 '자본주의 맹아론' 부정으로 논란 일 듯」, 『문화일보』, 2004년 9월 14일, 28면.

5) 이영훈, 「총설: 조선후기 경제사 연구의 새로운 동향과 과제」, 이영훈 편, 『수량경제사로 다시 본 조선후기』, 서울대학교출판부, 2004, 371~372쪽.

6) 이영훈, 「국사교과서에 그려진 일제의 수탈상과 그 신화성」, '한일 연대21' 엮음, 『한일 역사인식 논쟁의 메타히스토리: '한일, 연대21'의 시도』, 뿌리와이파리, 2008, 128~129쪽.

7) 김창호, 「고종시대 평가 싸고 끝없는 논쟁: 국사학계-경제사학계 맞대결」, 『중앙일보』, 2004년 10월 21일, 20면.

8) 이선민, 「"일제시대 조선은 개발 없는 개발": 허수열 교수 '식민지 근대화론' 정면 반박」, 『조

선일보』, 2005년 3월 22일, A22면; 허수열, 『개발 없는 개발』, 은행나무, 2005.

9) 허수열, 『개발 없는 개발』, 은행나무, 2005, 340쪽.

10) 황호택, 「"골수 친일파 700명 토지 환수해 매국사상 뿌리 뽑아야": 일제침략 · 독립운동사 연구 태두 신용하 백범학술원장」, 『신동아』, 2005년 3월, 232~251쪽.

11) 김혜경, 『식민지하 근대가족의 형성과 젠더』, 창비, 2006, 146쪽.

12) 소현숙, 「너무 많이 낳아 창피합니다: 가족계획」, 여성사 연구모임 길밖세상, 『20세기 여성 사건사: 근대 여성교육의 시작에서 사이버 페미니즘까지』, 여성신문사, 2001, 175쪽.

13) 조태성, 「식민지 근대화론 발끈만 할 일인가」, 『서울신문』, 2005년 4월 28일, 25면.

14) 박섭, 「대한제국, 위안부, 식민지 근대화론」, 『교수신문』, 2004년 9월 20일, 3면.

15) 정연태, 「21세기의 한국근대사 연구와 신근대사론의 모색」, 한국역사연구회 엮음, 『20세기 역사학, 21세기 역사학』, 역사비평사, 2000, 125~163쪽.

16) 유선영, 「황색식민지의 서양영화 관람과 소비의 정치, 1934~1942」, 공제욱 · 정근식 편, 『식민지의 일상 지배와 균열』, 문화과학사, 2006, 53쪽.

17) 강내희, 「한국의 식민지 근대성과 충격의 번역」, 『문화과학』, 제31호(2002년 가을), 74~97쪽.

18) 강만길, 「총론」, 강만길 외, 『일본과 서구의 식민통치 비교』, 선인, 2004, 21~23쪽.

19) 김상태 편역, 『윤치호 일기 1916~1943: 한 지식인의 내면세계를 통해 본 식민지시기』, 역사비평사, 2001, 47쪽.

20) 박노자, 『나를 배반한 역사』, 인물과사상사, 2003, 59~61쪽.

21) 박명림, 「개혁은 어떻게 역사가 되었는가: 개혁물신주의를 넘어서」, 『당대비평』, 제27호(2004년 가을), 31~46쪽.

22) 임지현, 「역사는 심판할 수 있는가?」, 김용석 · 이재민 · 표정훈 엮음, 『한국의 교양을 읽는다』, 휴머니스트, 2003, 247~255쪽.

23) 레나테 자하르 · 김종철, 『프란츠 파농 연구』, 한마당, 1981, 16쪽.

24) 프랜시스 후쿠야마, 구승회 옮김, 『트러스트: 사회도덕과 번영의 창조』, 한국경제신문사, 1996, 391쪽.

25) 진덕규의 글, 박종성, 『강점기 조선의 정치질서: 인종과 저항의 단층변동』, 인간사랑, 1997, 191쪽.

26) 강경성, 「20세기 한국의 부끄러운 자화상: 반공주의」, 『역사비평』, 제47호(1999년 여름), 281~282쪽.

27) 그레고리 핸더슨, 박행웅 · 이종삼 옮김, 『소용돌이의 한국정치』, 한울아카데미, 2000, 341~342쪽.

28) 김진균 · 정근식, 「서장: 식민지 체제와 근대적 규율」, 김진균 · 정근식 편저, 『근대주체와 식민지 규율권력』, 문화과학사, 1997, 22쪽.

29) 김진균 · 정근식, 「서장: 식민지 체제와 근대적 규율」, 김진균 · 정근식 편저, 『근대주체와 식민지 규율권력』, 문화과학사, 1997, 23쪽.

30) 백영철, 「기회주의」, 『세계일보』, 2004년 5월 26일, 22면.

| 참고문헌 |

가토 요코, 박영준 옮김, 『근대 일본의 전쟁 논리: 정한론에서 태평양전쟁까지』, 태학사, 2003.

강경성, 「20세기 한국의 부끄러운 자화상: 반공주의」, 『역사비평』, 제47호(1999년 여름).

강내희, 「한국의 식민지 근대성과 충격의 번역」, 『문화과학』, 제31호(2002년 가을), 74~97쪽.

강덕상, 「1923년 관동대진재 대학살의 진상: 일제의 광기와 대학살」, 『역사비평』, 통권 45호(1998년 겨울), 58~81쪽.

강덕상, 김광열 옮김, 『여운형 평전 1: 중국·일본에서 펼친 독립운동』, 역사비평사, 2007.

강덕상·정진성 외, 『근·현대 한일관계와 재일동포』, 서울대학교출판부, 1999.

강돈구, 『한국근대종교와 민족주의』, 집문당, 1992.

강돈구, 「한국 기독교는 민족주의적이었나: 한국 초기 기독교와 민족주의」, 『역사비평』, 계간 27호(1994년 겨울), 317~327쪽.

강동진, 『일본언론계와 조선(1910~1945)』, 지식산업사, 1987.

강만길, 『한국민족운동사론』, 한길사, 1985.

강만길, 『분단시대의 역사인식: 강만길 사론집』, 창작과비평사, 1978.

강만길, 『일제시대 빈민생활사 연구』, 창작과비평사, 1987.

강만길, 『고쳐 쓴 한국근대사』, 창작과비평사, 1994.

강만길, 『역사를 위하여: 강만길 역사에세이』, 한길사, 1996.

강만길, 『고쳐 쓴 한국현대사』, 창작과비평사, 1997.

강만길, 『회상의 열차를 타고: 고려인 강제이주 그 통한의 길을 가다』, 한길사, 1999.

강만길, 『20세기 우리 역사: 강만길 교수의 현대사 강의』, 창작과비평사, 1999.

강만길, 『역사는 이상의 현실화 과정이다: 강만길 사론집』, 창작과비평사, 2002.

강만길, 『증보 조선민족혁명당과 통일전선』, 역사비평사, 2003.

강만길 엮음, 『한국 자본주의의 역사: 빼앗긴 들에 서다』, 역사비평사, 2000.

강만길·심지연, 우사연구회 엮음, 『항일독립투쟁과 좌우합작: 우사 김규식 생애와 사상 1』, 한울, 2000.
강만길 외, 『통일지향 우리민족해방운동사』, 역사비평사, 2000.
강만길 외, 『한국의 지성 100년: 개화사상가에서 지식 게릴라까지』, 민음사, 2001.
강만길 외, 『일본과 서구의 식민통치 비교』, 선인, 2004.
강만길 외, 『한국노동운동사 1: 근대 노동자계급의 형성과 노동운동 조선후기~1919』, 지식마당, 2004.
강명숙, 「1920년대 한국 개신교의 사회주의에 관한 인식: 경제적 입장을 중심으로」, 한국근현대사연구회 편, 『한국근현대사연구』, 제5집, 1996, 114~146쪽.
강성률, 『친일영화』, 로크미디어, 2006.
강성태, 「일제에서 현재까지의 노동악법연구」, 『역사비평』, 계간 2호(1988년 가을), 258~278쪽.
강성학, 『시베리아 횡단열차와 사무라이: 러일전쟁의 외교와 군사전략』, 고려대학교 출판부, 1999.
강신익 · 신동원 · 여인석 · 황상익, 『의학 오디세이: 인간의 몸, 과학을 만나다』, 역사비평사, 2007.
강심호, 『대중적 감수성의 탄생: 도박, 백화점, 유행』, 살림, 2005.
강영주, 「벽초 홍명희 2: 3 · 1운동에서 신간회운동까지」, 『역사비평』, 계간 24호(1994년 봄), 123~169쪽.
강영주, 「벽초 홍명희 3: 신간회 활동과 『임꺽정』 기필」, 『역사비평』, 계간 25호(1994년 여름), 123~166쪽.
강영주, 「홍명희 연구 4: 『임꺽정』과 홍명희」, 『역사비평』, 계간 30호(1995년 가을), 243~279쪽.
강영환, 『새로 쓴 한국 주거문화의 역사』, 기문당, 2002.
강영희, 「영화: 식민지 대중문화와 민중」, 『역사비평』, 계간 20호(1993년 봄), 380~385쪽.
강인구, 「러시아 자료로 본 주러한국공사관과 이범진」, 『역사비평』, 통권 57호(2001년 겨울), 346~361쪽.
강인숙, 『김동인: 작가의 생애와 문학』, 건국대학교출판부, 1994.
강인철, 『한국기독교회와 국가 · 시민사회 1945~1960』, 한국기독교역사연구소, 1996.
강재언, 정창렬 역, 『한국의 개화사상』, 비봉출판사, 1989.
강재언, 『한국근대사』, 한울, 1990.
강재언, 『신편 한국근대사 연구』, 한울, 1995.
강재언, 하우봉 옮김, 『선비의 나라 한국유학 2천년』, 한길사, 2003.
강재언 · 김동훈, 하우봉 · 홍성덕 옮김, 『재일 한국 · 조선인-역사와 전망』, 소화, 2000.
강정숙, 「일본군 '위안부(성노예)' 동원의 실태: 일제의 광기와 대학살」, 『역사비평』, 통권 45호(1998년 겨울), 82~91쪽.
강정숙, 「일본군 '위안부' 제도와 기업의 역할: 삿쿠(콘돔)를 중심으로」, 『역사비평』, 통권 60호(2002년 가을), 269~288쪽.
강정숙, 「'위안부', 정신대, 공창, 성노예: 역사용어 바로쓰기」, 『역사비평』, 통권 74호(2006년 봄), 315~320쪽.
강준만, 『서울대의 나라』, 개마고원, 1996.
강준만, 『한국의 언론인 1』, 인물과사상사, 1999.
강준만, 「처세술의 역사: 한국인들의 처절한 삶의 투쟁에 관한 보고서」, 월간 『인물과 사상』, 2004년 3월, 116~162쪽.
강준만, 「한국 민족주의의 역사: 민족주의는 시대에 따라 어떻게 동원되었는가」, 『인물과 사상 30』, 개마고원, 2004, 221~286쪽.
강준만, 「공직자의 역사: 한국의 공직자는 무엇으로 살아왔는가?」, 월간 『인물과 사상』, 2004년 4월, 37~84쪽.
강준만, 「한국 '대학입시 전쟁'의 역사: '정글의 법칙'은 한국인의 숙명인가?」, 월간 『인물과 사상』, 2004년 6월, 149~202쪽.
강준만, 「한국 '어머니'의 역사: '자궁 가족'의 패권주의를 넘어서」, 월간 『인물과 사상』, 2004년 7월, 166~200쪽.
강준만, 「한국 '기회주의'의 역사: 기회주의는 한국적 삶의 조건인가?」, 『인물과 사상 31』, 개마고원, 2004, 143~186쪽.
강준만, 「한국 '개인주의'의 역사: "억울하면 출세하라" 이데올로기와의 결탁」, 월간 『인물과 사상』, 2004년 8월, 153~200쪽.
강준만, 『세계문화사전』, 인물과사상사, 2005.
강준만, 『한국인 코드』, 인물과사상사, 2006.
강준만, 「자동차는 꿈을 싣고 달린다: 한국 자동차의 역사, 1903~2006」, 월간 『인물과 사상』, 2006년 6월, 132~164쪽.
강준만, 『축구는 한국이다: 한국축구 124년사, 1882~2006』, 인물과사상사, 2006.
강준만, 「'특권'에서 '오락'을 거쳐 '종교'로: 한국 전화 110년사, 1896~2006」, 월간 『인물과 사상』, 2006년 7월, 81~136쪽.
강준만, 「한국 바캉스의 역사: '전쟁'과 '지옥'으로 가는 탈출?」, 월간 『인물과 사상』, 2006년 8월, 115~167쪽.
강준만, 「한국 백화점의 역사, 1932~1996: 백화점의 '문화공학' 발달사」, 월간 『인물과 사상』, 2006년 9월, 99~155쪽.
강준만, 「한국 화장실의 역사: "똥은 계급의 첨예한 반영"인가?」, 월간 『인물과 사상』, 2006년 10월, 86~139쪽.
강준만, 「한국 도박의 역사: 사회적 불안정성과의 투쟁인가?」, 월간 『인물과 사상』, 2006년 11월, 124~177쪽.
강준만, 『강남, 낯선 대한민국의 자화상: 말죽거리에서 타워팰리스까지』, 인물과사상사, 2006.
강준만, 「한국 관광의 역사: 관광은 인정투쟁 의식(儀式)인가?」, 월간 『인물과 사상』, 2006년 12월, 128~178쪽.
강준만, 『한국생활문화사전』, 인물과사상사, 2006.

강준만, 「한국 크리스마스의 역사: '통금 해제의 감격' 에서 '한국형 다원주의' 로」, 월간 『인물과 사상』, 2007년 1월, 154~205쪽.

강준만, 「한국 선물의 역사: '가면 쓴 뇌물' 과 '붕어빵 인정투쟁' 을 넘어서」, 월간 『인물과 사상』, 2007년 2월, 136~180쪽.

강준만, 「한국 결혼의 역사: 왜 결혼은 허례허식의 대명사가 되었나?」, 월간 『인물과 사상』, 2007년 3월, 120~166쪽.

강준만, 『한국대중매체사』, 인물과사상사, 2007.

강준만, 『역사는 커뮤니케이션이다』, 인물과사상사, 2007.

강준만, 『고독한 한국인』, 인물과사상사, 2007.

강준만, 「한국 장례의 역사: '산 자' 를 위한 인정투쟁인가?」, 월간 『인물과 사상』, 2007년 5월, 135~186쪽.

강준만, 「한국 신용카드의 역사: "외상이면 소도 잡아먹는다"」, 월간 『인물과 사상』, 2007년 6월, 151~193쪽.

강준만, 「한국 미용 · 성형의 역사: '억울하면 출세하라' 에서 '억울하면 고쳐라' 로」, 월간 『인물과 사상』, 2007년 7월, 143~192쪽.

강준만, 「한국 보험의 역사: '연고 복지' 와 '각개약진 복지' 가 만든 세계 6위」, 월간 『인물과 사상』, 2007년 8월, 146~196쪽.

강준만, 「한국 머리카락 논란의 역사: 단발령에서 노컷운동까지, 1895~2007」, 월간 『인물과 사상』, 2007년 9월, 165~207쪽.

강준만, 「한국 춤바람의 역사: '댄스 금지령' 에서 '부킹 열풍' 까지」, 월간 『인물과 사상』, 2007년 10월, 148~193쪽.

강준만, 「한국 미신의 역사: '호모 루덴스' 의 시련 · 불안 · 불확실성에 대한 투쟁」, 월간 『인물과 사상』, 2007년 11월, 152~196쪽.

강준만, 『한국근대사산책: 개화기편(전5권)』, 인물과사상사, 2007.

강준만, 「한국 목욕의 역사: '홍제원 목욕' 에서 '찜질방 열풍' 까지」, 월간 『인물과 사상』, 2007년 12월, 147~191쪽.

강준만, 「한국 간판 문화의 역사: 왜 한국인은 간판에 목숨을 거는가?」, 월간 『인물과 사상』, 2008년 1월, 154~204쪽.

강준만, 「한국 자동판매기 문화의 역사: '자판기 엔터테인먼트' 시대의 명암」, 월간 『인물과 사상』, 2008년 2월, 170~205쪽.

강준만, 「한국 자전거 문화의 역사: 자전거를 '레저' 로 만든 '자동차 공화국' 」, 월간 『인물과 사상』, 2008년 3월, 161~201쪽.

강준만, 「한국 과외공부의 역사: 한국형 계급투쟁의 파노라마」, 월간 『인물과 사상』, 2008년 4월, 160~203쪽.

강준만, 『각개약진공화국』, 인물과사상사, 2008.

강준만, 「한국 어린이날의 역사: '겨레의 새싹' 에서 '가족의 제왕' 으로」, 월간 『인물과 사상』,

2008년 5월, 166~203쪽.
강준만, 「한국 어버이날의 역사: '가족주의 패러다임' 의 구조변동」, 월간 『인물과 사상』, 2008년 6월, 160~192쪽.
강준만, 「한국 가족계획의 역사: "덮어 놓고 낳다보면 거지꼴을 못 면한다"에서 "아빠, 혼자는 싫어요. 엄마, 저도 동생을 갖고 싶어요"까지」, 월간 『인물과 사상』, 2008년 8월, 158~193쪽.
강준만, 「한국 도시락의 역사: '이완용의 도시락' 에서 '이명박의 도시락' 까지」, 월간 『인물과 사상』, 2008년 9월호.
강준만 · 김환표, 『죄의식과 희생양: 대한민국 반공의 역사』, 개마고원, 2004.
강준만 · 오두진, 『고종 스타벅스에 가다: 커피와 다방의 사회사』, 인물과사상사, 2005.
강준만 외, 『부드러운 파시즘: 시사인물사전⑪』, 인물과사상사, 2000.
강진호 엮음, 『한국문단 이면사』, 깊은샘, 1999.
고길섶 외, 『문화읽기: 삐라에서 사이버문화까지』, 현실문화연구, 2000.
고명수, 『나의 꽃밭에 님의 꽃이 피었습니다: 민족의 창년 한용운』, 한길사, 2000.
고바야시 히데오, 임성모 옮김, 『만철: 일본제국의 싱크탱크』, 산처럼, 2004.
고병익, 『동아시아사의 전통과 변용』, 문학과지성사, 1996.
고봉준, 「1930년대 경성과 이상의 모더니즘: 백화점과 새로운 시각체제의 등장」, 『문화과학』, 제45호(2006년 봄), 224~239쪽.
고부자, 『우리 생활 100년 · 옷』, 현암사, 2001.
고석규, 「다시 생각하는 한국의 식민지 근대성과 민족주의」, 『문화과학』, 제31호(2002년 가을), 98~117쪽.
고야스 노부쿠니, 이승연 옮김, 『동아 · 대동아 · 동아시아: 근대 일본의 오리엔탈리즘』, 역사비평사, 2005.
고은, 『한용운 평전』, 향연, 2004.
고정휴, 「이승만과 구미위원부」, 『역사비평』, 계간 14호(1991년 가을), 67~70쪽.
고정휴, 「독립운동기 이승만의 외교 노선과 제국주의」, 『역사비평』, 계간 31호(1995년 겨울), 129~187쪽.
고정휴, 『이승만과 한국독립운동』, 연세대학교출판부, 2004.
공임순, 『식민지의 적자들: 조선적인 것과 한국 근대사의 굴절된 이면들』, 푸른역사, 2005.
곤도 시로스케, 이언숙 옮김, 『대한제국 황실비사: 어느 일본 관리의 회고록』, 이마고, 2007.
공제욱 · 정근식 편, 『식민지의 일상, 지배와 균열』, 문과학사, 2006.
곽대중, 「'똑똑한 바보' 도울 김용옥 선생 정신 좀 차리시오!: 김용옥의 EBS '한국독립운동사' 비판」, 『월간조선』, 2005년 10월, 162~173쪽.
교과서포럼, 『대안교과서 한국 근 · 현대사』, 기파랑, 2008.
구대열, 『한국 국제관계사 연구 1: 일제시기 한반도의 국제관계』, 역사비평사, 1995.
국사편찬위원회 편, 『거상, 전국 상권을 장악하다』, 두산동아, 2005.

국사편찬위원회 편, 『근현대과학기술과 삶의 변화』, 두산동아, 2005.
국사편찬위원회 편, 『상장례, 삶과 죽음의 방정식』, 두산동아, 2005.
국사편찬위원회 편, 『혼인과 연애의 풍속도』, 두산동아, 2005.
권명아, 『역사적 파시즘: 제국의 판타지와 젠더 정치』, 책세상, 2005.
권보드래, 『한국 근대소설의 기원』, 소명출판, 2000.
권보드래, 「연애의 형성과 독서」, 역사문제연구소, 『역사문제연구 7』, 역사비평사, 2001, 101~130쪽.
권보드래, 『연애의 시대: 1920년대 초반의 문화와 유행』, 현실문화연구, 2003.
권보드래, 『1910년대, 풍문의 시대를 읽다: 『매일신보』를 통해 본 한국 근대의 사회 · 문화 키워드』, 동국대학교출판부, 2008.
권영민, 『한국현대문학사 1 1896~1945』, 민음사, 2002.
권오신, 『미국의 제국주의: 필리핀인들의 시련과 저항』, 문학과지성사, 2000.
권희영, 『한인 사회주의운동 연구』, 국학자료원, 1999.
권희영, 『한국과 러시아: 관계와 변화』, 국학자료원, 1999.
권희영, 『한국사의 근대성 연구』, 백산서당, 2001.
기록문학회, 『부끄러운 문화 답사기』, 실천문학사, 1997.
기영노, 『스포츠, 그 불멸의 기록』, 문학사상사, 2006.
김건우, 『사상계와 1950년대 문학』, 소명출판, 2003.
김경애 · 김채현 · 이종호, 『우리 무용 100년』, 현암사, 2001.
김경일, 「좌절된 중용: 일제하 지식 형성에서의 보편주의와 특수주의」, 한국사회사학회, 『사회와 역사 제51집』, 문학과지성사, 1997, 75~107쪽.
김경일, 『일제하 노동운동사』, 창작과비평사, 1992.
김경일, 「일제하의 신여성 연구: 성과 사랑의 문제를 중심으로」, 한국사회사학회, 『사회와 역사 제57집』, 문학과지성사, 2000, 45~78쪽.
김경일, 「식민지 여성교육과 지식의 식민지성: 식민권력과 근대성의 각축」, 한국사회사학회, 『사회와 역사 제59집』, 문학과지성사, 2001, 83~109쪽.
김경일, 『한국의 근대와 근대성』, 백산서당, 2003.
김경일, 『여성의 근대, 근대의 여성: 20세기 전반기 신여성과 근대성』, 푸른역사, 2004.
김경일, 『한국 근대 노동사와 노동운동』, 문학과지성사, 2004.
김경일, 『한국노동운동사(2) 일제하의 노동운동 1920~1945』, 지식마당, 2004.
김경일 · 윤휘탁 · 이동진 · 임성모, 『동아시아의 민족이산과 도시: 20세기 전반 만주의 조선인』, 역사비평사, 2004.
김광식, 『한국 근대불교의 현실인식』, 민족사, 1998.
김광운, 「원산총파업과 노동운동의 새로운 단계로의 이행」, 『역사비평』, 계간 4호(1989년 봄), 138~156쪽.
김광해, 「일제강점기의 대중가요에 대한 계량언어학적 연구: 유성기 음반 채록본을 중심으로」,

『한국어 의미학』, 제3호(1998), 197~215쪽.
김구, 도진순 주해, 『백범일지: 백범 김구 자서전』, 돌베개, 2002.
김근배, 『한국 근대 과학기술인력의 출현』, 문학과지성사, 2005.
김근수, 『한국잡지사연구』, 한국학연구소, 1999.
김낙년, 『일제하 한국경제』, 해남, 2003.
김낙년, 「반론: 일제하 조선인의 생활수준은 악화되었을까?」, 『역사비평』, 통권 77호(2006년 겨울), 320~335쪽.
김덕록, 『화장과 화장품: 향장의 이론과 실제』, 답게, 1997.
김덕호·원용진 엮음, 『아메리카나이제이션』, 푸른역사, 2008.
김도형, 「일제침략기 반민족 지배집단의 형성과 민족개량주의」, 『역사비평』, 계간 6호(1989년 가을), 32~52쪽.
김동민, 「역사가 말하는 조선일보의 진실」, 『조선일보를 아십니까?』, 개마고원, 1999.
김동민, 「친일잡지 『조광』과 방일영, 그리고 김대중 주필」, 『인물과 사상 11』, 개마고원, 1999, 197~219쪽.
김동춘, 「1920년대 학생운동과 맑스주의」, 『역사비평』, 계간 6호(1989년 가을), 172~195쪽.
김동춘, 『1997년 이후 한국사회의 성찰: 기업사회로의 변환과 과제』, 길, 2006.
김려실, 『투사하는 제국 투영하는 식민지: 1901~1945년의 한국영화사를 되짚다』, 삼인, 2006.
김무용, 「한국 근현대 사회주의운동, 이상과 현실의 갈등」, 역사문제연구소, 『역사문제연구 7』, 역사비평사, 2001, 163~203쪽.
김명배, 문은경 엮음, 『개화기의 영어 이야기』, 국제영어대학원대학교 출판부, 2006.
김문겸, 『여가의 사회학: 한국의 레저문화』, 한울아카데미, 1993.
김미지, 『누가 하이카라 여성을 데리고 사누: 여학생과 연애』, 살림, 2005.
김미현 책임 편집, 『한국영화사: 개화기(開化期)에서 개화기(開花期)까지』, 커뮤니케이션북스, 2006.
김민수, 『멀티미디어 인간 이상은 이렇게 말했다』, 생각의나무, 1999.
김민철, 「식민지통치와 경찰」, 『역사비평』, 계간 24호(1994년 봄), 208~222쪽.
김민철, 「일제하 사회주의자들의 전향 논리」, 『역사비평』, 계간 28호(1995년 봄), 230~246쪽.
김민환, 『한국언론사』, 사회비평사, 1996.
김방, 「이동휘의 국권회복운동(1906~1913)」, 한국근현대사연구회 편, 『한국근현대사연구』, 제6집(1997), 5~39쪽.
김병익, 『한국문단사 1908~1970』, 문학과지성사, 2001.
김복순, 『1910년대 한국문학과 근대성』, 소명출판, 1999.
김삼웅, 『변절자』, 청사, 1989.
김삼웅 편저, 『친일파 100인 100문: 친일의 궤변, 매국의 논리』, 돌베개, 1995.
김삼웅, 『친일정치 100년사』, 동풍, 1995.
김삼웅, 『박열 평전: 일왕 폭살을 꾀한 아나키스트』, 가람기획, 1996.

김삼웅 편저, 『사료로 보는 20세기 한국사』, 가람기획, 1997.
김삼웅, 『일제는 조선을 얼마나 망쳤을까』, 사람과사람, 1998.
김삼웅, 『왜곡과 진실의 역사』, 동방미디어, 1999.
김삼웅, 『서대문형무소 근현대사: 일제시대편』, 나남출판, 2000.
김삼웅, 『한국사를 뒤흔든 위서』, 인물과사상사, 2004.
김삼웅, 『단재 신채호평전』, 시대의창, 2005.
김삼웅, 『심산 김창숙 평전』, 시대의창, 2006.
김삼웅 · 이헌종 · 정운현 공편, 『친일파 그 인간과 논리』, 학민사, 1990.
김삼웅 · 정운현, 『친일파 II: 일본 신국가주의의 전개와 친일파의 부활』, 학민사, 1992.
김상봉, 「교육과 권력」, 『역사비평』, 통권 77호(2006년 겨울), 150~178쪽.
김상태, 『박태원: 기교와 이데올로기』, 건국대학교출판부, 1996.
김상태, 「일제하 신흥우의 '사회복음주의'와 민족운동론」, 역사문제연구소, 『역사문제연구 1』, 역사비평사, 1996, 163~207쪽.
김상태, 「평안도 기독교 세력과 친미엘리트의 형성」, 『역사비평』, 통권 45호(1998년 겨울), 171~207쪽.
김성국, 『한국의 아나키스트, 자유와 해방의 전사』, 이학사, 2007.
김성보, 「광주학생운동과 사회주의 청년 · 학생조직」, 『역사비평』, 계간 4호(1989년 봄), 119~137쪽.
김성보, 「3 · 1운동에서 33인은 '민족대표'가 아니다」, 『역사비평』, 계간 7호(1989년 겨울), 162~169쪽.
김성수, 『함석헌 평전: 신의 도시와 세속도시 사이에서』, 삼인, 2001.
김성원, 『한국 축구 발전사』, 살림, 2006.
김성호, 「민생단 사건과 만주 조선인 빨치산들」, 『역사비평』, 통권 51호(2000년 여름), 109~147쪽.
김세환, 『끝나지 않는 식민지 학문 100년』, 박이정, 2004.
김소진, 『한국독립선언서연구』, 국학자료원, 1999.
김송달, 『한국 근현대 100년사』, 거름, 1998.
김수남, 『한국 영화작가 연구: 나운규의 민족영화에서 김수용의 현대영화까지』, 예니, 1995.
김수남, 『한국영화감독론 1: 해방 전 한국영화작가 12인』, 지식산업사, 2002.
김승태, 「한국 개신교와 근대 사학」, 『역사비평』, 통권 70호(2005년 봄), 123~144쪽.
김영근, 「일제하 식민지적 근대성의 한 특징: 경성에서의 도시 경험을 중심으로」, 한국사회사학회, 『사회와 역사 제57집』, 문학과지성사, 2000, 11~44쪽.
김영범, 『한국 근대민족운동과 의열단』, 창작과비평사, 1997.
김영식, 『아버지 파인 김동환: 그의 생애와 문학』, 국학자료원, 1994.
김영철, 『김소월: 비극적 삶과 문학적 형상화』, 건국대학교출판부, 1994.
김영희, 「일제시기 라디오의 출현과 청취자」, 『한국언론학보』, 제46-2호(2002년 봄), 150~183쪽.
김영희, 『일제시대 농촌통제정책 연구』, 경인문화사, 2003.

김예림, 『1930년대 후반 근대인식의 틀과 미의식』, 소명출판, 2004.
김예림, 「전시기 오락정책과 '문화' 로서의 우생학」, 『역사비평』, 통권 73호(2005년 겨울), 325~350쪽.
김왕석 · 임동욱 외, 『한국언론의 정치경제학』, 아침, 1990.
김용구, 『세계외교사』, 서울대학교 출판부, 2006.
김용석 · 이재민 · 표정훈 엮음, 『한국의 교양을 읽는다』, 휴머니스트, 2003.
김용섭, 『한국근현대농업사연구: 한말 · 일제하의 지주제와 농업문제』, 일조각, 1992.
김용운, 『무너지는 한국, 추락하는 한국인: 원형사관으로 본 한국의 좌절과 희망』, 고려원, 1995.
김용직, 『김기림: 모더니즘과 시의 길』, 건국대학교출판부, 1997.
김용직, 『한국 근 · 현대정치론』, 풀빛, 1999.
김용직, 「남과 북에서 외면당한 불운의 공산당원: 1926년 6 · 10 만세운동 주도 권오설의 옥중 편지 발굴」, 『월간조선』, 2001년 7월, 576~589쪽.
김용택, 『그리운 것들은 산 뒤에 있다: 김용택 산문집』, 창작과비평사, 1997.
김용휘, 『우리 학문으로서의 동학』, 책세상, 2007.
김욱영, 「일제하 언론인 김동성의 언론활동에 관한 연구」, 『한국언론정보학보』, 제26호(2004년 가을), 83~104쪽.
김육훈, 『살아있는 한국 근현대사 교과서』, 휴머니스트, 2007.
김운태, 『일본제국주의의 한국통치』, 박영사, 1998.
김윤식, 『이광수와 그의 시대 1-2』, 솔, 1999.
김윤식 · 김우종 외, 『한국현대문학사』, 현대문학, 2005.
김윤식 · 김현, 『한국문학사』, 민음사, 1996.
김윤식 · 김재홍 · 정호웅 · 서경석, 『우리 문학 100년』, 현암사, 2001.
김윤식 · 정호웅, 『한국소설사』, 문학동네, 2000.
김은신,『한국최초 101장면』, 가람기획, 2003.
김을한, 『한국신문사화』, 탐구당, 1975.
김응종, 『아날학파의 역사세계』, 아르케, 2001.
김인덕, 「6 · 10만세운동의 매개가 된 순종의 죽음」, 『역사비평』, 계간16호(1992년 봄), 180~183쪽.
김인덕, 『일제시대 민족해방운동가 연구』, 국학자료원, 2002.
김인덕, 『우리는 조센진이 아니다: 격랑의 민족사가 낳은 재일조선인 이야기』, 서해문집, 2004.
김인식, 『중도의 길을 걸은 신민족주의자 안재홍의 생각과 삶』, 역사공간, 2006.
김일란, 「기생, 혹은 근대여성의 중식주체」, 『문화과학』, 제31호(2002년 가을), 261~275쪽.
김일수, 「이병도와 김석형: 실증사학과 주체사학의 분립」, 『역사비평』, 통권 82호(2008년 봄), 96~125쪽.
김재남, 『김남천: 민족문학을 위한 삶과 작품』, 건국대학교출판부, 1994.
김재명, 『한국현대사의 비극-중간파의 이상과 좌절』, 선인, 2003.

김재엽, 『122년간의 동거: 전환기에 읽는 한미관계 이야기』, 살림, 2004.
김재영 외, 『한국역사인물 뒤집어 읽기』, 인물과사상사, 2001.
김재용, 『협력과 저항: 일제 말 사회와 문학』, 소명출판, 2004.
김재용, 「염상섭과 한설야: 식민지와 분단을 거부한 남북의 문학적 상상력」, 『역사비평』, 통권 82호(2008년 봄), 68~95쪽.
김재한 편, 『분열의 민주주의』, 소화, 2001.
김재홍, 『이상화: 저항시의 활화산』, 건국대학교출판부, 1996.
김정동, 『남아있는 역사, 사라지는 건축물』, 대원사, 2000.
김정동, 『문학속 우리 도시기행』, 옛오늘, 2001.
김정동, 『문학속 우리 도시기행 2』, 푸른역사, 2005.
김정인, 「왜정시대, 일제식민지시대, 일제강점기: 역사용어 바로쓰기」, 『역사비평』, 통권 73호(2005년 겨울), 43~47쪽.
김정현, 「일제의 '대동아공영권' 논리와 실체」, 『역사비평』, 계간 26호(1994년 가을), 70~81쪽.
김정환, 『20세기를 만든 사람들』, 푸른숲, 1995.
김정환, 『역사의 희망과 희망의 역사: 근 · 현대 편』, 푸른숲, 1998.
김제현, 『이병기: 그 난초 같은 삶과 문학』, 건국대학교출판부, 1995.
김종원 · 정중헌, 『우리 영화 100년』, 현암사, 2001.
김주리, 『모던 걸, 여우 목도리를 버려라: 근대적 패션의 풍경』, 살림, 2005.
김준엽, 『장정: 나의 광복군 시절(전2권)』, 나남출판, 1989.
김중규, 『군산이야기: 고지도와 옛사진으로 풀어본 군산역사』, 나인, 2001.
김중섭, 「초기 개신교 선교와 지역 공동체의 변화: 진주 지역을 중심으로」, 한국사회사학회, 『사회와 역사 제52집』, 문학과지성사, 1997), 49~85쪽.
김중섭, 『형평운동』, 지식산업사, 2001.
김중순, 유석춘 역, 『문화민족주의자 김성수』, 일조각, 1998.
김지영, 『연애라는 표상: 한국근대소설의 형성과 사랑』, 소명출판, 2007.
김지운 편저, 『국제정보유통과 문화지배』, 나남, 1991.
김진균 · 정근식 편저, 『근대주체와 식민지 규율권력』, 문화과학사, 1997.
김진봉, 『3 · 1운동사연구』, 국학자료원, 2000.
김진송, 「최초의 여류 서양화가 나혜석: 자유주의의 파탄」, 『역사비평』, 계간 17호(1992년 여름), 231~238쪽.
김진송, 『서울에 딴스홀을 허(許)하라: 현대성의 형성』, 현실문화연구, 1999.
김진송, 『장미와 씨날코: 1959년 이기붕가의 선물 꾸러미』, 푸른역사, 2006.
김창훈, 『한국외교 어제와 오늘』, 다락원, 2002, 18~19쪽.
김채현, 「최초의 근대무용가 최승희: 근대무용의 민족적 표현」, 『역사비평』, 계간 17호(1992년 여름), 239~244쪽.
김철, 「이광수는 민족주의자인가」, 『역사비평』, 계간 14호(1991년 가을), 343~349쪽.

김철, 『구체성의 시학: 김철 평론집』, 실천문학사, 1993.
김철, 『국문학을 넘어서』, 국학자료원, 2000.
김철 · 신형기 외, 『문학 속의 파시즘』, 삼인, 2001.
김춘선, 「발로 쓴 청산리전쟁의 역사적 진실」, 『역사비평』, 통권 52호(2000년 가을), 251~278쪽.
김태수, 『꽃가치 피어 매혹케 하라: 신문광고로 본 근대의 풍경』, 황소자리, 2005.
김태웅, 『뿌리깊은 한국사 샘이깊은 이야기 6: 근대』, 솔, 2003.
김태웅, 『우리 학생들이 나아가누나: 소학교 풍경, 조선 후기에서 3 · 1운동까지』, 서해문집, 2006.
김학민 · 정운현 엮음, 『친일파 죄상기』, 학민사, 1993.
김학수, 『스크린 밖의 한국영화사 I』, 인물과사상사, 2002.
김학준, 『러시아혁명사』, 문학과지성사, 1979.
김학준, 『러시아사』, 대한교과서주식회사, 1991.
김학준, 『북한 50년사: 우리가 떠안아야 할 반쪽의 우리 역사』, 동아출판사, 1995.
김학준, 『가인 김병로 평전: 민족주의적 법률가, 정치가의 생애』, 민음사, 2001.
김학철, 『최후의 분대장: 김학철 자서전』, 문학과지성사, 1995.
김한종, 『역사왜곡과 우리의 역사교육』, 책세상, 2001.
김해수, 김진주 엮음, 『아버지의 라디오: 국산라디오 1호를 만든 엔지니어의 이야기』, 느린걸음, 2007.
김혜경, 『식민지하 근대가족의 형성과 젠더』, 창비, 2006.
김호섭 외, 『일본 우익연구』, 중심, 2000.
김호웅 · 김혜양 편저, 『김학철 평전』, 실천문학사, 2007.
김호일 편저, 『한국근현대이행기 사회연구』, 신서원, 2000.
김호일, 『한국근대학생운동사』, 선인, 2005.
김화, 『이야기 한국영화사』, 하서, 2001.
김환표, 『쌀밥전쟁: 아주 낯선 쌀의 역사』, 인물과사상사, 2006.
김희곤, 『중국관내 한국독립운동단체연구』, 지식산업사, 1995.
김희곤, 『새로 쓰는 이육사 평전』, 지영사, 2000.
나영균, 『일제시대, 우리 가족은: 어느 가족의 삶을 통해 본 식민지 한국 지식인 사회의 풍경』, 황소자리, 2004.
나카무라 미츠오 · 니시타니 게이지 외, 이경훈 외 옮김, 『대평양전쟁의 사상: 좌담회 '근대의 초극'과 '세계사적 입장과 이론'으로 본 일본정신의 기원』, 이매진, 2007.
나혜석 외, 서경석 · 우미영 엮고 씀, 『신여성, 길 위에 서다: 잃어버린 풍경 3 1920~1940』, 호미, 2007.
남근우, 『'조선민속학'과 식민주의』, 동국대학교출판부, 2008.
남창룡, 『만주제국 조선인: 일제 동북 침략사』, 신세림, 2000.
노경채, 「'임시정부'는 얼마나 독립운동을 하였나」, 『역사비평』, 계간 11호(1990년 겨울), 207~

213쪽.
노경채, 『한국독립당연구』, 신서원, 1996.
노동은, 「최초의 여가수 윤심덕: 허무주의의 비가」, 『역사비평』, 계간 17호(1992년 여름), 245~249쪽.
노동은, 「애국가 가사는 언제, 누가 만들었나」, 『역사비평』, 계간 25호(1994년 여름), 16~45쪽.
노영구, 「역사 속의 이순신 인식」, 『역사비평』, 통권 69호(2004년 가을), 339~358쪽.
노치준, 「한말의 근대화와 기독교」, 『역사비평』, 계간 27호(1994년 겨울), 303~316쪽.
노태돈 외, 『현대 한국사학과 사관』, 일조각, 1991.
노형석, 『모던의 유혹 모던의 눈물: 근대 한국을 거닐다』, 생각의나무, 2004.
노형석, 『한국 근대사의 풍경』, 생각의나무, 2006.
다카사키 소지, 이규수 옮김, 『식민지 조선의 일본인들: 군인에서 상인, 그리고 게이샤까지』, 역사비평사, 2006.
다카하시 데츠야, 이규수 옮김, 『일본의 전후 책임을 묻는다: 기억의 정치, 망각의 윤리』, 역사비평사, 2000.
다카하시 데쓰야, 현대송 옮김, 『결코 피할 수 없는 야스쿠니문제』, 역사비평사, 2005.
대구 · 경북역사연구회, 『역사속의 대구, 대구사람들』, 중심, 2001.
대한매일 특별취재반, 『저기에 용감한 조선 군인들이 있었소!: 해외 항일 전적지를 찾아서』, 동방미디어, 2001.
대한민국 임시정부 옛청사 관리처 편, 『신보: 대한민국 임시정부 관계기사 선집』, 범우사, 2001.
대한축구협회 엮음, 『한국축구의 영웅들: 축구 명예의 전당 헌액 7인 열전』, 랜덤하우스중앙, 2005.
도미야마 이치로, 임성모 옮김, 『전장의 기억』, 이산, 2002.
도미타 쇼지, 유재연 옮김, 『호텔: 근대문명의 상징』, 논형, 2008.
도정일 · 최재천, 『대담: 인문학과 자연과학이 만나다』, 휴머니스트, 2005.
도진순, 「북한의 종파문제와 1920년대 민족해방투쟁에 대한 인식: 사상단체 · 조선공산당 · 신간회에 대한 북한 역사학계의 비판적 평가」, 『역사비평』, 계간 6호(1989년 가을), 272~299쪽.
도츠카 에츠로, 박홍규 편역, 『'위안부' 가 아니라 '성노예' 이다: 일본인 국제인권변호사 도츠카의 10년 유엔 활동 기록』, 소나무, 2001.
동서식품, 『동서식품 20년사』, 동서식품주식회사, 1990.
동아일보사, 『민족과 더불어 80년: 동아일보 1920~2000』, 동아일보사, 2000.
두만강 편집위원회, 『두만강』, 심양: 료녕민족판사, 1996.
려증동, 『나라잃은 시대 동아일보』, 문음사, 2002.
류시현, 「무정부주의와 아나키즘: 역사용어 바로쓰기」, 『역사비평』, 통권 73호(2005년 겨울), 55~59쪽.
류연산, 『일송정 푸른 솔에 선구자는 없었다: 재만 조선인 친일행적 보고서』, 아이필드, 2004.
류준범, 「1930~40년대 사회주의 운동가들의 '민족혁명' 에 대한 인식」, 역사문제연구소, 『역사문제연구 4』, 역사비평사, 2000, 101~131쪽.
리영희, 『역정: 나의 청년시대』, 창작과비평사, 1988.
리콴유, 류지호 옮김, 『리콴유 자서전』, 문학사상사, 1999.
리콴유, 류지호 옮김, 『내가 걸어온 일류국가의 길』, 문학사상사, 2001.
마광수, 『윤동주 연구』, 철학과현실사, 2005.
마루야마 마사오, 김석근 옮김, 『일본정치사상사연구』, 한국사상사연구소, 1995.
마루야마 마사오, 김석근 옮김, 『현대정치의 사상과 행동』, 한길사, 1997.
마루야마 마사오, 박충석 · 김석근 공역, 『충성과 반역: 전환기 일본의 정신사적 위상』, 나남출판, 1998.
마스이 야스이치, 정운현 옮김, 『중국 · 대만 친일파재판사』, 한울, 1995.
마정미, 『광고로 읽는 한국 사회문화사』, 개마고원, 2004.
마정미, 「근대의 상품광고와 소비, 그리고 일상성」, 『문화과학』, 제45호(2006년 봄), 209~223쪽.
모던일본, 윤소영 외 옮김, 『일본잡지 모던일본과 조선 1939: 완역 『모던일본』 조선판 1939년』, 어문학사, 2007.
몽양여운형선생전집발간위원회 편, 『몽양여운형전집 1』, 한울, 1991.
몽양여운형선생추모사업회 · 몽양연구소 편, 『여운형 노트』, 학민사, 1994.
문영진, 『한국 근대산문의 읽기와 글쓰기』, 소명출판, 2000.
문일평, 이한수 옮김, 『문일평 1934년: 식민지시대 한 지식인의 일기』, 살림, 2008.
문제안 외, 『8 · 15의 기억: 해방공간의 풍경, 40인의 역사체험』, 한길사, 2005.
문학과사상연구회, 『20세기 한국문학의 반성과 쟁점』, 소명출판, 1999.
미야카와 토루 · 아라카와 이쿠오 엮음, 이수정 옮김, 『일본근대철학사』, 생각의나무, 2001.
미야타 세쓰코 해설 · 감수, 정재정 번역, 『식민통치의 허상과 실상』, 혜안, 2002.
미즈노 나오키, 「조선 식민지 지배와 이름의 '차이화' : '내지인과 혼동하기 쉬운 이름' 의 금지를 중심으로」, 한국사회사학회, 『사회와 역사 제59집』, 문학과지성사, 2001, 147~174쪽.
미즈노 나오키 외, 정선태 옮김, 『생활 속의 식민지주의』, 산처럼, 2007.
민경배, 『한국기독교회사』, 연세대학교출판부, 1993.
민경배, 『한국교회찬송가사』, 연세대학교출판부, 1997.
민병기, 『정지용: 20세기 한국시의 성좌』, 건국대학교출판부, 1996.
민태원 외, 이지누 엮고 씀, 『백두산을 찾아서: 잃어버린 풍경 2 1920~1940』, 호미, 2005.
박강, 『중일전쟁과 아편: 내몽고 지역을 중심으로』, 지식산업사, 1995.
박걸순, 『식민지 시기의 역사학과 역사인식』, 경인문화사, 2004.
박경식, 박경옥 옮김, 『조선인 강제연행의 기록』, 고즈윈, 2008.
박경호 · 김덕기, 『한국축구 100년 비사』, 책읽는사람들, 2000.
박노자, 『나를 배반한 역사』, 인물과사상사, 2003.
박노자, 『나는 폭력의 세기를 고발한다: 박노자의 한국적 근대 만들기』, 인물과사상사, 2005.
박노자, 『우승열패의 신화』, 한겨레신문사, 2005.

박노자, 『우리가 몰랐던 동아시아』, 한겨레출판, 2007.
박노자, 『박노자의 만감일기: 나, 너, 우리, 그리고 경계를 넘어』, 인물과사상사, 2008.
박노자 · 허동현, 『열강의 소용돌이에서 살아남기』, 푸른역사, 2005.
박명림, 「개혁은 어떻게 역사가 되었는가: 개혁물신주의를 넘어서」, 『당대비평』, 제27호(2004년 가을), 31~46쪽.
박명림, 「박정희와 김일성: 한국적 근대화의 두 가지 길」, 『역사비평』, 통권 82호(2008년 봄), 126~156쪽.
박문수, 「일제하 천주교단의 친일활동」, 『역사비평』, 계간 23호(1993년 겨울), 138~148쪽.
박상하, 『경성상계』, 생각의나무, 2008.
박석분 · 박은봉, 『여성인물사: 한국편』, 새날, 1994.
박선미, 『근대 여성, 제국을 거쳐 조선으로 회유하다: 식민지 문화지배와 일본유학』, 창비, 2007.
박섭, 『식민지의 경제변동: 한국과 인도』, 문학과지성사, 2001.
박성래 · 신동원 · 오동훈, 『우리 과학 100년』, 현암사, 2001.
박성수, 『이야기 독립운동사: 121 가지 사건으로 보는 한국근대사』, 교문사, 1996.
박성진, 「일제하 인종주의의 특성과 적용형태」, 한국근현대사연구회 편, 『한국근현대사연구』, 제5집(1996), 89~113쪽.
박성진 · 이승일, 『조선총독부 공문서: 일제시기 기록관리와 식민지배』, 역사비평사, 2007.
박숙희 · 유동숙 편저, 『뜻도 모르고 자주 쓰는 우리말 나이 사전』, 책이있는마을, 2005.
박영수, 『운명의 순간들: 다큐멘터리 한국근현대사』, 바다출판사, 1998.
박영정, 「신파극: 식민지 대중문화와 민중」, 『역사비평』, 계간 20호(1993년 봄), 361~368쪽.
박영정, 「일제하 연극통제정책과 친일연극인」, 『역사비평』, 계간 23호(1993년 겨울), 149~161쪽.
박완서, 『그 많던 싱아는 누가 다 먹었을까』, 웅진닷컴, 1992.
박완서, 『두부: 박완서 산문집』, 창작과비평사, 2002.
박용규, 「일제하 시대, 중외 · 중앙 · 조선중앙일보에 관한 연구: 창간배경과 과정, 자본과 운영, 편집진의 구성과 특성을 중심으로」, 『언론과 정보』, 부산대학교 언론정보연구소, 제2호(1996년), 109~148쪽.
박용규, 「여운형의 언론활동에 관한 연구: 일제하 『조선중앙일보』 사장 시기를 중심으로」, 『한국언론학보』, 제42-2호(1997년 겨울), 168~200쪽.
박용규, 「일제 말기(1937~1945)의 언론통제정책과 언론구조변동」, 『한국언론학보』, 제46-1호(2001년 겨울), 194~228쪽.
박은경, 『일제하 조선인 관료연구』, 학민사, 1999.
박은경, 「단성사! 기생들의 무대에서 서편제 신화까지」, 『신동아』, 2001년 5월호.
박은봉, 『개정판 한국사 100장면』, 실천문학사, 1997.
박은식, 김승일 옮김, 『한국통사』, 범우사, 1999.
박인호, 『한국사학사대요』, 이회, 2001.

박정신, 『한국 기독교사 인식』, 혜안, 2004.
박종린, 「꺼지지 않은 불꽃, 송산 김명식」, 『진보평론』, 제2호(1999년 겨울), 359~367쪽.
박종성, 『한국의 매춘: 매춘의 정치사회학』, 인간사랑, 1994.
박종성, 『강점기 조선의 정치질서: 인종과 저항의 단층변동』, 인간사랑, 1997.
박종수, 『러시아와 한국: 잃어버린 백년의 기억을 찾아서』, 백의, 2001.
박지향, 『제국주의: 신화와 현실』, 서울대학교출판부, 2000.
박지향, 『일그러진 근대: 100년 전 영국이 평가한 한국와 일본의 근대성』, 푸른역사, 2003.
박지향 외 엮음, 『해방 전후사의 재인식(전2권)』, 책세상, 2006.
박진한, 「무사도의 창안과 현대적 변용: 근대 일본의 '국민도덕' 만들기」, 『역사비평』, 통권 74호(2006년 봄), 353~372쪽.
박찬승, 『한국근대 정치사상사연구: 민족주의 우파의 실력양성운동론』, 역사비평사, 1992.
박찬승, 「한말 · 일제시기 사회진화론의 성격과 영향」, 『역사비평』, 계간 32호(1996년 봄), 339~354쪽.
박찬승, 「부르주아민족주의, 우파민족주의, 문화민족주의: 역사용어 바로쓰기」, 『역사비평』, 통권75호(2006년 여름), 286~290쪽.
박찬승, 『민족주의의 시대: 일제하의 한국 민족주의』, 경인문화사, 2007.
박찬호, 안동림 옮김, 『한국가요사 1895~1945』, 현암사, 1992.
박창욱, 「김좌진 장군의 신화를 깬다」, 『역사비평』, 계간 24호(1994년 봄), 171~190쪽.
박창욱, 「훈춘 사건과 '장강호' 마적단」, 『역사비평』, 통권 51호(2000년 여름), 250~265쪽.
박천홍, 『매혹의 질주, 근대의 횡단: 철도로 돌아본 근대의 풍경』, 산처럼, 2003.
박태균, 『조봉암 연구』, 창작과비평사, 1995.
박태순, 「역사를 위한 변명과 해명: 최남선의 반민족사학」, 『역사비평』, 계간 10호(1990년 가을), 182~193쪽.
박태원, 천정환 책임편집, 『소설가 구보씨의 일일: 박태원 단편선』, 문학과지성사, 2005.
박태원, 장수익 책임편집, 『천변풍경: 박태원 장편소설』, 문학과지성사, 2005.
박태호, 『장례의 역사: 고인돌부터 납골당까지, 숭배와 기피의 역사』, 서해문집, 2006.
박현수 편, 『레몬향기를 맡고 싶소: 이상 산문집』, 예옥, 2008.
박현채 외, 『해방전후사의 인식 3』, 한길사, 1987.
박헌호, 『이태준과 한국 근대소설의 성격』, 소명출판, 1999.
박혜숙, 『백석: 우리 문학의 원형탐구와 떠돌이 삶』, 건국대학교출판부, 1995.
박홍규, 『자유인 루쉰: 위대한 지식인의 초상』, 우물이있는집, 2002.
박홍규, 『아나키즘 이야기: 자유 · 자치 · 자연』, 이학사, 2004.
박환, 『대륙으로 간 혁명가들: 만주와 시베리아의 무장독립운동가들』, 국학자료원, 2003.
반민족문제연구소, 『청산하지 못한 역사 1: 한국현대사를 움직인 친일파 60』, 청년사, 1994.
반병률, 『성재 이동휘 일대기』, 범우사, 1998.
방기중, 『한국근현대사상사연구: 1930 · 40년대 백남운의 학문과 정치경제사상』, 역사비평사,

1993.
방기중 편, 『일제 파시즘 지배정책과 민중생활』, 혜안, 2004.
방기중 편, 『식민지 파시즘의 유산과 극복의 과제』, 혜안, 2006.
배경한, 『쑨원과 한국: 중화주의와 사대주의의 교차』, 한울아카데미, 2007.
배성준, 「1930년대 일제의 '조선공업화' 론 비판」, 『역사비평』, 계간 28호(1995년 봄), 133~145쪽.
배성준, 「1920~30년대: 모던 걸 마르크스 보이」, 『역사비평』, 계간 34호(1996년 가을), 147~154쪽.
배성준, 「간도 · 간도 출병: 역사용어 바로쓰기」, 『역사비평』, 통권 73호(2005년 겨울), 38~42쪽.
백선기 · 홍정선, 「한 장의 사진과 김산의 생애」, 『문학과 사회』, 제44호(1998년 겨울), 1515~1529쪽.
백승종, 『한국의 예언문화사』, 푸른역사, 2006.
백영흠 · 안옥희, 『한국 주거역사와 문화』, 기문당, 2003.
백지혜, 『스위트 홈의 기원』, 살림, 2005.
변신원, 「박화성: 계급의식과 주체적 여성의식」, 『역사비평』, 계간 32호(1996년 봄), 355~370쪽.
변은진, 「일제의 파시즘전쟁(1937~45)과 조선 민중의 전쟁관」, 역사문제연구소, 『역사문제연구 3』, 역사비평사, 1998, 161~216쪽.
변태섭, 『한국사통론』, 삼영사, 1998.
복거일, 『죽은 자들을 위한 변호: 21세기의 친일 문제』, 들린아침, 2003.
불교신문사 편, 『한국불교사의 재조명』, 불교시대사, 1994.
사계절 편집부 편, 『한국근대경제사연구: 이조말기에서 해방까지』, 사계절, 1983.
사토 다쿠미, 원용진 · 오카모토 마사미 옮김, 『8월 15일의 신화: 일본역사 교과서, 미디어의 정치학』, 궁리, 2007.
상허학회, 『1920년대 동인지 문학과 근대성 연구: 상허학보 2집』, 깊은샘, 2000.
서경석, 『한설야: 정치적 죽음과 문화적 삶』, 건국대학교출판부, 1996.
서경식, 「모어와 모국어의 상극: 재일조선인의 언어 경험」, 『황해문화』, 제57호(2007년 겨울), 12~45쪽.
서암 조항래교수화갑기념논총간행위원회, 『한국사학논총』, 아세아문화사, 1992.
서연호, 『한국연극사: 근대편』, 연극과인간, 2003.
서연호 · 이상우, 『우리 연극 100년』, 현암사, 2000.
서울사회과학연구소, 『근대성의 경계를 찾아서: 기원의 전복, 역사의 비판』, 새길, 1997.
서울시정개발연구원, 『서울 20세기 공간변천사』, 서울시정개발연구원, 2001.
서울특별시편찬위원회, 『서울 육백년사』, 서울특별시, 1981.
서윤영, 『세상을 닮은 집, 세상을 담은 집』, 서해문집, 2005.
서정민, 『한국 교회의 역사』, 살림, 2003.
서정민, 『언더우드가 이야기: 한국과 가장 깊은 인연을 맺은 서양인 가문』, 살림, 2005.
서정주, 『미당 자서전(전2권)』, 민음사, 1994.

서정주, 『우남 이승만전』, 화산문화기획, 1995.
서중석, 『한국현대민족운동연구: 해방후 민족국가 건설운동과 통일전선』, 역사비평사, 1991.
서중석, 『신흥무관학교와 망명자들』, 역사비평사, 2001.
서지문, 「역사의 사실과 문학의 진실」, 『한국사 시민강좌 41』, 일조각, 2007.
서진영 외, 『모택동과 중국혁명: 중국혁명의 전개와 사상적 노선』, 태암, 1989.
서형실, 「허정숙: 근우회에서 독립동맹투쟁으로」, 『역사비평』, 계간 19호(1992년 겨울), 278~287쪽.
서형실, 「일제시기 신여성의 자유연애론」, 『역사비평』, 계간 25호(1994년 여름), 108~122쪽.
선성원, 『우리가 정말 알아야 할 우리 대중가요』, 현암사, 2008.
성대경 엮음, 『한국현대사와 사회주의』, 역사비평사, 2000.
성원경, 『노신: 생애와 작품세계』, 건국대학교출판부, 1995.
소래섭, 『에로 그로 넌센스: 근대적 자극의 탄생』, 살림, 2005.
소순열, 「1920~30년대 농민운동의 성격변화: 전북지역을 중심으로」, 한국지역사회학회, 『지역사회연구』, 제15권 제2호(2007년 6월), 3~27쪽.
소영현, 『문학청년의 탄생: 근대 청년의 문화정치학』, 푸른역사, 2008.
소영현, 『부랑청년 전성시대: 근대 청년의 문화 풍경』, 푸른역사, 2008.
손동우 · 양권모, 『자유의 종을 난타하라』, 들녘, 2007.
손세일, 「[연재] 손세일의 비교 전기-한국 민족주의의 두 유형: 이승만과 김구」, 『월간조선』, 2001년 8월호~2003년 5월호.
손인수, 『한국교육사』, 문음사, 1998.
손정목, 『한국지방제도 · 자치사연구(상): 갑오경장~일제강점기』, 일지사, 1992.
손정목, 『일제강점기 도시사회상연구』, 일지사, 1996.
손정목, 『서울 도시계획 이야기: 서울 격동의 50년과 나의 증언 ①』, 한울, 2003.
손종업, 『극장과 숲: 한국 근대문학과 식민지 근대성』, 월인, 2000.
송건호, 『한국 민족주의의 탐구』, 한길사, 1977.
송건호, 「이승만은 과연 애국자인가」, 『역사비평』, 계간 7호(1989년 겨울), 181~186쪽.
송건호, 『송건호 전집(전20권)』, 한길사, 2002.
송건호 외, 『해방전후사의 인식 1』, 한길사, 1995.
송건호 외, 『한국언론 바로보기』, 다섯수레, 2000.
송광성, 『미군점령 4년사: 우리나라의 자주 · 민주 · 통일과 미국』, 한울, 1995.
송남헌 외, 우사연구회 엮음, 『몸으로 쓴 통일독립운동사: 우사 김규식 생애와 사상 3』, 한울, 2000.
송우혜, 「간도 무장독립투쟁과 조선총독부의 언론정책」, 『역사비평』, 계간 2호(1988년 가을), 156~184쪽.
송우혜, 「마지막 황태자(연재소설)」, 『신동아』, 1998년 3월호~1999년 2월호.
송우혜, 『윤동주 평전』, 푸른역사, 2004.

송하춘, 『채만식: 역사적 성찰과 현실풍자』, 건국대학교출판부, 1994.
수요역사연구회 편, 『일제의 식민지 지배정책과 매일신보 1910년대』, 두리미디어, 2005.
쓰가와 이즈미, 김재홍 옮김, 『JODK, 사라진 호출부호』, 커뮤니케이션북스, 1999.
신규호, 『한국역사 인물사전』, 석필, 1998.
신기욱 · 마이클 로빈슨 엮음, 도면회 옮김, 『한국의 식민지 근대성: 내재적 발전론과 식민지 근대화론을 넘어서』, 삼인, 2006.
신덕상 · 김덕기, 『국기(國技) 축구 그 화려한 발자취: 이야기 한국체육사 10』, 국민체육진흥공단, 1999.
신동원, 「세균설과 식민지 근대성 비판」, 『역사비평』, 통권 58호(2002년 봄), 341~362쪽.
신동준, 『근대일본론: 군국 일본의 국가제도와 그 운용자들』, 지식산업사, 2004.
신명직, 『모던보이, 경성을 거닐다: 만문만화로 보는 근대의 얼굴』, 현실문화연구, 2003.
신복룡, 『한국정치사』, 박영사, 1997.
신복룡, 「당쟁과 정당정치」, 『전통과 현대』, 통권 10호(1999년 겨울), 74~91쪽.
신복룡, 『한국사 새로 보기: 아무도 의심하지 않았던 역사의 진실』, 풀빛, 2001.
신영훈 · 이상해 · 김도경, 『우리 건축 100년』, 현암사, 2001.
신용하, 『한국근대사와 사회변동』, 문학과지성사, 1980.
신용하, 『세계체제변동과 현대한국』, 집문당, 1994.
신용하, 『일제 식민지 근대화론 비판』, 문학과지성사, 1998.
신용하, 『일제강점기 한국민족사(전2권)』, 서울대학교출판부, 2002.
신용하, 『일제 식민지정책과 식민지근대화론 비판』, 문학과지성사, 2006.
신용하, 『한국 항일독립운동사연구』, 경인문화사, 2006.
신용하 · 박명규 · 김필동 엮음, 『한국 사회사의 이해』, 문학과지성사, 1995.
신인섭, 『한국광고발달사』, 일조각, 1992.
신인섭, 『광고로 보는 한국화장의 문화사』, 김영사, 2002.
신인섭 · 서범석, 『한국광고사』, 나남, 1998.
신인섭 · 서범석, 『눈으로 보는 한국광고사』, 나남, 2001.
신재기, 『한국근대문학비평가론』, 월인, 1999.
신정일, 『한국사, 그 변혁을 꿈꾼 사람들』, 이학사, 2002.
신주백, 「1930년대 혁명적 노 · 농운동의 조직문제에 관한 한 연구: 범태평양노동조합과 명천군 농민조합운동을 중심으로」, 『역사비평』, 계간 7호(1989년 겨울), 103~122쪽.
신주백, 「박헌영과 경성콤그룹」, 『역사비평』, 계간 13호(1991년 여름), 267~311쪽.
신주백, 「박람회: 과시 · 선전 · 계몽 · 소비의 체험공간」, 『역사비평』, 통권 67호(2004년 여름), 357~394쪽.
신채호, 최광식 역주, 『단재 신채호의 '천고'』, 아연출판부, 2004.
신춘식, 「조선공산당을 위한 변명」, 『진보평론』, 제3호(2000년 봄), 301~313쪽.
신춘호, 『최서해: 궁핍과의 문학적 싸움』, 건국대학교출판부, 1994.

신현규, 『꽃을 잡고: 파란만장한 일제강점기 기생인물 · 생활사』, 덕경, 2005.
신형식 편저, 『한국사학사』, 삼영사, 1999.
심승희, 『서울 시간을 기억하는 공간』, 나노미디어, 2004.
심지연, 『조선신민당연구』, 동녘, 1988.
심지연, 『김두봉연구: 잊혀진 혁명가의 초상』, 인간사랑, 1993.
심지연, 『허헌 연구』, 역사비평사, 1994.
심지연, 『이강국 연구』, 백산서당, 2006.
아마코 사토시, 임상범 옮김, 『중화인민공화국 50년사』, 일조각, 2003.
안귀덕 외, 『한국 근현대 교육사』, 한국정신문화연구원, 1995.
안병직 편, 『한국경제성장사: 예비적 고찰』, 서울대학교출판부, 2001.
안병직 · 中村 哲 공편저, 『근대조선 공업화의 연구 1930~1945년』, 일조각, 1993.
안병직 외, 『오늘의 역사학』, 한겨레신문사, 2002.
안연선, 『선노예와 병사 만들기』, 삼인, 2003.
안재성, 『경성 트로이카』, 사회평론, 2004.
안종묵, 「한국 근대신문 · 잡지의 발달 시기에 선교사들의 언론활동에 관한 연구」, 『한국언론학보』, 48권 2호(2004년 4월), 5~27쪽.
안종화, 『한국영화측면비사』, 현대미학사, 1998.
안주섭 · 이부오 · 이영화, 『영토한국사』, 소나무, 2006.
안창남 외, 이지누 엮고 씀, 『서울에서 한라까지: 잃어버린 풍경 1 1920~1940』, 호미, 2005.
안천, 『황실은 살아있다(전2권)』, 인간사랑, 1994.
안철현, 「이승만 정권의 '임시정부 법통계승론'을 비판함」, 『역사비평』, 계간 28호(1995년 봄), 289~296쪽.
안청시 편, 『현대한국정치론』, 법문사, 1998.
야마시다 영애, 「식민지 지배와 공창제도의 전개」, 한국사회사학회, 『사회와 역사』, 통권 제51집(1997년 봄), 143~181쪽.
야마모토 후미오 외, 『일본 매스커뮤니케이션사』, 커뮤니케이션북스, 2000.
양건열, 『비판적 대중문화론』, 현대미학사, 1997.
양문규, 「최남선 계몽주의의 역사적 한계」, 『역사비평』, 계간 10호(1990년 가을), 194~204쪽.
양현혜, 『윤치호와 김교신: 근대조선에 있어서 민족적 아이덴티티와 기독교』, 한울, 1994.
여성사연구모임 길밖세상, 『20세기 여성사건사: 근대 여성교육의 시작에서 사이버 페미니즘까지』, 여성신문사, 2001.
여성신문사 편집부 엮음, 『이야기 여성사: 한국여성의 삶과 역사(전2권)』, 여성신문사, 2000.
여연구, 신준영 편집, 『나의 아버지 여운형』, 김영사, 2001.
역사문제연구소 편, 『바로잡아야 할 우리 역사 37 장면 1』, 역사비평사, 1993.
역사문제연구소 편, 『인물로 보는 친일파 역사』, 역사비평사, 1993.
역사문제연구소 편, 『한국의 '근대'와 '근대성' 비판』, 역사비평사, 1996.

역사문제연구소 엮음, 『사회사로 보는 우리 역사의 7가지 풍경』, 역사비평사, 1999.
역사문제연구소 엮음, 『전통과 서구의 충돌: '한국적 근대성' 은 어떻게 형성되었는가』, 역사비평사, 2001.
역사문제연구소 민족해방운동사 연구반, 『민족해방운동사: 쟁점과 과제』, 역사비평사, 1990.
『역사비평』 편집위원회, 『논쟁으로 본 한국사회 100년』, 역사비평사, 2000.
『역사비평』 편집위원회, 『한국 전근대사의 주요 쟁점』, 역사비평사, 2002.
역사학연구소, 『강좌 한국근현대사』, 풀빛, 1995.
역사학연구소, 『메이데이 100년의 역사』, 서해문집, 2004.
역사학회 편, 『한국 근 · 현대사 교과서의 '독립운동사' 서술과 쟁점』, 경인문화사, 2006.
연구공간 수유+너머 근대매체연구팀, 『신여성: 매체로 본 여성 풍속사』, 한겨레신문사, 2005.
연국희, 「소련-중앙아시아 강제이주의 수난사」, 『역사비평』, 계간 14호(1991년 가을), 219~230쪽.
연세대학교 국학연구원 편, 『일제의 식민지배와 일상생활』, 혜안, 2004.
염인호, 『김원봉연구: 의열단, 민족혁명당 40년사』, 창작과비평사, 1992.
영화진흥공사 기획 · 엮음, 『한국영화 70년 대표작 200선』, 집문당, 1989.
오광수 · 서성록, 『우리 미술 100년』, 현암사, 2001.
오동룡, 「"도산 안창호는 상해 임시정부의 '호주머니' 였다": 도산 안창호의 비서실장 구익균」, 『월간조선』, 2008년 6월, 442~457쪽.
오명근, 『그 이상은 없다: 팩션으로 읽는 1930년대 문화예술인의 초상』, 동양문고 · 상상공방, 2006.
오미일, 「일제시기 사회주의자들의 농업문제 인식」, 『역사비평』, 계간 7호(1989년 겨울), 254~292쪽.
오성철, 『식민지 초등교육의 형성』, 교육과학사, 2000.
오성호, 「김동인 소설의 반역사성에 대하여」, 『역사비평』, 계간 7호(1989년 겨울), 193~201쪽.
오세영, 『유치환: 휴머니즘과 실존 그리고 허무의 의지』, 건국대학교출판부, 2000.
오에 시노부, 양현혜 · 이규태 옮김, 『야스쿠니신사』, 소화, 2001.
오영섭, 「한국의 역사가: 최남선」, 『한국사 시민강좌 제37집』, 일조각, 2005, 205~224쪽.
오장환, 『한국 아나키즘운동사 연구』, 국학자료원, 1998.
오쿠무라 사토시, 박선영 옮김, 『새롭게 쓴 중국 현대사』, 소나무, 2000.
요시다 유타카, 최혜주 옮김, 『일본의 군대: 병사의 눈으로 본 근대일본』, 논형, 2005.
요시미 순야, 이태문 옮김, 『박람회: 근대의 시선』, 논형, 2004.
요시미 순야, 이종욱 옮김, 『만국박람회 환상: 전후 정치의 주술과 시민의식』, 논형, 2007.
요시미 순야 외, 이태문 옮김, 『운동회: 근대의 신체』, 논형, 2007.
요시미 순야 외, 연구공간 수유+너머 '일본근대와 젠더세미나팀' 옮김, 『확장하는 모더니티: 1920~30년대 근대 일본의 문화사』, 소명출판, 2007.
요시미 요시아키, 이규태 옮김, 『일본군 군대위안부』, 소화, 1998.
우쓰미 아이코, 이호경 옮김, 『조선인 BC급 전범, 해방되지 못한 영혼』, 동아시아, 2007.

우용제 · 류방란 · 한우희 · 오성철, 『근대한국초등교육연구: 동몽교육에서 초등교육으로』, 교육과학사, 1998.
원경 · 윤해동, 「한국 현대사의 증언-박헌영의 아들 원경 스님: 혁명과 박헌영과 나」, 『역사비평』, 계간37호(1997년 여름), 99~151쪽.
원용진, 「광고속 '젊은 리얼리즘'」, 『광고심의』, 2006년 1월.
원준상, 『한국의 세계화와 미국 이민사』, 삶과꿈, 1997.
위기봉, 『다시 쓰는 동아일보사: 인촌 김성수와 동아일보, 그 오욕과 배반의 역사를 찾아서』, 녹진, 1991.
위암장지연선생기념사업회, 『한국근대언론과 민족운동』, 커뮤니케이션북스, 2001.
위암장지연선생기념사업회, 『한국근대언론의 재조명』, 커뮤니케이션북스, 2001.
유문선, 「카프의 문학사적 위치」, 『역사비평』, 계간 10호(1990년 가을), 307~314쪽.
유민영, 『한국 근대극장 변천사』, 태학사, 1998.
유병은, 『방송야사』, KBS 문화사업단, 1998.
유선영, 「한국 대중문화의 근대적 구성과정에 대한 연구: 조선 후기에서 일제시대까지를 중심으로」, 고려대학교 대학원 신문방송학과 박사학위 논문, 1992년 12월.
유선영, 「객관주의 100년의 형식화 과정」, 『언론과 사회』, 제10호(1995년 겨울).
유선영, 「육체의 근대화: 아메리칸 모더니티의 육화」, 『언론과 사회』, 제9권 4호(2001년 가을), 8~48쪽.
유선영, 「극장구경과 활동사진 보기: 충격의 근대 그리고 즐거움의 훈육」, 『역사비평』, 통권 64호(2003년 가을), 362~376쪽.
유선영 · 박용규 · 이상길 외, 『한국의 미디어 사회문화사』, 한국언론재단, 2007.
유승렬, 「1920년대 조선공산당의 조직위상에 대한 비판」, 『역사비평』, 계간 7호(1989년 겨울), 58~84쪽.
유승훈, 『다산과 연암, 노름에 빠지다』, 살림, 2006.
유영렬, 『개화기의 윤치호연구』, 한길사, 1985.
유영익, 『이승만의 삶과 꿈: 대통령이 되기까지』, 중앙일보사, 1996.
유영익, 『동학농민봉기와 갑오경장』, 일조각, 1998.
유의영, 「아메리카-풍요를 좇아 산 고난의 90년」, 『역사비평』, 계간 14호(1991년 가을), 231~243쪽.
유재천, 『한국언론과 이데올로기』, 문학과 지성사, 1990.
유종호, 『나의 해방전후 1940~1949』, 민음사, 2004.
유종호 외, 『현대 한국문학 100년: 20세기 한국문학 어떻게 볼 것인가』, 민음사, 1999.
유현목, 『유현목의 한국영화발달사』, 책누리, 1997.
윤건차, 「일본땅의 조선인, 그 학대와 차별의 역사」, 『역사비평』, 계간 14호(1991년 가을), 204~218쪽.
윤건차, 하종문 · 이애숙 옮김, 『일본 그 국가 · 민족 · 국민』, 일월서각, 1997.

윤건차, 이지원 옮김, 『한일 근대사상의 교착』, 문화과학사, 2003.
윤경헌 · 최창신, 『국기(國技) 축구 그 찬란한 아침: 이야기 한국체육사 3』, 국민체육진흥공단, 1997.
윤덕한, 『이완용 평전: 애국과 매국의 두 얼굴』, 중심, 1999.
윤범모, 『첫사랑 무덤으로 신혼여행을 가다: 화가 나혜석의 고백』, 다ㅎ미디어, 2007.
윤병로, 『한국근 · 현대문학사』, 명문당, 1991.
윤병석, 『한국독립운동의 해외사적 탐방기』, 지식산업사, 1994.
윤사순 · 이광래, 『우리 사상 100년』, 현암사, 2001.
윤석성, 『조지훈: 전인적 삶의 시화』, 건국대학교출판부, 1997.
윤석수, 「조선 공산당과 6 · 10항일시위운동」, 『역사비평』, 계간 4호(1989년 봄), 96~118쪽.
윤선자, 「1910년대 일제의 종교규제법령과 조선천주교회의 대응」, 한국근현대사연구회 편, 『한국근현대사연구』, 제6집(1997), 71~110쪽.
윤선자, 『일제의 종교정책과 천주교회』, 경인문화사, 2001.
윤세철교수정년기념 역사학논총간행위원회, 『역사교육의 방향과 국사교육』, 솔, 2001.
윤승용, 『현대 한국종교문화의 이해』, 한울아카데미, 1997.
윤이흠, 『한국종교연구 2: 방법론 · 사회변동 · 종교전통』, 집문당, 2000.
윤이흠, 『한국종교연구 3: 종교사 · 사상 · 북한종교』, 집문당, 2000.
윤정란, 『한국기독교 여성운동의 역사: 1910년~1945년』, 국학자료원, 2003.
윤지관 편, 『영어, 내 마음의 식민주의』, 당대, 2007.
윤치호, 김상태 편역, 『윤치호 일기 1916~1943: 한 지식인의 내면세계를 통해 본 식민지시기』, 역사비평사, 2001.
윤택림, 『인류학자의 과거여행: 한 빨갱이 마을의 역사를 찾아서』, 역사비평사, 2004.
윤학준, 『양반 동네 소동기』, 효리, 2000.
윤해동, 「식민지 인식의 '회색 지대' : 일제하 '공공성' 과 규율 권력」, 『당대비평』, 제13호(2000년 겨울), 137~160쪽.
윤해동, 『식민지의 회색지대: 한국의 근대성과 식민주의 비판』, 역사비평사, 2003.
윤해동, 『식민지 근대의 패러독스』, 휴머니스트, 2007.
윤해동 외 엮음, 『근대를 다시 읽는다(전2권)』, 역사비평사, 2006.
윤홍로, 『나도향: 낭만과 현실의 변증』, 건국대학교출판부, 1997.
이강수, 『반민특위 연구』, 나남출판, 2003.
이강숙 · 김춘미 · 민경찬, 『우리 양악 100년』, 현암사, 2001.
이건영, 『서울이야기: 어제, 오늘 그리고 내일』, 나남출판, 1995.
이건청, 『윤동주: 신념의 길과 수난의 인간상』, 건국대학교출판부, 1994.
이경민, 『기생은 어떻게 만들어졌는가』, 아카이브북스, 2005.
이경민, 「사진신부, 결혼에 올인하다 1: 하와이 이민과 사진결혼의 탄생」, 『황해문화』, 제56호(2007년 가을), 402~411쪽.

이경민, 「사진신부, 결혼에 올인하다 2: 하와이 이민과 사진결혼의 탄생」, 『황해문화』, 제57호(2007년 겨울), 406~414쪽.
이경분, 『잃어버린 시간 1938~1944: 세계적인 음악가 안익태의 숨겨진 삶을 찾아서』, 휴머니스트, 2007.
이경재, 『청계천은 살아있다: 조선시대 청계천과 그 주변 이야기』, 가람기획, 2002.
이경재, 『다큐멘터리 서울정도 600년』, 서울신문사, 1993.
이경재, 『한양이야기』, 가람기획, 2003.
이경훈, 『어떤 백년, 즐거운 신생: 이경훈 평론집』, 하늘연못, 1999.
이경훈, 『오빠의 탄생: 한국 근대문학의 풍속사』, 문학과지성사, 2003.
이경훈, 「식민지 근대의 '트라데 말크': 잡종과 브랜드」, 『역사비평』, 통권 62호(2003년 봄), 357~372쪽.
이광수, 『이광수 전집 10』, 삼중당, 1971.
이광수, 『도산 안창호』, 하서, 2004.
이광호, 『미적 근대성과 한국문학사: 이광호 평론집』, 민음사, 2001.
이규수, 「3·1운동에 대한 일본언론의 인식」, 『역사비평』, 통권 62호(2003년 봄), 263~286쪽.
이규태, 『한국인의 의식구조 1: 한국인은 누구인가?』, 신원문화사, 1983.
이규태, 『한국인의 정서구조 2: 인정·흥·신바람』, 신원문화사, 1994.
이규태, 『한국학 에세이 1: 전통과 생활의 접목』, 신원문화사, 1995.
이규태, 『한국인, 이래서 잘산다』, 신원문화사, 1999.
이규태, 『한국인의 생활문화 1: 멋과 풍류의 생활철학』, 신원문화사, 2000.
이규태, 『한국인의 생활문화 2: 전통 생활문화의 재발견』, 신원문화사, 2000.
이균영, 『신간회 연구』, 역사비평사, 1993.
이기백, 『한국사상(韓國史像)의 재구성』, 일조각, 1991.
이기백, 『한국사신론』, 일조각, 1997.
이기택, 『국제정치사』, 일신사, 2000.
이기홍, 안종철 정리, 『광주학생독립운동은 전국학생독립운동이었다』, 향지사, 1997.
이기훈, 「독서의 근대, 근대의 독서: 1920년대의 책읽기」, 역사문제연구소, 『역사문제연구 7』, 역사비평사, 2001, 11~71쪽.
이기훈, 「1920년대 '어린이'의 형성과 동화」, 역사문제연구소, 『역사문제연구 8』, 역사비평사, 2002, 9~44쪽.
이기훈, 「일제하 식민지 사범교육: 대구사범학교를 중심으로」, 역사문제연구소, 『역사문제연구 9』, 역사비평사, 2002, 41~76쪽.
이기훈, 「근대적 독서의 탄생」, 『역사비평』, 통권 62호(2003년 봄), 341~356쪽.
이기훈, 「민족해방운동과 독립운동」, 『역사비평』, 통권 73호(2005년 겨울), 52~54쪽.
이기훈, 「친일과 협력: 역사용어 바로쓰기」, 『역사비평』, 통권 73호(2005년 겨울), 48~51쪽.
이기훈, 「'청년', 갈 곳을 잃다: 1930년대 청년 담론에 대한 연구」, 『역사비평』, 통권 76호(2006

년 가을), 359~386쪽.
이길상, 「제국주의 문화침략과 한국교육의 대미종속화」, 『역사비평』, 계간 18호(1992년 가을), 108~122쪽.
이내수, 『이야기 방송사 1924~1948』, 씨앗을뿌리는사람, 2001.
이노형, 『한국 전통 대중가요의 연구』, 울산대학교 출판부, 1994.
이달순, 『이승만 정치 연구』, 수원대학교 출판부, 2000.
이덕남, 『마지막 고구려인 단재 신채호』, 동현출판사, 1996.
이덕주, 『초기한국기독교사연구』, 한국기독교역사연구소, 1995.
이덕주, 『식민지 조선은 어떻게 해방되었는가』, 에디터, 2003.
이동순, 「이동순 교수의 가요 이야기(12회)」, 『월간조선』, 2001년 1월~12월호.
이동순, 『번지없는 주막: 한국가요사의 잃어버린 번지를 찾아서』, 선, 2007.
이동욱, 『민족계몽의 초석 방응모』, 지구촌, 1998.
이동하, 『김동리: 가장 한국적인 작가』, 건국대학교출판부, 1996.
이만규, 『조선교육사 II』, 거름, 1991.
이만열, 『한국기독교와 민족의식: 한국기독교사연구논고』, 지식산업사, 1991.
이명화, 「도산 안창호 연구의 성과와 과제」, 한국근현대사연구회 편, 『한국근현대사연구』, 제6집(1997), 267~302쪽.
이명화, 『도산 안창호의 독립운동과 통일노선』, 경인문화사, 2002.
이민원, 『한국의 황제』, 대원사, 2001.
이배용 외, 『우리나라 여성들은 어떻게 살았을까 2: 개화기부터 해방기까지』, 청년사, 1999.
이범경, 『한국방송사』, 범우사, 1994.
이범직 · 김기홍 편저, 『전통문화란 무엇인가』, 건국대학교출판부, 2000.
이병담, 『한국 근대아동의 탄생』, 제이앤씨, 2007.
이병주, 『대통령들의 초상: 우리의 역사를 위한 변명』, 서당, 1991.
이병천, 『신시의 꿈: 이병천 장편소설(전3권)』, 한문화, 2004.
이봉구, 『명동, 세월따라 바람따라』, 삼중당, 1967.
이상, 『날개(외)』, 범우사, 1982.
이상경, 「근현대 여성작가 열전 (1) 나혜석: 가부장제에 맞선 외로운 투쟁」, 『역사비평』, 계간 31호(1995년 겨울), 321~339쪽.
이상경, 『강경애: 문학에서의 성과 계급』, 건국대학교출판부, 1997.
이상경, 『인간으로 살고 싶다: 영원한 신여성 나혜석』, 한길사, 2000.
이상길, 「유성기의 활용과 사적 영역의 형성」, 『언론과 사회』, 제9권 4호(2001년 가을), 49~95쪽.
이상록 · 이유재 엮음, 『일상사로 보는 한국근현대사』, 책과함께, 2006.
이상옥, 『이효석: 참여에서 순수로』, 건국대학교출판부, 1997.
이상익, 『서구의 충격과 근대 한국사상』, 한울아카데미, 1997.
이상진, 『한국근대작가 12인의 초상』, 옛오늘, 2004.

이상희교수화갑기념논문집간행위원회 편, 『현대사회와 커뮤니케이션이론』, 한길사, 1989.
이선영, 『한국문학의 사회학』, 태학사, 1993.
이선영, 『리얼리즘을 넘어서: 한국문학 연구의 새 지평』, 민음사, 1995.
이성근, 『한일 양국 초대 여기자의 삶: 최은희와 이소무라 하루코』, 와우, 1999.
이성욱, 『한국 근대문학과 도시문화』, 문화과학사, 2004.
이세영, 『한국사연구와 과학성』, 청년사, 1997.
이소영, 「서양음악의 충격과 음악문화의 왜곡: 20세기 한국 전통과 서구의 충돌」, 『역사비평』, 통권 45호(1998년 겨울), 123~139쪽.
이수웅, 『곽말약: 정치문학의 운명』, 건국대학교출판부, 1996.
이승렬, 「역대 조선총독과 일본군벌」, 『역사비평』, 계간 24호(1994년 봄), 192~207쪽.
이승렬, 『제국과 상인: 서울 · 개성 · 인천 지역 자본가들과 한국 부르주아의 기원, 1896~1945』, 역사비평사, 2007.
이승만, 『일본군국주의 실상』, 나남, 1987.
이승엽, 「내선일체운동과 녹기연맹」, 『역사비평』, 통권 50호(2000년 봄), 200~216쪽.
이승원, 『소리가 만들어낸 근대의 풍경』, 살림, 2005.
이승원, 『학교의 탄생: 100년전 학교의 풍경으로 본 근대의 일상』, 휴머니스트, 2005.
이승원 · 오선민 · 정여울, 『국민국가의 정치적 상상력』, 소명출판, 2003.
이승훈, 『이상: 식민지시대의 모더니스트』, 건국대학교출판부, 1997.
이연, 「일제 하의 한국 언론의 민족 투쟁사: 『조선일보』를 중심으로」, 방일영문화재단, 『한국언론학술논총 2001』, 커뮤니케이션북스, 2001.
이연복 · 이경복, 『한국인의 미용풍속』, 월간에세이, 2000.
이영록, 『우리 헌법의 탄생: 헌법으로 본 대한민국 건국사』, 서해문집, 2006.
이영미, 「대중가요: 식민지 대중문화와 민중」, 『역사비평』, 계간 20호(1993년 봄), 369~379쪽.
이영미, 『한국대중가요사』, 시공사, 1998.
이영미, 『홍남부두의 금순이는 어디로 갔을까?』, 황금가지, 2002.
이영미, 『광화문 연가』, 예담, 2008.
이영일, 『한국 영화인 열전』, 영화진흥공사, 1982.
이영재, 『제국 일본의 조선영화: 식민지 말의 반도-협력의 심정, 제도, 논리』, 현실문화, 2008.
이영학, 「담배의 사회사: 조선후기에서 일제시기까지」, 『역사비평』, 계간 12호(1991년 봄), 121~135쪽.
이영화, 『최남선의 역사학』, 경인문화사, 2003.
이영훈 편, 『수량경제사로 다시 본 조선후기』, 서울대학교 출판부, 2004.
이영훈, 『대한민국 이야기: '해방전후사의 재인식' 강의』, 기파랑, 2007.
이옥순, 『식민지 조선의 희망과 절망, 인도』, 푸른역사, 2006.
이완범, 『삼팔선 획정의 진실』, 지식산업사, 2001.
이용관 · 김지석, 『할리우드: 할리우드영화의 산업과 이데올로기』, 제3문학사, 1992.

이우진 · 김성주 공편, 『현대한국정치론』, 사회비평사, 1996.
이원순 · 정재정 편저, 『일본 교과서, 무엇이 문제인가: 올바른 역사인식을 위한 비판과 제언』, 동방미디어, 2002.
이원희, 『전북연극사』, 신아출판사, 1997.
이유식, 『노래: 사람 사는 재미 세상 사는 처세』, 문학아카데미, 1992.
이이화, 「이완용의 곡예: 친미 · 친로에서 친일로」, 『역사비평』, 계간 17호(1992년 여름), 193~202쪽.
이이화, 『오백년 왕국의 종말: 한국사 이야기 19』, 한길사, 2003.
이이화, 『우리 힘으로 나라를 찾겠다: 한국사 이야기 20』, 한길사, 2004.
이이화, 『해방 그날이 오면: 한국사 이야기 21』, 한길사, 2004.
이이화, 『빼앗긴 들에 부는 근대화 바람: 한국사 이야기 22』, 한길사, 2004.
이인하, 양현혜 엮어옮김, 『기류민의 신학: 일본인들이 말하는 "재일 조선인"의 사회와 역사적 맥락에서』, 대한기독교서회, 1998.
이임자, 『한국 출판과 베스트셀러 1883~1996』, 경인문화사, 1998.
이임하, 『계집은 어떻게 여성이 되었나: 한국 근현대사 속의 여성 이야기』, 서해문집, 2004.
이재범 외, 『한반도의 외국군 주둔사』, 중심, 2001.
이재선, 『한국소설사 근 · 현대편 I』, 민음사, 2000.
이정규, 『한국사회의 학력 · 학벌주의: 근원과 발달』, 집문당, 2003.
이정식, 권기붕 옮김, 『초대 대통령 이승만의 청년시절』, 동아일보사, 2002.
이정식, 「여운형: 흉악한 정쟁의 마당에 쓰러진 '호걸'」, 『한국사 시민강좌 제31집』, 일조각, 2002), 134~161쪽.
이정식, 『몽양 여운형: 시대와 사상을 초월한 융화주의자』, 서울대학교출판부, 2008.
이정은, 「3 · 1운동 학살만행 사례: 일제의 광기와 대학살」, 『역사비평』, 통권 45호(1998년 겨울), 39~46쪽.
이종민, 「식민지 시기 형사 처벌의 근대화에 관한 연구: 근대 감옥의 이식 · 확장을 중심으로」, 한국사회사학회, 『사회와 역사』, 통권 제55집, 1999), 11~39쪽.
이종민, 「1910년대 근대감옥의 도입 연구」, 『정신문화연구』, 통권 75호(1999년 여름), 185~205쪽.
이주영, 『미국사』, 대한교과서주식회사, 1987.
이준식, 「1930년대 초 함경도지방의 무장농민투쟁」, 『역사비평』, 계간 4호(1989년 봄), 157~172쪽.
이준식, 「조선공산당 재건운동」, 『진보평론』, 제4호(2000년 여름), 309~324쪽.
이준식, 「최현배와 김두봉: 언어의 분단을 막은 두 한글학자」, 『역사비평』, 통권 82호(2008년 봄), 41~67쪽.
이중거 외 『한국영화의 이해: 〈아리랑〉에서 〈은마는 오지 않는다〉까지』, 예니, 1992.
이중연, 『'책' 의 운명: 조선~일제강점기 금서의 사회 · 사상사』, 혜안, 2001.
이중연, 『'황국신민' 의 시대』, 혜안, 2003.
이중오, 『이광수를 위한 변명』, 중앙M&B, 2000.

이중한 외, 『우리 출판 100년』, 현암사, 2001.
이지연 · 신수진, 「한국 대중가요에 나타난 낭만적 사랑」, 『한국가족관계학회지』, 제9권 1호 (2004), 25~55쪽.
이지원, 「'민족대표' 33인의 비폭력 주장, 어떻게 볼 것인가」, 『역사비평』, 계간16호(1992년 봄), 281~286쪽.
이창위, 『우리의 눈으로 본 일본제국 흥망사』, 궁리, 2005.
이창익, 「근대적 시간과 일상의 표준화」, 『역사비평』, 통권 59호(2002년 여름), 405~420쪽.
이철, 『경성을 뒤흔든 11가지 연애사건』, 다산초당, 2008.
이치바 준코, 「삼중고를 겪어온 한국인 원폭피해자들」, 『역사비평』, 통권 49호(1999년 겨울), 153~218쪽.
이탄, 『박목월: 청노루의 꿈, 목마름의 시』, 건국대학교출판부, 1997.
이태준, 『해방전후』, 하서, 2003.
이태준, 『문장강화』, 창비, 2005.
이태진 편, 『조선시대 정치사의 재조명』, 태학사, 2003.
이태진 외, 『서울상업사』, 태학사, 2000.
이태진 · 김재호 외, 『고종황제 역사청문회』, 푸른역사, 2005.
이한우, 『거대한 생애 이승만 90년(상)』, 조선일보사, 1995.
이해창, 『한국신문사연구: 자료 중심』, 성문각, 1983.
이현주, 「신간회운동 연구의 성과와 과제」, 한국근현대사연구회 편, 『한국근현대사연구 제2집』, 한울, 1995, 279~313쪽.
이현주, 『한국 사회주의세력의 형성: 1919~1923』, 일조각, 2003.
이현희, 『우리나라 현대사의 인식방법: 도전과 선택』, 삼광출판사, 1998.
이현희, 『임시정부의 숨겨진 뒷이야기』, 학연문화사, 2000.
이현희, 『대한민국임시정부 주석 석오 이동녕과 백범 김구』, 동방도서, 2002.
이현희, 『한국개화백년사』, 한국학술정보, 2004.
이호룡, 「아나키즘」, 『한국사 시민강좌 제25집』, 일조각, 1999, 120~147쪽.
이화100년사편찬위원회 편, 『이화 100년사』, 이화여자대학교 출판부, 1994.
이화진, 『조선영화: 소리의 도입에서 친일영화까지』, 책세상, 2005.
이효인, 『한국영화역사강의 1』, 이론과실천, 1992.
이희승, 『딸각발이 선비의 일생: 일석 이희승 회고록』, 창작과비평사, 1996.
임경석, 「3 · 1운동 전후 한국 민족주의의 변화」, 역사문제연구소, 『역사문제연구 4』, 역사비평사, 2000, 79~100쪽.
임경석, 「잊혀진 혁명가, 윤자영」, 『진보평론』, 제3호(2000년 봄), 314~326쪽.
임경석, 「박헌영과 김단야」, 『역사비평』, 통권 53호(2000년 겨울), 118~148쪽.
임경석, 「김철수와 조선공산당 제2회 대회」, 『역사비평』, 통권 60호(2002년 가을), 167~192쪽.
임경석, 『한국 사회주의의 기원』, 역사비평사, 2003.

임경석, 『이정 박헌영 일대기』, 역사비평사, 2004.
임경석, 『잊을 수 없는 혁명가들에 대한 기록』, 역사비평사, 2008.
임계순, 『우리에게 다가온 조선족은 누구인가』, 현암사, 2003.
임근수, 『언론과 역사: 희관 임근수 박사 논총』, 정음사, 1984.
임대식, 「이완용의 변신과정과 재산축적」, 『역사비평』, 계간 22호(1993년 가을), 138~185쪽.
임종국, 반민족문제연구소 엮음, 『친일, 그 과거와 현재』, 아세아문화사, 1994.
임종국, 민족문제연구소 엮음, 『한국인의 생활과 풍속(2권)』, 아세아문화사, 1995.
임종국, 반민족연구소 엮음, 『실록 친일파』, 돌베개, 1996.
임종국, 『밤의 일제 침략사』, 한빛문화사, 2004.
임중빈, 『단재 신채호 일대기』, 범우사, 2003.
임혜봉, 「불교계의 친일인맥」, 『역사비평』, 계간 22호(1993년 가을), 79~116쪽.
임혜봉, 『한권으로 보는 불교사 100장면』, 가람기획, 1994.
임혜봉, 『일제하 불교계의 항일운동』, 민족사, 2001.
장규식, 『일제하 한국 기독교민족주의 연구』, 혜안, 2001.
장규식, 『서울, 공간으로 본 역사』, 혜안, 2004.
장규식, 『민중과 함께 한 조선의 간디: 조만식의 민족운동』, 역사공간, 2007.
장보웅, 『동서고금의 화장실 문화 이야기』, 보진재, 2001.
장석만, 「수염 깎기와 남성성의 혼동: 한국적 근대는 어떻게 만들어졌나」, 『역사비평』, 통권 59호(2002년 여름), 388~404쪽.
장석만 외, 『한국 근대성 연구의 길을 묻다』, 돌베개, 2006.
장석주, 『20세기 한국문학의 탐험 1 1900~1934』, 시공사, 2000.
장석주, 『20세기 한국문학의 탐험 2 1935~1956』, 시공사, 2000.
장석흥, 「광주학생운동의 사회경제적 배경: 영산포를 중심으로」, 『역사비평』, 계간 6호(1989년 가을), 196~210쪽.
장세윤, 「일제하 고문시험 출신자와 해방후 엘리트」, 『역사비평』, 계간 23호(1993년 겨울), 162~181쪽.
장수익, 『한국 근대소설사의 탐색』, 월인, 1999.
장신, 「1930년대 언론의 상업화와 조선 · 동아일보의 선택」, 『역사비평』, 통권 70호(2005년 봄), 164~196쪽.
장유정, 『오빠는 풍각쟁이야: 대중가요로 본 근대의 풍경』, 민음in, 2006.
장하진, 「여류명사들의 친일행적: 김활란 · 모윤숙 · 배상명 · 이숙종 · 송금선……」, 『역사비평』, 계간 9호(1990년 여름), 100~111쪽.
장회익 · 임현진 외, 『한국의 지성 100년』, 민음사, 2001.
전경수, 『한국인류학 백년』, 일지사, 1999.
전경옥 · 김은실 · 정기은, 『한국여성인물사: 한국여성근현대사 1 개화기~1945년』, 숙명여자대학교 아시아여성연구소, 2004.

전경옥 · 변신원 · 박진석 · 김은정, 『한국여성문화사: 한국여성근현대사 1 개화기~1945년』, 숙명여자대학교 아시아여성연구소, 2004.
전경옥 · 유숙란 · 이명실 · 신희선, 『한국여성정치사회사: 한국여성근현대사 1 개화기~1945년』, 숙명여자대학교 아시아여성연구소, 2004.
전국역사교사모임, 『살아있는 한국사 교과서 2』, 휴머니스트, 2002.
전명혁, 「사회주의 사상의 도입과 조선공산당 창건」, 『진보평론』, 제2호(1999년 겨울), 334~358쪽.
전봉관, 『황금광 시대: 식민지시대 한반도를 뒤흔든 투기와 욕망의 인간사』, 살림, 2005.
전봉관, 『경성기담: 근대 조선을 뒤흔든 살인사건과 스캔들』, 살림, 2006.
전봉관, 『럭키경성: 근대조선을 들썩인 투기열풍과 노블레스 오블리주』, 살림, 2007.
전북대 전라문화연구소, 『혼불과 전통문화』, 신아출판사, 2003.
전상국, 『김유정: 시대를 초월한 문학성』, 건국대학교출판부, 1995.
전상인, 「한국의 식민지 근대화」, 『전통과 현대』, 통권 10호(1999년 겨울), 60~77쪽.
전완길 외, 『한국생활문화 100년 1894~1994』, 장원, 1995.
전우용, 『서울은 깊다: 서울의 시공간에 대한 인문학적 탐사』, 돌베개, 2008.
전주문화재단, 『일제의 전주 침탈과 식민시대 구술실록(1907~1945): 전주 근대생활 조명, 100년(1907~2006) 제1권』, 전주문화재단, 2007.
전진성, 『삶은 계속되어야 한다: 원폭 2세 환우 김형률 평전』, 휴머니스트, 2008.
전택부, 『한국 기독교청년회 운동사』, 범우사, 1994.
전택부, 『월남 이상재의 생애와 사상』, 연세대학교 출판부, 2001.
정경은, 『한국현대민중가요사』, 사정시학, 2008.
정규웅, 『나혜석평전: 내 무덤에 꽃 한 송이 꽂아주오』, 중앙M&B, 2003.
정근식, 「'식민지적 근대'와 신체의 정치: 일제하 나(癩) 요양원을 중심으로」, 한국사회사학회, 『사회와 역사』, 통권 제51집(1997년 봄), 211~265쪽.
정근식, 「일제 말기의 소록도갱생원과 이춘상 사건」, 『역사비평』, 통권 72호(2005년 가을), 330~359쪽.
정근식 외, 『근현대의 형성과 지역 엘리트』, 새길, 1995.
정긍식, 「사법제도 운영의 실상: 조선총독부 연구」, 『역사비평』, 계간 24호(1994년 봄), 223~236쪽.
정두희, 『유교 · 전통 · 변용: 미국의 역사학자들이 보는 한국사의 흐름』, 국학자료원, 2005.
정범준, 『제국의 후예들: 대한제국 후예들의 삶으로 읽는 한반도 백년사』, 황소자리, 2006.
정병욱, 『한국근대금융연구: 조선식산은행과 식민지 경제』, 역사비평사, 2004.
정병욱, 「조선식산은행원, 식민지를 살다」, 『역사비평』, 통권 78호(2007년 봄), 322~357쪽.
정병욱, 「경성 유학생 강상규, 독립을 열망하다(上)」, 『역사비평』, 통권 83호(2008년 여름), 215~245쪽.
정병준, 『우남 이승만연구: 한국 근대국가의 형성과 우파의 길』, 역사비평사, 2005.

정상우, 「개항 이후 시간관념의 변화」, 『역사비평』, 2000년 봄.
정선이, 『경성제국대학 연구』, 문음사, 2002.
정선태, 『심연을 탐사하는 고래의 눈: 한국 근대문학의 형성과 그 외부』, 소명출판, 2003.
정성희, 『한 권으로 보는 한국사 101장면』, 가람기획, 1997.
정수복, 『한국인의 문화적 문법: 당연의 세계 낯설게 보기』, 생각의나무, 2007.
정영도, 『철학교수와 대중가요의 만남』, 화산문화, 2008.
정옥자, 『우리가 정말 알아야 할 우리 선비』, 현암사, 2002.
정용욱, 「3 · 1운동에 나타난 노동자 · 농민의 진출」, 『역사비평』, 계간 4호(1989년 봄), 74~95쪽.
정용욱, 「신간회 조직의 한계와 반제민족통일전선」, 『역사비평』, 계간 7호(1989년 겨울), 85~102쪽.
정용욱, 『미군정 자료연구』, 선인, 2003.
정용화, 『문명의 정치사상: 유길준과 근대 한국』, 문학과지성사, 2004.
정운현 편역, 『창씨개명』, 학민사, 1994.
정운현, 『서울시내 일제유산답사기』, 한울, 1995.
정운현, 『호외, 백년의 기억들: 강화도 조약에서 전두환 구속까지』, 삼인, 1997.
정운현 엮음, 『학도여 성전에 나서라: 학병권유 친일문장선집』, 없어지지않는이야기, 1997.
정운현, 『나는 황국신민이로소이다: 새로 밝혀 다시 쓴 친일인물사』, 개마고원, 1999.
정운현, 「정직한 역사 되찾기: 친일의 군상(34회)」, 『서울신문』, 1998년 8월 14일~1999년 4월 26일자.
정운현 엮음, 『잃어버린 기억의 보고서: 증언 반민특위』, 삼인, 1999.
정운현, 「한국 신문호외의 기원과 발달에 관한 연구」, 고려대학교 언론대학원 석사학위논문, 2000년 6월.
정운현, 『임종국 평전』, 시대의창, 2006.
정운현 · 김삼웅 편, 『친일파 III: 일제하 기득권자들의 좌절과 변절』, 학민사, 1993.
정운현 외, 「의열 독립투쟁(18회)」, 『서울신문』, 1999년 8월 13일~1999년 12월 31일자.
정윤재 외, 『민족에서 세계로: 민세 안재홍의 신민족주의론』, 봉명, 2002.
정일성, 『황국사관의 실체: 일본 군국주의는 되살아나는가』, 지식산업사, 2000.
정일성, 『후쿠자와 유키치: 탈아론을 어떻게 펼쳤는가』, 지식산업사, 2001.
정일성, 『이토 히로부미: 알려지지 않은 이야기들』, 지식산업사, 2002.
정일성, 『일본 군국주의의 괴벨스 도쿠토미 소호』, 지식산업사, 2005.
정일성, 『야나기 무네요시의 두 얼굴: 민예운동가인가, 문화정치 이데올로그인가』, 지식산업사, 2007.
정재정, 『일제침략과 한국철도(1892~1945)』, 서울대학교출판부, 1999.
정재정, 「근대로 열린 길, 철도」, 『역사비평』, 통권 70호(2005년 봄), 221~242쪽.
정재정 · 염인호 · 장규식, 『서울 근현대 역사기행』, 혜안, 1998.
정종화, 『자료로 본 한국영화사 1: 1905~1954』, 열화당, 1997.

정주영, 『이 땅에 태어나서: 나의 살아온 이야기』, 솔, 1998.
정진석, 『한국현대언론사론』, 전예원, 1985.
정진석, 『한국언론사』, 나남, 1990.
정진석, 「한국언론흥망사」, 『업서버』, 1992년 12월.
정진석, 『인물 한국언론사: 한국언론을 움직인 사람들』, 나남, 1995.
정진석, 『한국언론사연구』, 일조각, 1995.
정진석 편저, 『독립신문 · 서재필 문헌해제』, 나남, 1996.
정진석, 『언론유사: 체험적 언론사 연구의 뒷이야기』, 커뮤니케이션북스, 1999.
정진석, 『언론과 한국현대사』, 커뮤니케이션북스, 2001.
정진석, 『역사와 언론인』, 커뮤니케이션북스, 2001.
정진석, 「"번민 끝에 음독 …… 남편 사랑하는 기생이 죽은 후": 언론사학자 정진석 교수가 추적한 최초 여기자 이각경의 생애」, 『월간조선』, 2002년 12월, 444~453쪽.
정진석, 「'조선일보 폐간을 둘러싼 논란과 진실' 반론문」, 『역사비평』, 통권 68호(2004년 가을), 402~409쪽.
정진석, 『언론조선총독부』, 커뮤니케이션북스, 2005.
정진석, 『극비 조선총독부의 언론검열과 탄압: 일본의 침략과 열강세력의 언론통제』, 커뮤니케이션북스, 2007.
정태영, 『조봉암과 진보당: 한 민주사회주의자의 삶과 투쟁』, 후마니타스, 2006.
정태헌, 『일제의 경제정책과 조선사회: 조세정책을 중심으로』, 역사비평사, 1996.
정태헌, 『한국의 식민지적 근대성찰: 근대주의 비판과 평화공존의 역사학 모색』, 선인, 2007.
정현기, 『이태준: 정치로 죽기와 작가로 서기』, 건국대학교출판부, 1994.
정혜경, 『일제시대 재일조선인민족운동연구』, 국학자료원, 2001.
정혜경, 『일제말기 조선인 강제연행의 역사: 사료연구』, 경인문화사, 2003.
정호웅, 『임화: 세계 개진의 열정』, 건국대학교출판부, 1996.
조갑제, 『내 무덤에 침을 뱉어라 2: 전쟁과 사랑』, 조선일보사, 1998.
조국, 「한국 근현대사에서의 사상통제법」, 『역사비평』, 창간호(1988년 여름), 319~348쪽.
조규태, 『천도교의 문화운동론과 문화운동』, 국학자료원, 2006.
조규태, 『천도교의 민족운동연구』, 선인, 2006.
조남현 편, 『조정래 대하소설 아리랑 연구』, 해냄, 2001.
조동걸, 『한국근대사의 서가』, 나남출판, 1997.
조동걸, 『한국현대사의 이해와 논리』, 지식산업사, 1998.
조동걸, 『현대 한국사학사』, 나남출판, 1998.
조동걸, 「1920년 간도참변의 실상: 일제의 광기와 대학살」, 『역사비평』, 통권 45호(1998년 겨울), 47~57쪽.
조동걸, 『그래도 역사의 힘을 믿는다』, 푸른역사, 2001.
조동걸, 『한국 근현대사의 이상과 형상』, 푸른역사, 2001.

조동걸, 『한국근현대사의 탐구』, 경인문화사, 2003.
조동걸 · 한영우 · 박찬승 엮음, 『한국의 역사가와 역사학 하』, 창작과비평사, 1994.
조동일, 『한국문학통사 4: 중세에서 근대로의 이행기문학 제2기, 1860~1918년』, 지식산업사, 2005.
조맹기, 『한국언론인물사상사』, 나남출판, 2006.
조명기 외, 『한국사상의 심층』, 우석, 1986.
조선일보사, 『조선일보 역사 단숨에 읽기 1920~』, 조선일보사, 2004.
조선일보사 사료연구실, 『조선일보 사람들: 일제시대편』, 랜덤하우스중앙, 2004.
조성숙, 『'어머니' 라는 이데올로기: 어머니의 경험세계와 자아찾기』, 한울아카데미, 2002.
조영복, 「1930년대 신문 학예면과 문학 담론 형성의 의미: 조선일보를 중심으로」, 방일영문화재단, 『한국언론학술논총 2003』, 커뮤니케이션북스, 2003, 147~205쪽.
조영복, 『문인기자 김기림과 1930년대 '활자-도서관' 의 꿈: 학예면과 신문문예 장르의 세계』, 살림, 2007.
조재곤, 『그래서 나는 김옥균을 쏘았다』, 푸른역사, 2005.
조정래, 『태백산맥 1: 조정래 대하소설』, 해냄, 1995.
조정래, 『태백산맥 2: 조정래 대하소설』, 해냄, 1995.
조정래, 『아리랑 : 조정래 대하소설(전12권)』, 해냄, 2001.
조창환, 『이육사: 투사의 길과 초극의 인간상』, 건국대학교출판부, 1998.
조희문, 「한말 영화의 전래와 민중생활」, 『역사비평』, 계간 22호(1993년 가을), 251~268쪽.
조희문, 『나운규』, 한길사, 1997.
조흡, 『영화가 정치다: 대중이 평론가인 포스트 시대 문화정치』, 인물과사상사, 2008.
주동황 · 김해식 · 박용규, 『한국언론사의 이해』, 전국언론노동조합연맹, 1997.
주영하, 『그림 속의 음식, 음식 속의 역사』, 사계절, 2005.
주익종, 『대군의 척후: 일제하의 경성방직과 김성수 · 김연수』, 푸른역사, 2008.
주진오, 「청년기 이승만의 언론 · 정치활동 해외활동」, 『역사비평』, 계간 33호(1996년 여름), 157~203쪽.
지명관, 『한국을 움직인 현대사 61장면』, 다섯수레, 1996.
지명관, 『경계를 넘는 여행자』, 다섯수레, 2006.
지수걸, 「일제시기 브나로드운동, 재평가해야」, 『역사비평』, 계간 9호(1990년 여름), 258~264쪽.
지수걸, 「식민지 농촌현실에 대한 상반된 문학적 형상화: 이광수의 『흙』과 이기영의 『고향』을 중심으로」, 『역사비평』, 계간 20호(1993년 봄), 191~206쪽.
지수걸, 『일제하 농민조합운동연구: 1930년대 혁명적 농민조합운동』, 역사비평사, 1993.
지수걸, 「일제하 충남 서산군의 '관료-유지 지배체제' : 『서산군지』(1927)에 대한 분석을 중심으로」, 역사문제연구소, 『역사문제연구 3』, 역사비평사, 1998, 13~75쪽.
지수걸, 「조선 정치사상범 탄압을 문제삼아야 할 이유: 일제의 광기와 대학살」, 『역사비평』, 통권 45호(1998년 겨울), 92~105쪽.

지수걸, 「일제의 군국주의 파시즘과 '조선농촌진흥운동'」, 『역사비평』, 통권 47호(1999년 여름), 16~36쪽.
차배근 외, 『우리 신문 100년』, 현암사, 2001.
차병직, 「한국 법조 직역의 형성과정, 성격, 그리고 과제」, 『역사비평』, 통권 77호(2006년 겨울), 46~66쪽.
차상철 외, 『미국 외교사: 워싱턴 시대부터 루즈벨트 시대까지(1774~1939)』, 비봉출판사, 1999.
채만식, 김상선 해설, 『탁류』, 하서, 2005.
채영국, 『한민족의 만주독립운동과 정의부』, 국학자료원, 2000.
천관우 외, 『위암 장지연의 사상과 활동: 장지연 연구논총』, 민음사, 1993.
천정환, 「1920~30년대 소설독자의 형성과 분화과정」, 역사문제연구소, 『역사문제연구 7』, 역사비평사, 2001, 73~100쪽.
천정환, 『근대의 책읽기: 독자의 탄생과 한국 근대문학』, 푸른역사, 2003.
천정환, 『끝나지 않는 신드롬: 친일과 반일을 넘어선 식민지시대 다시 읽기』, 푸른역사, 2005.
최광식, 「단재 신채호가 북경에서 발행한 잡지 『텬고』」, 『역사비평』, 통권 48호(1999년 가을), 413~418쪽.
최규진, 「김단야, 기억 저 편에서 드높고 허망한」, 『진보평론』, 제4호(2000년 여름), 325~344쪽.
최기영, 「3 · 1만세시위와 고종의 죽음」, 『역사비평』, 계간16호(1992년 봄), 176~179쪽.
최기영, 『대한제국시기 신문연구』, 일조각, 1996.
최기영, 『한국근대계몽사상연구』, 일조각, 2003.
최덕교 편저, 『한국잡지백년(전3권)』, 현암사, 2004.
최동호, 『한용운: 혁명적 의지와 시적 사랑』, 건국대학교출판부, 1996.
최민지 · 김민주, 『일제하 민족언론사론』, 일월서각, 1978.
최봉영, 『한국문화의 성격』, 사계절, 1997.
최상진 · 조윤동 · 박정열, 「대중가요 가사분석을 통한 한국인의 정서 탐색: 해방이후부터 1996년까지의 가요를 대상으로」, 『한국심리학회지』, 20:1(2001, 41~66쪽.
최상천, 『알몸 박정희』, 인물과사상사, 2007.
최서영, 『한국의 저널리즘: 120년의 역사와 사상』, 커뮤니케이션북스, 2002.
최열, 「미술-서구화 지상주의의 환상: 20세기 한국 전통과 서구의 충돌」, 『역사비평』, 통권 45호(1998년 겨울), 140~150쪽.
최영, 『근대 한국의 지식인과 그 사상』, 문학과지성사, 1997.
최영태, 「조선일보 폐간을 둘러싼 논란과 진실」, 『역사비평』, 통권 66호(2004년 봄), 216~241쪽.
최영태, 「재반론: 정진석 교수의 반론에 답한다」, 『역사비평』, 통권 68호(2004년 가을), 410~422쪽.
최원식, 『민족문학의 논리: 최원식 평론집』, 창작과비평사, 1982.
최원식, 『한국 근대문학을 찾아서』, 인하대학교출판부, 1999.
최원식, 『한국계몽주의문학사론』, 소명출판, 2002.

최원식 · 백영서 엮음, 『동아시아인의 '동양' 인식: 19~20세기』, 문학과지성사, 1997.
최유리, 「일제 말기 황민화정책의 성격: 일본어 보급운동을 중심으로」, 한국근현대사연구회 편, 『한국근현대사연구 제2집』, 한울, 1995, 234~258쪽.
최유리, 『일제 말기 식민지 지배정책연구』, 국학자료원, 1997.
최은희, 『여성을 넘어 아낙의 너울을 벗고: 한국 최초의 여기자 추계 최은희의 개화여성열전』, 문이재, 2003.
최을영, 「나혜석: 시대를 앞서간 여성」, 이휘현 외, 『남성의 광기를 잠재운 여성들』, 인물과사상사, 2001, 111~143쪽.
최인진, 『한국신문사진사』, 열화당, 1992.
최인진, 『한국사진사 1631~1945』, 눈빛, 1999.
최재봉, 『간이역에서 사이버스페이스까지: 한국문학의 공간 탐사』, 이룸, 2003.
최재성, 『식민지 조선의 사회 경제와 금융조합』, 경인문화사, 2006.
최정기, 『감금의 정치』, 책세상, 2005.
최정호, 『우리가 살아온 20세기 1』, 미래M&B, 1999.
최준, 『한국신문사』, 일조각, 1987.
최준, 『한국신문사논고』, 일조각, 1995.
최창봉 · 강현두, 『우리방송 100년』, 현암사, 2001.
최창섭, 『방송원론』, 나남, 1985.
최창호, 『민족수난기의 대중가요사』, 일월서각, 2000.
최현철, 「일제하 지하신문 연구: 1920년대를 중심으로」, 『언론과 사회』, 제5호(1994년 가을), 53~78쪽.
최혜실, 『신여성들은 무엇을 꿈꾸었는가』, 생각의나무, 2000.
추헌수, 『한민족의 독립운동과 임시정부의 위상』, 연세대학교출판부, 1995.
태혜숙 외, 『한국의 식민지 근대와 여성공간』, 여이연, 2004.
하리마오, 『38선도 6 · 25한국전쟁도 미국의 작품이었다!』, 새로운사람들, 1998.
하쓰다 토오루, 이태문 옮김, 『백화점: 도시문화의 근대』, 논형, 2003.
하시야 히로시, 김제정 옮김, 『일본제국주의, 식민지 도시를 건설하다』, 모티브, 2005.
하야시 히로시게, 김성호 옮김, 『미나카이백화점』, 논형, 2007.
하일식, 「신채호: 투쟁 속에 살다간 민족주의자」, 『역사비평』, 계간 20호(1993년 봄), 335~343쪽.
하일식, 『연표와 사진으로 보는 한국사』, 일빛, 1998.
하정일, 『20세기 한국문학과 근대성의 변증법』, 소명출판, 2000.
하종문, 「군국주의 일본의 전시동원」, 『역사비평』, 통권 62호(2003년 봄), 140~157쪽.
한경구, 「일본 속의 한국인」, 『한국사 시민강좌 제28집』, 일조각, 2001, 109~129쪽.
한국근현대사학회 엮음, 『한국독립운동사강의』, 한울아카데미, 1998.
한국기독교역사연구소, 『한국기독교의 역사 I』, 기독교문사, 1989.
한국기독교역사연구소, 『한국기독교의 역사 II』, 기독교문사, 1990.

한국문학연구학회, 『한국문학, 파시즘과 인민주의』, 국학자료원, 2000.
한국문화역사지리학회, 『우리 국토에 새겨진 문화와 역사』, 논형, 2003.
한국민족문제연구소, 『청산하지 못한 역사: 한국현대사를 움직인 친일파 60(전3권)』, 청년사, 1994.
한국민중사연구회 편, 『한국민중사 II: 근현대편』, 풀빛, 1986.
한국사사전편찬회 편, 『한국근현대사사전 1860 1990』, 가람기획, 1990.
한국사연구회 편, 『근대 국민국가와 민족문제』, 지식산업사, 1995.
한국사연구회 편, 『새로운 한국사 길잡이(하)』, 지식산업사, 2008.
한국사학회 편, 『한국현대사론: 한국독립운동의 전개와 근대민족국가의 수립』, 을유문화사, 1986.
한국사회사연구회, 『한말 일제하의 사회사상과 사회운동』, 문학과지성사, 1994.
한국사회사학회, 『사회변동과 성 · 민족 · 계급』, 문학과지성사, 1996.
한국사회사학회 엮음, 『지식변동의 사회사』, 문학과지성사, 2003.
한국여성연구소 여성사연구실, 『우리 여성의 역사』, 청년사, 1999.
한국역사연구회, 『우리는 지난 100년 동안 어떻게 살았을까 1』, 역사비평사, 1998.
한국역사연구회, 『우리는 지난 100년 동안 어떻게 살았을까 2』, 역사비평사, 1998.
한국역사연구회, 『우리는 지난 100년 동안 어떻게 살았을까 3』, 역사비평사, 1999.
한국역사연구회 엮음, 『20세기 역사학, 21세기 역사학』, 역사비평사, 2000.
한국정신대문제대책협의회 진상조사연구위원회 엮음, 『일본군 '위안부' 문제의 진상』, 역사비평사, 1997.
한국정신대문제대책협의회 · 정신대연구회 편, 『강제로 끌려간 조선인 군위안부들』, 한울, 1993.
한국정신대문제대책협의회 · 정신대연구회 편, 『강제로 끌려간 조선인 군위안부들 2』, 한울, 1997.
한국정신대연구소 · 한국정신대문제대책협의회 엮음, 『강제로 끌려간 조선인 군위안부들 3』, 한울, 1999.
한국정신대문제대책협의회 2000년 일본군성노예전범 여성국제법정 한국위원회 · 한국정신대연구소, 『강제로 끌려간 조선인 군위안부들 5』, 풀빛, 2001.
한국정신문화연구원 현대사연구소 편, 『한국현대사의 재인식 1: 해방정국과 미소군정』, 오름, 1998.
한국정신문화연구원 현대사연구소 편, 『격동기 지식인의 세가지 삶의 모습』, 한국정신문화연구원 현대사연구소, 1999.
한국학의 세계화 사업단 · 연세대학교 국학연구원 편, 『일제 식민지 시기 새로 읽기』, 혜안, 2007.
한국현대문학회, 『한국 문학과 풍속 1』, 국학자료원, 2003.
한명희 · 송혜진 · 윤중강, 『우리 국악 100년』, 현암사, 2001.

한배호 편, 『한국현대정치론 I: 제1공화국의 국가형성, 정치과정, 정책』, 나남, 1990.
한복진, 『우리 생활 100년 · 음식』, 현암사, 2001.
한상남, 『저것이 무엇인고: 그림이 된 예술가 나혜석 이야기』, 샘터, 2008.
한상도, 『한국독립운동과 국제환경』, 한울아카데미, 2000.
한상도, 『대륙에 남긴 꿈: 김원봉의 항일역정과 삶』, 역사공간, 2006.
한상일, 『아시아 연대와 일본제국주의: 대륙낭인과 대륙팽창』, 오름, 2002.
한석정, 『만주국 건국의 재해석: 괴뢰국의 국가효과, 1932~1936』, 동아대학교출판부, 1999.
한수영, 『소설과 일상성』, 소명출판, 2000.
한승옥, 『이광수: 비극적 세계인식과 초월의지』, 건국대학교출판부, 1995.
한시준, 「김구와 중경임시정부」, 『역사비평』, 계간 14호(1991년 가을), 71~74쪽.
한시준, 「조소앙의 민족문제에 대한 인식」, 한국근현대사연구회 편, 『한국근현대사연구』, 제5집(1996), 175~203쪽.
한시준, 『대한제국군에서 한국광복군까지: 황학수의 독립운동』, 역사공간, 2006.
한영우, 『우리 역사와의 대화』, 을유문화사, 1991.
한영우, 『한국민족주의역사학』, 일조각, 1994.
한영우, 『역사학의 역사』, 지식산업사, 2002.
한원영, 『한국현대 신문연재소설연구 하(下)』, 국학자료원, 1999.
한일문제연구원, 『빼앗긴 조국 끌려간 사람들: 7백만 조선인 강제동원의 역사』, 아세아문화사, 1995.
'한일 연대21' 엮음, 『한일 역사인식 논쟁의 메타히스토리: '한일 연대21'의 시도』, 뿌리와이파리, 2008.
한중일3국공동역사편찬위원회, 『미래를 여는 역사: 한중일이 함께 만든 동아시아 3국의 근현대사』, 한겨레출판, 2005.
한철호 역, 『미국의 대한정책 1834~1950』, 아세아문화연구소, 1998.
한표욱, 『이승만과 한미외교』, 중앙일보사, 1996.
한홍구, 「단일민족의 신화를 넘어서」, 『황해문화』, 제35호(2002년 여름).
한홍구, 『대한민국사: 단군에서 김두한까지』, 한겨레신문사, 2003.
한홍구, 『대한민국사 02: 아리랑 김산에서 월남 김상사까지』, 한겨레신문사, 2003.
한홍구, 「김산, 못 다 부른 아리랑」, 『황해문화』, 제39호(2003년 여름), 132~182쪽.
한홍구, 『대한민국사 03: 야스쿠니의 악몽에서 간첩의 추억까지』, 한겨레신문사, 2005.
한홍구, 『대한민국사 04』, 한겨레신문사, 2006.
함재봉, 『탈근대와 유교: 한국정치담론의 모색』, 나남출판, 1998.
함재봉, 「민중운동의 비혁신성: 쇄국주의와 국수주의 문제」, 『한국사 시민강좌 제33집』, 일조각, 2003, 97~115쪽.
함한희, 『부엌의 문화사』, 살림, 2005.
해방군문예출판사 편, 남종호 역, 『모택동 자서전』, 다락원, 2002.

허동현 · 박노자, 『우리 역사 최전선: 박노자 · 허동현 교수의 한국 근대 100년 논쟁』, 푸른역사, 2003.
허수열, 「'개발과 수탈' 론 비판: 식민지 산업화와 해방 후 산업화의 연관성 비교」, 『역사비평』, 통권 48호(1999년 가을), 127~167쪽.
허수열, 『개발 없는 개발』, 은행나무, 2005.
허수열, 「『해방전후사의 재인식』의 식민지경제에 대한 인식 오류」, 『역사비평』, 통권 77호(2006년 겨울), 149~212쪽.
허영란, 「일제시기 상업의 근대성과 식민지성」, 『역사비평』, 계간25호(1994년 여름), 208~221쪽.
허우이제, 장지용 옮김, 『원세개』, 지호, 2003.
현길언, 『현진건: 식민지 시대와 작가 정신』, 건국대학교출판부, 1995.
형기주, 「일제하 조선공업의 지리적 파행성」, 『역사비평』, 계간 36호(1997년 봄), 317~332쪽.
혜안 기획실 편, 『제국 흥망의 연출자들: 인물로 보는 일본 1』, 혜안, 1994.
호리 가즈오, 주익종 옮김, 『한국근대의 공업화: 일본 자본주의와의 관계』, 전통과현대, 2003.
호현찬, 『한국영화 100년』, 문학사상사, 2000.
홍기삼, 『홍명희: 어느 민족주의자의 생애』, 건국대학교출판부, 1996.
홍성곤, 「1930년대 코민테른의 반파시즘통일전선론의 성격」, 『역사비평』, 계간 7호(1989년 겨울), 124~152쪽.
홍성철, 『유곽의 역사』, 페이퍼로드, 2007.
홍순민, 「다시 "광화문이여 광화문이여": 조선황실의 운명과 일제의 궁궐 파괴」, 『역사비평』, 계간 36호(1997년 봄), 261~293쪽.
홍순일 · 정진석 · 박창석, 『한국영어신문사』, 커뮤니케이션북스, 2003.
홍원식, 『소설 백범 김구(전2권)』, 구사, 2000.
홍인근, 『이봉창 평전: 항일애국투쟁의 불꽃, 그리고 투혼』, 나남출판, 2002.
홍정선 외, 『해방 50년 한국의 소설 1』, 한겨레신문사, 1995.
황문평, 『한국 대중연예사』, 부루칸모로, 1989.
황민호, 『일제하 식민지 지배권력과 언론의 경향』, 경인문화사, 2005.
황상익, 「한의학과 서양근대의학의 만남: 20세기 한국 전통과 서구의 충돌」, 『역사비평』, 통권 45호(1998년 겨울), 106~122쪽.
황선희, 『한국근대사상과 민족운동 I: 동학 · 천도교편』, 혜안, 1996.
황선희, 『한국 근대사의 재조명』, 국학자료원, 2003.
황호택, 「"골수 친일파 700명 토지 환수해 매국사상 뿌리뽑아야": 일제침략 · 독립운동사 연구 태두 신용하 백범학술원장」, 『신동아』, 2005년 3월, 232~251쪽.
히라야마 타쯔미, 이성환 옮김, 『한반도 냉전의 기원』, 중문, 1999.
필립 아리에스, 문지영 옮김, 『아동의 탄생』, 새물결, 2003.
장 보드리야르, 이상률 옮김, 『소비의 사회: 그 신화와 구조』, 문예출판사, 1991.
에드워드 베르, 유경찬 옮김, 『히로히토: 신화의 뒤편』, 을유문화사, 2002.

루스 베네딕트, 김윤식 · 오인석 옮김, 『국화와 칼: 일본문화의 틀』, 을유문화사, 1995.
데이비드 베레비, 정준형 옮김, 『우리와 그들: 무리짓기에 대한 착각』, 에코리브르, 2007.
Daniel J. Boorstin, 『The Image: A Guide to Pseudo-Events in America』, New York: Atheneum, 1964.
마이클 브린, 김기만 옮김, 『한국인을 말한다』, 홍익출판사, 1999.
앨런 브링클리, 황혜성 외 공역, 『미국인의 역사 3』, 비봉출판사, 1998.
피터 버크, 조한욱 옮김, 『문화사란 무엇인가』, 길, 2005.
존 차, 문형렬 옮김, 『버드나무 그늘 아래: 도산 안창호의 딸 안수산 이야기』, 문학세계사, 2003.
브루스 커밍스, 김자동 옮김, 『한국전쟁의 기원』, 일월서각, 1986.
브루스 커밍스 · 존 할리데이, 양동주 옮김, 『한국전쟁의 전개과정』, 태암, 1989.
알렉스 커, 이나경 옮김, 『치명적인 일본』, 홍익출판사, 2002.
필립 모로 드파르쥐, 이대희 · 최연구 옮김, 『지정학 입문: 공간과 권력의 정치학』, 새물결, 1997.
리햐르트 반 뒬멘, 최용찬 옮김, 『역사인류학이란 무엇인가』, 푸른역사, 2001.
프래신짓트 두아라, 한석정 옮김, 『주권과 순수성: 만주국과 동아시아적 근대』, 나남, 2008.
Roger Eatwell, 『Fascism: A History』, New York: Penguin Books, 1995.
카터 J. 에커트, 주익종 옮김, 『제국의 후예: 고창 김씨가와 한국 자본주의의 식민지 기원, 1876~1945』, 푸른역사, 2008.
요아힘 C. 페스트, 안인희 옮김, 『히틀러 평전 II』, 푸른숲, 1998.
빅터 데이비스 핸슨, 남경태 옮김, 『살육과 문명: 서구의 세계 제패에 기여한 9개의 전투』, 푸른숲, 2002.
프랜시스 후쿠야마, 구승회 옮김, 『트러스트: 사회도덕과 번영의 창조』, 한국경제신문사, 1996.
다이애너 기틴스, 안호용 · 김홍주 · 배선희, 『가족은 없다: 가족이데올로기의 해부』, 일신사, 1997.
크리스 하먼, 천경록 옮김, 『민중의 세계사』, 책갈피, 2004.
그레고리 헨더슨, 박행웅 · 이종삼 옮김, 『소용돌이의 한국정치』, 한울아카데미, 2000.
제프리 호스킹, 김영석 옮김, 『소련사』, 홍성사, 1988.
마이클 하워드 · 로저 루이스, 차하순 외 옮김, 『20세기의 역사』, 가지않은길, 2000.
린 헌트 엮음, 조한욱 옮김, 『문화로 본 새로운 역사: 그 이론과 실제』, 소나무, 1996.
마이클 H. 헌트, 권용립 · 이현휘 옮김, 『이데올로기와 미국외교』, 산지니, 2007.
레나테 자하르 · 김종철, 『프란츠 파농 연구』, 한마당, 1981.
키스 젠킨스, 최용찬 옮김, 『누구를 위한 역사인가』, 혜안, 2002.
폴 존슨, 이희구 · 배상준 옮김, 『세계현대사: 상대주의 비판의 관점에서 본 1920~1990』, 한마음사, 1993.
발레리 줄레조 외, 양지윤 옮김, 『도시의 창, 고급호텔』, 후마니타스, 2007.
마뜨베이 찌모피예비치 김, 이준형 옮김, 『일제하 극동 시베리아의 한인 사회주의자들』, 역사비평사, 1990.
마이클 김, 「일제시대 출판계의 변화와 성장: 고전소설에서 근대문학의 생산 시기까지」, 『한국사 시민강좌 제37집』, 일조각, 2005, 191~204쪽.
엘리자베스 키스 · 엘스펫 K. 로버트슨 스콧, 송영달 옮김, 『영국화가 엘리자베스 키스의 코리아 1920~1940』, 책과함께, 2006.
C. W. 켄달, 신복룡 역주, 『한국독립운동의 진상』, 집문당, 1999.
스티븐 컨, 박성관 옮김, 『시간과 공간의 문화사 1880~1918』, 휴머니스트, 2004.
월터 C. 랑거, 최종배 옮김, 『히틀러의 정신분석』, 솔, 1999.
Walter Laqueur, 『Fascism: Past Present Future』, New York: Oxford University Press, 1997.
F. A. 매켄지, 신복룡 역주, 『한국의 독립운동: 한말 외국인 기록 7』, 집문당, 1999.
조너선 밀러, 이종인 옮김, 『맥루안: 미디어 시대의 문화비평가』, 시공사, 2001.
딕 모리스, 홍수원 옮김, 『파워게임의 법칙』, 세종서적, 2003.
조지프 나이, 양준희 옮김, 『국제분쟁의 이해: 이론과 역사』, 한울아카데미, 2000.
돈 오버도퍼, 이종길 옮김, 『두개의 한국』, 길산, 2002.
로버트 올리버, 박일영 옮김, 『이승만비록』, 한국문화출판사, 1982.
로버트 올리버, 박일영 옮김, 『대한민국 건국의 비화: 이승만과 한미관계』, 계명사, 1990.
로버트 올리버, 황정일 옮김, 『이승만: 신화에 가린 인물』, 건국대학교 출판부, 2002.
웨인 패터슨, 정대화 옮김, 『하와이 한인 이민 1세: 그들 삶의 애환과 승리(1903~1973)』, 들녘, 2003.
제레미 리프킨, 전영택 · 전병기 옮김, 『바이오테크 시대』, 민음사, 1999.
제레미 리프킨, 이희재 옮김, 『소유의 종말』, 민음사, 2001.
파냐 이사악꼬브나 샤브쉬나, 김명호 역, 『식민지 조선에서: 어느 러시아 지성이 쓴 역사현장기록』, 한울, 1996.
앙드레 슈미드, 정여울 옮김, 『제국 그 사이의 한국 1895~1919』, 휴머니스트, 2007.
David O. Sears, Jonathan L. Freedman, Letitia Anne Peplau, 홍대식 역, 『사회심리학』, 박영사, 1986.
Christopher H. Sterling and John M. Kittross, 『Stay Tuned: A Concise History of American Broadcasting』, Belmont, Ca.: Wadsworth, 1978.
님 웨일스 · 김산, 송영인 옮김, 『아리랑: 조선인혁명가 김산의 불꽃 같은 삶』, 동녘, 2005.
데니스 웨프먼, 김기연 옮김, 『인물로 읽는 세계사: 히틀러』, 대현출판사, 1993.
하워드 진, 『살아있는 미국역사』, 추수밭, 2008.

| 찾아보기 |

ㅅ

ㅇ

ㅊ

ㅎ